JN125361

髙橋明弘

法学への招待［第2版］
社会生活と法

法律文化社

『法学への招待』第2版の刊行にあたって

2013年に『法学への招待』を刊行してから6年間余が経過しました。

本書は，法学基礎科目や法学教養科目の学習者（主に大学生）を対象に，誰もが修得しておかなければならない法体系，法構造，法技術に焦点をあて，基本六法の基礎部分を題材に，演習を含む入門解説書として刊行されました。

ところが，大学を卒業したビジネスマンの法的教養書としても利用されており，さらに，要件・効果論から利益（の比較）衡量論が必要とされるようになった理由，それに応じた学説や判例の動き，その後の事件解決のための法の適用プロセスなど，比較的高度な解説を本書に求める学習者の声が，WEB上で掲載されていることも知りました。

この間には，民法の債権編，親族編および相続編を中心に，民法体系の基礎に及ぶ部分の条文や関連法といった広い範囲にわたる重要な改正が順次に行われました（施行年度は異なる）。民法の条文やその関連法は，本書の本文において約40％を占めています。

そこで，民法条文の改正が，本書の内容に影響するだけでなく，社会生活における法律問題の解決に大きな変化をもたらすものであり，さらに比較的高度な解説を求める学習者の声に対応するため，解説文，解説図および設例などを一部変更し，アップツーデートな内容に改訂しました。もちろん，本書執筆の動機や目的については，初版刊行時と同様ですので，初版「はしがき」も併せてお読みいただきたく思います。

第2版の刊行を決断していただいた法律文化社に感謝申し上げるとともに，初版の刊行に続きご尽力をいただいた編集部長畑光氏，第2版の細部にわたる編集構成および課題を担当し緻密な実働作業を担当していただいた八木達也氏，初版に続き今回も担当していただいたブックデザイナーの仁井谷伴子氏および関係スタッフ諸氏に，こころから感謝申し上げる次第です。

2020年1月

髙橋　明弘

は し が き

　『法学への招待——社会生活と法』は，私が日本大学（法学部・国際関係学部・理工学部），神田外語大学，横浜商科大学，山梨学院大学，税務大学校で担当している講義（法学・憲法・民法概論・経済法）の講義案を基に，各大学の学生の皆さんからの意見や要望などに応え法学入門テキストとして使用できるよう再構成したものです。

　本書は，これから法専門科目を学ぼうとする学習者層を対象に，法専門科目に共通する知識（経験分析科学と当為の科学の異同，法の体系・構造・技術，法が制定された背景など）を修得し，さらに憲法，民法，刑法，会社法（商法含む），訴訟法，社会法といった法専門科目の学習効果をあげることを目標としています。

＊ ＊ ＊

　本書では，前記した学習目標から従来の法学入門テキストのような法専門科目の内容を概略する部分が，大幅にカットされています。そうとはいっても，ビジネスが個人の生活に直結する情報化社会で生じる問題は，高度化し複雑なものとなってきています。また，刑事裁判に裁判員制度が導入され，個人に求められる民事・刑事手続に関する基礎知識は，より高度なものが求められていますので，大学教育で求められる教養の程度も，かなり高くなってきています。

　そこで，本書の第Ⅰ部の第1章から第8章までは，法学専門科目を学習する前提として理解しておかなければならない共通知識の修得に必要な解説および演習などの項目で構成されています。

　第Ⅱ部の第9章から第15章の各章では，憲法・民法などで生じる現代的問題や課題をとりあげて，各法の目標や特徴が解説されています。第10章の民法の基礎では，社会・家庭生活で生じる可能性の高い法律問題について，事例を設けて詳しく解説し演習問題を解くことで理解度のアップを図ります。第16章では，法学専門学生に配慮して，訴状をモデルに，民法と民事訴訟法の関係につ

いて解説されています。

　以上の学習内容を有機的に結び付け深めるために，法律文化社のホームページ（http://www.hou-bun.com/）教科書関連情報コーナーに第Ⅲ部補論を設けて学習者の便宜を図りました。WEB 補論第17章では法理論の発展（法哲学），補論第18章では概念法学，補論第19章および第20章では判例を題材とした演習学習・参考文献の項目で構成されています。WEB については無料で利用できますので，学習者は，各人で出力して，ゆっくり読み進めていただきたいと思います。

＊＊＊

　テキストとしての構成には日本大学法学部の学生諸君に係っていただき，教員と学生が協力して法学教育を進めた結果として本書の刊行に至ったことは，私にとって大きなよろこびであると同時に，新しい講義の進め方を発見した思いでいます。御協力いただいた学生の皆さんに感謝し，本書をテキストとして利用される学生の皆さんの学習や大学生活が充実したものとなり，「法の精神とはなにか」という観点から法専門科目を修得されることを願ってやみません。大学は，学ぶ志のある人々に門戸を開いています。法専門科目を選択する機会のある学生は，その機会を大いに利用していただきたいと思います。

＊＊＊

　最後に，出版界をとりまく状況がさらに厳しくなっているなかで，私の意図するテキストの刊行を決断していただいた㈱法律文化社に対して感謝申し上げるとともに，本書の作成を推進していただいた営業企画担当取締役畑光氏，編集の全般および細部にわたって課題をあげると同時に貴重なアドバイスをくださり，緻密な実働作業も担当していただいた梶原有美子氏，ブックデザイナーの仁井谷伴子氏および関係スタッフ諸氏にこころから感謝申し上げる次第です。

2013年 2 月18日

髙橋　明弘

▶法学学習ガイド

1 六法とは

六法とは，憲法，刑法，民法，商法（会社法含む），刑事訴訟法，民事訴訟法という6つの法を総称していう。

これらの法律のほかに日常で使用される主な法律を掲載した書籍として販売される法令集もまた「六法」という。

2 法律の構成

民法を例に法律の構成を説明しておこう。民法は，定められた条文を類似の項目別に，いくつかの大項目の「編」として整理し，その大項目をいくつかの中項目の「章」として区分し，さらにその中項目をいくつかの小項目の「節」として区分して示し，条文の参照者に便宜を図っている。

【民法】

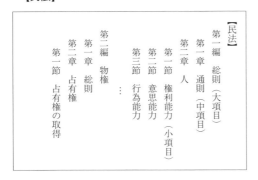

【民法】
第一編　総則（大項目）
第一章　通則（中項目）
第二章　人
第一節　権利能力（小項目）
第二節　意思能力
第三節　行為能力
　　　　：
第二編　物権
第一章　総則
第二章　占有権
第一節　占有権の取得

3 条文の構成およびその読み方

民法の第一三条を例に，条文の読み方を説明しよう。

（保佐人の同意を要する行為等）

第一三条① 被保佐人が次に掲げる行為をするには、その保佐人の同意を得なければならない。ただし、第九条ただし書に規定する行為については、この限りでない。

一 元本を領収し、又は利用すること。

二 借財又は保証をすること。

（以下省略）

条文は、まず第一三条のように「…条」と表記される。つぎに、「①」は、「一項」と読む。「二」は、「一号」と読む。

したがって、条文を指摘する場合には、「民法…条○項□号」と読むことになる。

「被保佐人が……得なければならない」の部分を本文という。「ただし、第九条……」の部分を「ただし書（但書）」という。

※横書きでは、算用数字（123）で表記する。

※第一三条の前に（ ）書きで付されているタイトル（保佐人の同意を要する行為等）は、書籍としての六法を編集する編集者によってつけられたものである。

4 条文の削除あるいは追加

法律の条文は，文化や時代の変化によって削除され，あるいは追加される場合がある。

たとえば，民法においては，法人の設立・管理・解散等に関する規定が削除されており，つぎのように「第三八条から八四条まで削除」と表記されている。

第三二条ノ二（六法によっては第三二条の二）と表記されている条文が存在する。これは，第一編第二章第四節の第三二条のつぎに条文を追加する場合に付される番号で第三二条の枝番といい「第三二条の二」と読む。

※論文や答案等に横書きで条文を記載する際には，民法第一三条第一項一号を，算用数字を用いて「民法第13条1項1号」と表記する。「第」を略して「民法13条1項1号」としてもよい。

目　　次

第Ⅰ部　法学の基礎

第11章　ビジネス法の基礎 …………………………………………… 200

xii

＊WEB補論第11章4から7，第17章から第20章は法律文化社ホームページ（https://www.hou-bun.com/）教科書関連情報コーナーを参照

第Ⅰ部

法学の基礎

第 **1** 章　身近にある法——生活の中の法の働き

1　日常生活と法

　人は，１人だけで生活することは不可能である。無人島に漂着し，28年間を独力で生活したあの「ロビンソン・クルーソー」でさえ，人々の待つ文明社会に戻ることを切望したほどである。

　いま，私たちは，多くの人々によって造られ支えられている社会の中で，文化的な所産を利用しながら日々の暮らしを生計している。ここでは，ある女子大学生（仮に木下由紀と呼ぶ）の一日を追ってみることにしたい。

1　日常生活で起きた出来事——木下由紀の一日

　都内の私立大学法学部に通う木下由紀は，ほぼ毎日午前７時に起床する。身支度を整えて洗顔し，お湯を沸かしてドリップ式のコーヒーを優雅に飲み，トーストとサラダで朝食をとり，３年生なので新聞を読むことを朝の日課としている。午前８時10分になると通学のため20年前に父母が購入した自宅を出る。歩いて５分の駅からJR線に乗り一度乗り換えても30分後には，大学近くのS駅に到着する。大学は，S駅から徒歩５分という街中に立地している。

　水曜日，木下由紀は，S駅前の交差点で，自家用乗用自動車とオートバイの接触事故発生後の現場に遭遇した。由紀にとっては，人生で初めての経験だったのでいささかショックだった。大学近くのコンビニエンス・ストアーでお茶のペットボトルを一本購入し，出会った同級生の内田沙織と大学の講義室に向かった。昼休みには，由紀は，沙織と一緒に，大学近くのカフェでサラダ・紅茶付カルボナーラ（800円）を注文し昼食を済ませ（チョットだけ贅沢か）。午後の授業が４時10分に終わると，彼女は，水曜日の午後５時からファーストフード店でアルバイトである。アルバイトの条件は，１時間当たり1100円で交通費も出るということになっている。午後９時00分には終了し，バスに乗って

帰宅するのは9時30分過ぎである。

　由紀は，母親手製の夕飯が用意してあったので，早速食事を済ませた。その際に，母親は，どのメーカーの料理のラップも一斉に30円値上がりしたと話していた。その後，由紀は，自分の部屋に入り机に向かった。明日の予定は，午後から経済法の講義とゼミナールなので，ちょっと遅くまで下調べをして入浴を済ませ，由紀が就寝したのは，午前1時を回っていた。

2　日常生活で起きた出来事に関係する法とは

　木下由紀の日課とある日に起きたトピックを簡単に示してみた。ここでは，これらに関係する法をあげてみることにしたい。

　身支度を整えて洗顔し，お湯を沸かすためには，水道，下水道，ガス，電気を利用する。新聞を読むためには，新聞発行本社と新聞の購読契約を結ぶ。これらについては，民法や約款が係ることになる。朝食にしたコーヒー，パン，野菜そしてお茶のペットボトルといった食料品ほか（衣料品・医薬品など）を購入するためには，民法，消費税法などが係る。土地や建物の購入，アパートやマンションの一室を借りることには，民法や借地借家法が係る。

　自家用乗用自動車とオートバイの接触事故については，道路交通法によって救護・通報の義務が定められ，刑法による制裁は，憲法の人権保障を確実にするために要請される刑事訴訟法の適正な手続きに従って課せられなければならない。

　カフェで昼食を済ませるためには，サービスの提供を受けるための契約を締結することが必要で民法が係る。電車やバスの利用については，定期券や料金の支払いについて民法および約款の知識を必要とする。

　アルバイトをはじめ労働力を提供する条件の取り決めについては，民法，労働契約法・最低賃金法・労働基準法・男女雇用機会均等法が係る。

　どのメーカーの料理のラップも一斉に30円値上がりしたということは，独占禁止法に違反するカルテルの疑いがあると考えられる。

　木下由紀の日課やある日の出来事に関係する法には，憲法のほか，民法，借地借家法，消費税法，道路交通法，刑法，刑事訴訟法，労働契約法・最低賃金法・労働基準法・男女雇用機会均等法，独占禁止法といった法律や特殊なもの

として約款をあげることができる。

　このように，物理的に感得することはできないけれど，私たちは，社会生活関係およびその周辺に，観念的な法規範というルールがまちがいなく存在していることを知るのである。

2　人々や社会に対する法の役割

　ここでは，観念的（目には写らないが人々の意識の中）に存在する様々な法規範を総合して法あるいは法律と呼ぶことにする。法や法律は，社会生活を送る私たちや社会に対して何を働きかけ，どのような役割を果たそうとしているのかについて明らかにしておこう。

　（1）　基本的人権を保障する——権力から国民を守る　　日本国憲法11条では，「国民は，すべての基本的人権の享有を妨げられない」と規定されている。基本的人権とは，人間としての生存に不可欠な権利と解されており，その内容は，「生命，自由及び幸福追求に対する国民の権利」（憲法13条）として表現され，国家権力による干渉・介入が禁止される自由権を中心に構成されている。この基本的人権に対する最大の脅威は，国家権力による刑罰権の恣意的な発動である。この国家権力の脅威から個人を解放するために，日本国憲法31条は，「何人も，法律の定める手続によらなければ，その生命若しくは自由を奪はれ，又はその他の刑罰を科せられない」と規定している。この規定の意味は，刑罰権の発動には法律（刑事訴訟法）によって定められた手続に従うだけでなく，人権の侵害を防ぐため適正な手続（デュープロセス due process）が求められ，また，何が犯罪となるのか，その犯罪に対する刑罰の種類と量刑が法律（刑法）によって明示されること（罪刑法定主義）で刑罰権発動の根拠も要求されていると理解すべきである。

　（2）　紛争を解決するための規準を示す　　民法は，555条で売買契約が，587条で消費貸借契約が，各々成立するための要素および過程（仮に「要件と効果」という）を定めて，これらの契約が締結され成立したか否かを判断するための規準を示している。

　人が死亡すると，相続が開始される（民法882条）が，民法は，誰が相続人と

なり（同法886ないし890条），誰がどれだけ財産を相続するか（同法900ないし904条の2）について定めて，相続に関して生じる紛争の解決規準を示している。

　これらの解決規準は，紛争が生じないようにするための予防機能も同時にもちあわせている。

　（3）　紛争の発生を予防する　　相続で生じる遺産分割（民法906・907条）では，相続人の間で紛争が生じる場合が多い。そこで，民法は，15歳以上の者に遺言を認め（同法961条），紛争を回避し，あるいは紛争が最小限度で収まるように，財産相続に関して予防手続を用意している。

　（4）　経済取引のルールを示す　　経済発展が進んだ資本主義社会においては，権力は，国家に限られるわけでない。国家に匹敵する大きな力を有する組織（たとえば大企業）は，個人あるいは中小事業者にとっては，とくに，労働・経済の分野において脅威となっている。労働における労使間の従属関係は，労働権力が働いた結果であり，経済活動によって生じる私的独占といった状態は，経済権力が働いた結果といえよう。労働契約法・労働基準法・最低賃金法あるいは独占禁止法・下請法は，労働権力・経済権力が働く関係・状態から，個人や中小事業者の自由（労働成果の帰属あるいは機会均等）を回復し民主的な労働・経済活動を維持するためのルールを示した法律である。

　日常生活の中で，情報の質・量および交渉力に劣る一般消費者が取引を行う際，あるいは取引を行ったことで生じた損害に対しても，つぎの法律が準備されている。電子消費者契約及び電子承諾通知に関する民法の特例に関する法律は，電子取引の過程で意思表示の錯誤に関する民法95条3項に関する特例を設けて一般消費者を事業者から保護する。消費者契約法，製造物責任法といった法律は，取引を行ったことで生じた損害に対して，取引先の事業者に対して厳しい制限を定め，あるいは無過失損害賠償責任を定めて，早期解決のためのルールを用意している。

　（5）　国（地方公共団体含む）に関する規範を示す　　日本国憲法（以下では「憲法」という）は，国政の根拠，諸制度（組織規範），国がしなければならないこと，あるいは，国がしてはならないこと（行為規範）を定めている。

　憲法前文では，「主権が国民に存することを宣言し」，続いて「そもそも国政は，国民の厳粛な信託によるものであって，その権威は国民に由来し，その権

★コラム 1-1　事業者に求められる法的資質および能力

　日本経済のみならず世界経済は，国ごとの地域間経済からグローバル経済へとシフトした。それに呼応するように，日本の経済構造は，事前規制システム（護送船団方式）から事後規制システムへと転換（ディレギュレーション＝規制緩和）して，ほぼ完全な自由市場経済へと移行しつつある。科学技術の革新によって進む電子・ビジネス取引は，ますます迅速化し，その反面，当事者は，想定し得ないリスクを負担せざるを得ない状況にある。

　かような経済取引環境の下で，事業者に求められるのは，ビジネス目標の達成に向けて法を事業経営戦略のツール（判断規準）として利用し，発生した紛争を解決する（臨床法務）能力だけでなく，リスクを予見して回避しつつ（予防法務），法律と法律以外の判断基準との整合性を図るプロセスによって意思の決定を総合的に行い得る法的資質および能力（戦略的法務）といえよう。

　自由市場経済社会のキーワードは，「自己決定」と「自己責任」であるが，それが依拠するルールは，「公正且つ自由な競争」すなわち有効競争（effective competition）論である（独禁法 1 条）。ゆえに，法律は，紛争の事後的解決（臨床法務）のための判断規準を提供するだけでなく，事業防衛あるいは環境維持・改善といった経営戦略に果敢にのぞむためのマネジメント・ツールを提供するものとしても認識されるべきである。

力は国民の代表者がこれを行使し，その福利は国民がこれを享受する」と規定される。これは，リンカーンがゲチスバーグで行った演説の「人民の人民による人民のための政治」と同旨と解されるし，その思想的基盤は，ロックの「草の根民主主義」国家思想を表したものと解される。国家には，強大な権力が与えられる。そのため，油断すると，為政者は，国民の希望しない方向および方法によって権力を行使し，やがて，わずかな人々による国家の恣意的独占や「政府の行為による戦争の惨禍」が生じることになりかねない。モンテスキューは，権力の一極集中を防ぐため，二院制議会，立法（憲法41条）・行政（憲法65条）・司法（憲法76条）を個別の機関が担当する三権分立を提案した。日本国憲法は，この組織体制をとり，国会は，「国の唯一の立法機関」であり（憲法41条），内閣は，「行政権の行使について，国会に対し連帯して責任を負う」とされ（憲法66条 3 項），最高裁判所は，違憲立法審査をする「終審の裁判所」に位置づけられる（憲法81条）。地方自治の組織および運営そして条例制定権が，憲法94条によって定められ，地域ごとに精緻な権限の行使と分散化が一定程度はかられている。これらの権限は，「国務大臣，国会議員，裁判官その

```
図表 1 - 1　リンカーンと憲法前文（草の根民主主義）
```

アメリカ合衆国第16代大統領リンカーンのゲチスバーグにおいて
行った演説と日本国憲法前文の「草の根民主主義」宣言文との関係

Government　「国政は、国民の厳粛な信託によるものであって」
政　治

of the people,　by the people,　for the people
　人民の　　　　人民による　　　人民のための
（政治の源泉）　（政治の執行）　（福利の還元帰属）

「その（国政の）権威は国民に由来し，その権力は国民の代表者がこ
れを行使し，その福利は国民がこれを享受する。」（日本国憲法前文：草
の根民主主義）

他の公務員は，この憲法を尊重し擁護する義務を負ふ」範囲内で行使が許され
るものと解される（憲法99条）。

　注意したいのは，日本国憲法が国民に課す義務は，「教育を受けさせる義務」
（憲法26条 2 項），「勤労の義務」（憲法27条）そして「納税の義務」（憲法30条）
だけである。国民は，国民に永久の権利として現在および将来にわたり保障され
る基本的人権（自由・平等・権利）そして恒久の平和が国民の不断の努力によっ
て保持されることを自覚し，「国際社会において，名誉ある地位を占め……名
誉にかけて，全力をあげてこの崇高な理想と目的を達成することを誓ふ」と前
文で国民としての使命を宣言している。

　1）　約款とは，製品やサービスの取引を多数者間において画一的にかつ簡易迅速に処理し
　　　取引の費用を削減することを予定して作成された定型的な取引条項をいう。
　2）　独占禁止法とは，「私的独占の禁止及び公正取引の確保に関する法律」の通称であ
　　　り，独禁法と略称される場合がある。「カルテル」とは，独禁法 2 条 6 項で規定される
　　　独占禁止法違反類型の「不当な取引制限」を指す場合が多い。
　3）　「法」とは，憲法・法律，命令（規則），条例を総称する場合にいう。「法律」とは，
　　　法律だけを指す場合と，憲法以外の法律，命令（規則），条例を指す場合があるが，後
　　　者は「法令」と呼ぶ場合もある（第 4 章 5 学習上のアドバイスを参照）。
　4）　「要件と効果」については，第 6 章の法的三段論法の法構造において学習する。
　5）　「労使間」とは，労働者と使用者の間の関係をいう。
　6）　アメリカ合衆国16代大統領 Abraham Lincoln は，ゲチスバーグで行った演説で「Gov-
　　　ernment of the people, by the people, for the people」と述べた。これは，「人民の人民

による人民のための政治」と訳されている。「人民の」とは，国の政治の源泉が人々にあること（草の根民主主義を指す），「人民による」とは，政治が国民の代表者によって執行されること，そして「人民のための」とは，得られた福利厚生が人々に帰属し還元されることを述べたものと解されている。

第 2 章　科学とは── Sein と Sollen

1　Sein の科学と Sollen の科学

　科学には，自然科学・人文科学そして社会科学の分野がある。法学（法律学）は，社会科学の分野に属するとされているが，他の社会科学・自然科学および人文科学とは，異なる性格（目標や過程）をもつと解されている。したがって，法学を学習する目標も方法も，他の科学とは異なる部分があるし，また，学習者は，その違いを十分に理解したうえで学習しなければならない。

　筆者が第 2 章のサブ・タイトルを「Sein と Sollen」としたのは，Sein（「ザイン」と読む）[1]と Sollen（「ゾレン」と読む）[2]が，人文科学・自然科学および社会科学（ただし「法学」を除く）と法学との違いを明らかにするキーワードであるからである。

　まず，小学校・中学校そして高校で学習した自然科学・人文科学そして社会科学とはどのような過程をもつのか（定義）について明らかにしよう。（図表2-1参照）

1　Sein の科学

（1）　自然科学

　(a)　科目と課題　　自然科学に属する科目には，生物学，地学，化学，物理学，数学，医学，薬学，遺伝子学，資源科学，土壌学，発酵学，建築学，機械工学そして電子工学などがあげられる。

　ここでは，身体に発症した腫瘍に対する医学治療について考えてみよう。体調不良という体験事実を経て腫瘍の存在が疑われると，個人は，検査を受けることになる。検査結果を分析することで，その個人の身体細胞内における腫瘍発生の原因（法則性）が解明されると，つぎに，放射線，投薬あるいは切除のうちその個人にとって最も適した治療方法が，選択創造されることになる。

図表 2-1　　科学の体系図

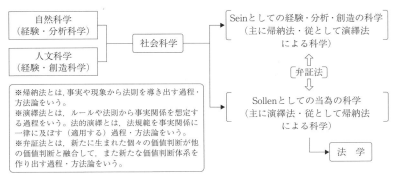

（**b**）　自然科学の定義　　このような例から考えると，自然科学とは，「自然の内部に存在（Sein）している法則を体系的に理解し認識して新たな発見や展開に進む過程」をいうと定義されよう。自然科学の誕生と発展の歴史は，人類の経験と熟練によって生れた優れた技能が活用され機能する過程の中でもたらされると考えられている。

（**c**）　自然科学と技能・技術—— What・How to そして Why　　道家達将教授は，「技術上の活動の中心となる発想は，『どうすれば問題が解決できるのか（How to)』を考え，実際に解決することにある。自然科学上の活動の中心的発想は，『Why』と自らに問いかけて，これを解き明かすことにある。『Why』の答えが正しければ，これは『How to』にたいへん役立つのである。『How to』の技能・技術と，『Why』と問いかけて真の答えを探ろうとする自然科学とは，このように相互に関連しながら，歴史的に発展してきた」という。いいかえれば，この技術と自然科学は，衣・食・住・健康・子育てなどの対象・目標「What」について生じる問題の解決「How to」がまず先行し，その中で「Why」が生まれ，その答えが再び「What」で生じる問題の解決「How to」に利用されるという歴史的な過程において，結びつくということになろう。

（**d**）　自然科学と知的財産権の関係　　B. ファリントンは，ウィシントンの言葉を引用して，「技術は……経験によって学ばれ，また，人と事物との間にある自然の法則（自然的本性）を適用することによって学ばれる」と述べ

★コラム2-1　権利とは何か

　知的財産権を保護する三つの意義に共通する要素は，どれも，知的財産の発明・創造者に存する（Seinとしての）意思を出発点とする点にある。このことから，ヴィントシャイトは，権利を法によって保護された「意思の力」と認識した。しかし，意思の力を実際に計量することは困難である。そこで，イェーリングは，権利をSollenとして保護される「利益」と解した。日本では，民法709条不法行為責任を扱った「大学湯」事件において，裁判所は，初めて「権利」はそこにSeinとして存しSollenとして保護される「利益」と解した。

る。このことは，現代社会においてもあてはまり，発明に対して特許権（権利）が付与される理由および法律要件の中に現実化されている。

　発明を特許権によって保護する意義は，三つある。まず，第一は，頭脳によって発想され生れたアイディアは，発明者本人の意思による発想の現実化であるから人格として保護されるべきである。第二は，発明を排他的に支配し利用し処分する発明者の意思を保障する点にある。第三は，知的労働によって財産を創造した者（発明者）に対しては，所有権とは異なる財産権を付与すべきである。このように，知的財産に権利として付与される知的財産権の内容は，知的財産に対して構成される人格権や財産権である。

（2）　人文科学

　(a)　科目と課題　人文科学に属する科目には，国語学（現代国語・古典・漢文ほか），外国語学，文学，哲学，美術（絵画・彫刻・版画・陶芸・写真・グラフィックデザインほか），音楽（バロック・シンフォニー・ロック・フォークほか），器楽，人類学，民俗学，考古学そしてアニメなどがあげられる。

　秒針分歩で進化し発展する激動社会においては，これら従来からの文化・人類分野における枠組みや方法論では，現在生じている文化的問題やこれから起こり得べき課題に対処し得ないことが頻繁に生じると思われる。

　そこで，これらの科目が対象とする学問的な存在意義は，人間が築いてきた文学作品や芸術作品（経験事実）を通して，人間が何を求め，どのような想像力を働かせて，どのように空間を利用して社会を組織し文化を創造しようとしてきたのかを問う（分析する）ことにある。そして，そのことは，新しい価値や枠組みを創造したり評価したりする際の人類に対する貢献という過程として

把握し得べきものといえるであろう。

　(b)　人文科学の定義　　人文科学とは,「人間の所産に存在（Sein）している法則を文化という体系の中で認識し理解し新たな価値を創造する過程」をいうと定義されよう。

　（3）　社会科学

　(a)　科目と課題　　社会科学に属する科目には, 政治学, 経済学, 産業組織論, 経営学, 経営工学, 金融工学, 中小企業論, 経営組織論, 戦略論そして社会学などがあげられる。

　経済学を例として説明しよう。まず, 経済学は, 分析対象となる経済問題の重要な要素（たとえば自動車産業とかコンピュータ産業）に注目し, 一つのモデルを仮定する。つぎに, 諸々の経済項目（財やサービスの価格・生産量・販売量, 賃金, 利子率, 生産費用, 取引費用など）およびその数値を設定し, そのうちの特定数値を変化させると, 他の数値がどのように変化するかを分析する。これによって, 変数間相互に一定の関係があることが理論的に推定される。この推論過程は, 経済活動上の変数データを用いて, 一つの数値の変化が他の数値の変化を引き起こす因果関係—原因と結果の関係—として検証し証明される。経済学は, 個人, 企業, 政府などのさまざまな組織が, どのような選択を行い, 資源の使用方法をどのように決定するかを, 研究し検証する学問といえる。

　(b)　社会科学の定義　　社会科学とは,「社会生活において生じた現象（結果）を分析し, そこに存する（Sein としての）原因を客観的に探求し検証し, 法則として体系的に認識して理解し, 解決する方法を創造する過程」をいうと定義されよう。

　（4）　自然・人文・社会科学の共通性と相互関係

　(a)　自然・人文・社会科学に共通する過程および方法論

　経験・分析そして創造の科学に共通する要素と過程は, 自然・社会現象および文化的所産を観察し, Sein としての経験的事実の相互の間に存する一般的（原因と結果の）関係—法則—を経験と熟練によって発見しあるいは仮説（この方法過程を「帰納法」という）し, つぎに, 個別的な課題を設定して, 一定の実験・検証をへて法則を認識し, 知り得た法則を自然・社会の環境づくりや文化・芸術の発展創作に活用する方法過程といえるであろう（これを「経験的帰納

的論理」という）。

（**b**） マルサスの人口論とダーウィンの進化論による検証——社会科学と自然科学の関係 ここでは「マルサスの人口論」と「ダーウィンの進化論」という二つの理論を例にあげて，社会科学と自然科学の関係を具体的に説明しておこう。

経済学者のT.マルサス[13)]は，人口論をつぎのように展開している。人口は，食料や衣料などの生活物資が増加するところでは，常に幾何級数（掛け算）的に増加する。しかし，生活物資は，算術級数（足し算）的にしか増加しない。したがって，増加する人口と増加する生活物資との間には不均衡が生じる。不均衡が生じると，一方では，人口の増加を抑制しようとする力が，他方では，生活物資の生産や水準を高めようとする力が働く。生存に対する人為的な努力（人為的な選択）の結果は，より進化した高次元の均衡状態を生む。これが，マルサスの人為的選択の人口論である[14)]。

チャールズ・ダーウィン[15)]が著書『種の起原』（コラム2-2参照）において発表した理論を進化論とよぶ。種が保存されるのは，各種が個別に創造を繰り返すことによるのではなく，生じた種が生物界の諸現象の中で自然に選択を行って，環境に適合するように変化し進化し複雑化する過程を経過したことによると解するのが，ダーウィンの進化論である。ダーウィンの「自然選択による種の進化理論[16)]」は，経済学者マルサスの人口論にヒントを得たといわれている。

ダーウィン以後の進化論は，メンデルによる遺伝法則[17)]の発見を経て20世紀の集団遺伝学を成立させ，自然選択説を主軸にネオ・ダーウィニズムの進化研究として批判や論争を繰り返し精密化への道を歩む。たとえば，ダーウィンの進化論は，ハイエクがいう「社会の経済問題は，主として時と場所の特殊事情における変化に急速に対応する問題である」という社会経済的ダーウィニズム——現代経済学の機能と使命——へと発展する[18)]。

（**5**） **まとめ** 法学を履修するみなさんが小学校・中学校そして高等学校の12年間で学んだ科目の大半は，Seinの科学に属する自然科学・人文科学そして社会科学に属するものであった。Seinの科学によって発見・導き出され知り得た法則は，普遍性があるものであっても，自然・社会の環境づくりや文化・芸術の発展創作に，決してすべてに一律に強制適用（Sollen）されるも

★コラム2-2　ダーウィンの「種の起原」

　ダーウィンは，産業革命の人口増加の時代に，種を人為的に変化させ，種の生産量を増加し，他方では種の削減を実施して，新たな均衡がうまれる状況を観察した。人為的な選択によって，種を変化せしめ進化した状態で種の生存ができるのなら，当然，自然界においても，種の選択的生存は可能であったであろうと仮説を立てた。彼は，産業革命の初期に，博物学者の助手としてビーグル号に乗船し，航海中にガラパゴス諸島において，種々の生物の標本を実施した。これを整理し検証して，彼は，『種の起原』を発表した。

　その後，彼は，動物のもっている社会的本能が発達すれば道徳観念や良心の獲得にいたると述べて，進化論的人間像に基づいて道徳・倫理の問題を論じようと試みた。

　ここで，道家達将教授が『科学と技術の歴史』において，八杉龍一氏の『ダーウィンを読む』の中から「人間の意志」[19]および，人間の意思と民主主義社会の形成について述べているところを，引用しておこう。[20]

　「個人の自主性と人類の連帯は切り離せないものである。そして，それによって個人は他人の中に自分をもつ，もしくは自分を発見できるということになる。われわれは，他人が，それぞれの環境と経歴のもとで何を考え何を感じているかを想像できるし，それを自分の体験のごとくにすることも可能である。人類が民主主義社会に向かって進む根源には，そのことがあるにちがいない。人間の行動原則を与える倫理は，自由意志の存在を相互に了解し合わねば無意味である。各自が確固たる主体であり，従って自由を心のうちにもち，しかも相互に人格と思想を尊重し合う一人間がそうした存在であること，ありうることを，ダーウィンは進化論によってわれわれに教えたのである」と。

　ダーウィン研究の第一人者であった故八杉龍一氏の「人間の意志」についてのコメントは，「種の起原から人の自由意思の形成」に至る長い進化の過程を，民主主義社会の形成に応用して，その弁証法的意思の形成過程として捉え直したものと解される。[21]

のではなく，時，場所，対象，個人によって適用されたり適用されなかったり，他の法則が適用されたりと，取捨選択が可能である点に特徴（選択の自由）があるということを認識しておきたい。

　Sein の科学の世界から Sollen の法の世界への架け橋が示されたことで，本書を Sollen の科学へ説明を進めることにしよう。

2　Sollen の科学

　（1）　Sollen・当為・規範　　Sollen は，ドイツ語である。肯定用語としては「しなければならない」[22]，nicht を伴う否定用語としては「してはならない」[23]と訳される。つまり，「……ねばならない」という強制を意味する「こと

図表2-2　Sollen としての当為の科学―法学―体系

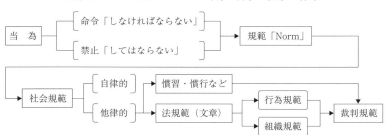

ば」で総称することのできる助動詞である。この Sollen を名詞で置き換える
と，哲学用語の「当為」という「ことば」が該当する。「当為」とは，命令さ
れあるいは禁止される一定の行為や組織（以下では「行態」と称する）をいう。
この一定の行態を命じもしくは禁ずる文章（命題ともいう）[24] またはその心理的 [25]
な対応を「規範」（Norm）という。[26] 社会生活において一定の行為を命じあるい
は禁じる規範を「行為規範」といい，社会生活の組織を定める規範を「組織規
範」という。

（2）　**社会規範・法規範・法**　　一定の行態を命じもしくは禁ずる規範の
心理的な対応―社会生活において人が遵守すべきルール―としては，道徳，
習俗，礼儀（自律的規範）そして現実社会での慣習・慣行（例えば入会）などが
あり，文章（命題）としては，「法規範」がある（他律的規範）。これらを総称し
て，「社会規範」という。

「法規範」（Rechstnorm）とは，「政治的に組織された社会の，その成員に
よって一般的に承認され，かつ究極においては物理的強制力に支えられた支配
機構によって定立されまたは直接に強行される規範」をいう。[27] そこで「法」を
定義すれば，「法とは，法規範の総体である」ということになろう。[28]

（3）　**自律的規範と他律的規範**　　自律的規範と他律的規範との違いを，
道徳と法規範の関係から述べておこう。「高齢者に対して席をゆずろう」とい
うスローガンは，かような行為を行うこと自体が目的なのであって，強制され
るものではない。つまり，道徳は，専ら自らの内心の意思（良心）に働きかけ
る自律的規範である。道徳規範の働く社会生活においても，人々の自由と安全
を確保するためには，社会の構成員相互の間を法律（権利義務）関係として捉

★コラム2-3 裁判規範

「裁判規範」とは，裁判所において適用され，裁判官の裁判規準を提供する法規範をいう。行為規範と組織規範に分類される社会規範のすべてが裁判の判断規準となり得るわけではなく，社会規範の中でも，法規範としての実質的要素（仮に「要件」という）を備えているものでなければならない。

①　法規範が裁判規範として位置づけられるためには，まず，「……支配機構によって定立され……る規範」でなければならない。規範が法規範かつ裁判規範であるためには，その規範が支配機構（たとえば国家・自治体など）によって Sollen として制定されたことを要する。たとえば，憲法，法律，命令，規則，条例などである。強制力による行使が予定されることで足りる。

②　法規範以外の社会規範が裁判規範となるには，「……強行される規範」でなければならない。Sein としての自律的な行為・組織規範（道徳・宗教・習俗・礼儀など）であっても，①何かの社会目的に貢献するため実践的な内容をもつ Sollen という他律的な慣習規範が存在し，裁判所によって，裁判規準として直接適用され行使される場合，②社会に Sein として存在する行為規範自体が直接には裁判に適用されないが，それに対応する裁判規範があらためて判例として形成され裁判に適用される場合である。

法規範・慣習規範・事実たる慣習を含む社会規範が裁判規範として裁判に適用される法源の探求と，法規範の上下優先優劣関係に関する問題は，第4章「法源」で学習する。

え，個人の意思に関係なく国家の「強制力」を伴う規範を必要とする場合がある。このように社会に演繹される他律的強制要素を伴う規範が，「法規範」といわれる。〔「法と道徳」の関係については本章 2-2 法と道徳を参照のこと〕。

（4）法学の定義　以上から，法学とは，社会生活における法規範（法の本質）を体系的に理解し法規範を事実関係に及ぼす過程および方法論の全体（演繹的学問）をいうと定義できよう。

2 科学の学習に大切なこと——弁証法的論理による探究

1 一元論か二元論か

カントとケルゼンは，自然・人文・社会科学を Sein という原理によって，法を Sollen という原理によって分離して，それぞれの領域の独自性を確保しつつ，自然・人文・社会科学を確立し擁護し，個人の自律的理性による自由と法を確立しようと試みた（二元論）〔法律文化社 WEB 補論第17章4・5を参照〕。

　ところで，18世紀末のフランス革命から産業革命に至る激動の時代で生じた対立や紛争は，二元論の下では解決し得ない。なぜなら，人間には，欲に支配される自我と倫理的行為を行う自我があり，Sein と Sollen を分離したままの自律的人格を定立しても，紛争を解決するための当為の構成を期待し得ないからである。このことは，現在の環境問題を考えれば，容易に理解されるであろう。

　財産をもつ者が，自律的な人格の意思表示として所有権を行使して化学薬品を生産し，契約を媒介して個人や事業者に提供する。製造残留物の投棄やたれ流しを行った結果，人類共通の財産として存在する山林・河川そして海などの自然環境が汚染・破壊され，人の健康も安全も害される場合が生じる。二元論の下では，Sollen の原理を遵守した財産権の行使（使用・収益・処分）である限り，自然・人文・社会科学に存する Sein の原理が働く余地はないことになる。他方，自然界の存立を確保するためには，Sein の原理の働きが求められる。1964年の東京オリンピックの開催には，各種のインフラ整備のために，多くの木材が必要とされた。過剰に伐採された木々から山林の生態を回復し，将来の木材の供給を確保するために，政府は，垂直に生育し加工が容易な杉の苗木を大量に植林した。それから30年後には，杉の花粉が，人体に激しいアレルギー反応を発症させるなど深刻な健康被害を発生させている。二元論の下では，Sein の原理に沿った杉の植林である限り，Sollen という当為の原理が働く余地はないことになる。これでは，紛争を解決するための当為の原理は，当為の不作為によって，環境破壊事件などにおいては，かえって紛争対立の原因となり，まったく調停者としての機能を果たし得ないことになる。そこで，ドイツのフィヒテ，シェリング，ヘーゲルは，自然・人文および社会科学と当為の科学との統合を探求した（一元論）のである。

　科学を学ぶ者にとって大切なことは，一元論それとも二元論のいずれに依拠するかということ以上に，自然・人文および社会科学と当為の科学との発展的創造的関係を弁証し自由・平等そして平和を探求し続けることこそが最大の使命であると認識し実践することにあろう。

★コラム 2-4　帰納法と演繹法

　Sein の科学は，経験した事実・事象を分析し法則（ルール）を導いて，新たな創造を行う方法過程（帰納法）として認識されるが，法則を実験や試験といった過程に及ぼす演繹的過程も含む。他方，Sollen の科学（法学）は，法規範というルールを事実関係に一律に及ぼす方法過程（演繹法）として認識されるが，判例を分析してそこに存在する具体的規範を策定する帰納的過程も含む。

図表 2-3　科学的方法論の整理

Sein の科学も Sollen の科学も，どちらも 2 つの方法論を必要とするが，主要な過程が異なる。

	帰納法	演繹法
Sein の科学 （自然・人文・社会科学）	経験—分析—創造の過程（主）	実験・試験
Sollen の科学 （法学）	判例分析	解釈—適用—効果の過程（主）

2　法と道徳——悪法は法にあらず

　本章 1-2-(3) では，自律的規範と他律的規範の異同を説明するために法と道徳をあげたが，ここでは，法と道徳の異同および関係をとりあげることとしたい。なぜなら，この異同は，その規範を法として支持し得るものなのか，それとも悪法として排除すべきものなのかを判断する重要な鍵を提供するからである。

　(1)　法と道徳の異同　　人々の自由と安全を確保するためには，個人の内心の意思に関係なく社会の構成員に国家の「強制力」を伴う規範を及ぼすべき場合がある。このように，法とは，一定の業態を命じまたは禁じる他律的法規範の総体をいう。他方，専ら自らの内心の意思（良心）に働きかけ一定の行態（たとえば「嘘をついてはいけない」とか「人の物を盗んではいけない」）を，強制されることではなく，自主的に行ったり行わない場合がある。道徳とは，社会生活上一定の行態を自主的に行うあるいは行わない行動上の自律的規範（準則）をいう。

　かように法と道徳の異同を明らかにし得たとしても，これが各々の完全な特徴を言い当てているのでもない。法においても，個人の意思を重要な要素とする場合がある。たとえば，刑法では，人が死亡した場合に，行為者に殺人の意

思（故意）があった場合，傷害の意思（故意）があった場合，あるいは故意は
なく不注意（過失）が認められた場合では，成立し得る犯罪が異なり，殺人罪
（刑法199条），傷害致死罪（刑法205条），あるいは過失致死罪（刑法210条）という
犯罪類型に区別される。民法の条文では，ある事情を知らなかった場合を「善
意」とし，ある事情を知っていた場合を「悪意」として，いずれの要件を満足
するかによって，発生する法律効果を異にする場合がある（民法162条１項・２
項）。

　（**2**）　**法と道徳の関係──法は道徳の最低限**　「法は道徳の最低限」とか
「法は最小限の道徳」という格言は，法のあり方として，法が究極的には道徳
の中に組み込まれていると考える立場を表している〔法と道徳の関係図表２-４-
〔A〕参照〕。しかし，ドイツの学者イエリネックは，法と道徳の関係をつぎの
ように解している。法は，道徳によって支持される時に最も強力であり（刑法
199条の殺人罪），道徳に反する法あるいは道徳と関係のない法（各種の手続法）
は，法としての価値に乏しいもので存続の基礎は薄弱である〔図表２-４-〔B〕
参照〕。だからといって，すべての道徳が法として成立するわけではないし，
また強制力を付与して法とすべきものでもない〔図表２-４〔A〕参照〕。なぜな
ら，社会の現実から乖離し一般人の意思を無視する法は，恐怖の下に人々の心
を萎縮せしめ，自由な活動を抑圧して社会的弊害を発生させるからである。た
とえば，イギリスのピューリタン（清教徒）革命を実現したクロムウェルは，
信教の自由を認めた一方で，飲酒・演劇・競馬などの娯楽を禁止し峻厳な政治
を行った。そのため，政治による威圧，独裁政治に対する懐疑・萎縮によって
高まる社会不安は，彼の死後，共和制から直ちに王政復古に帰せしめた歴史を
あげることができよう[37]。

　（**3**）　**悪法もまた法なり（や）**　この格言については，賛否両論ある。道
徳に反する悪魔の法も考えられるからである。第２次世界大戦前に，ナチス
は，ワイマール憲法48条で「大統領は公共の安全と秩序回復のため必要な措置
をとることができる」と規定される国家緊急権を，悪意をもって巧みに発動し
て集会・言論の自由などの基本的人権を停止した。その後に，立法手続を経ず
に法律と同様の効力を有する法令の制定権限をヒトラー政権（内閣）に与える
「民族および帝国の困難を除去するための法律」（これを全権委任法または授権法

図表 2 - 4 法と道徳の関係図

法と道徳についての二つの考え方

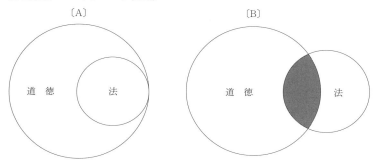

〔A〕 〔B〕

道 徳 法 道 徳 法

（黒の部分は，道徳によって強力に支持される法の部分を表す）

という）を定めた。ユダヤ人に対してコンプレックス感情をもっていたヒトラーは，これを根拠に，憲法を停止し，ニュルンベルク法を制定（1933年）して，ユダヤ人から自由を奪い拘束し，ユダヤ人をユダヤ人種という理由だけで，ホロコーストに強制的に収容する政策を実施して，アウシュビッツ強制収容所において大量虐殺した歴史が認められる。また，日本においては，国体または私有財産制を否定するような思想・言論を，あるいは民主化または戦争反対を弾圧・抑圧するために，治安維持法が制定され軍部によって濫用された暗い歴史があったことも，私たちは，忘れてはならない。

　これらの法や政策は，道徳によって支持されず「悪法は法に非ず」として法の世界から排除されるべきであろう。このように，法と道徳の異同および関係は，悪法排除の法理として働くのである。個人の内心の意思の存否に関係なく国家の「強制力」を伴う規範を必要とする場合とは，人々の自由と安全を確保するために，ロックのいう社会契約論によって構築される草の根民主主義国家が，社会の構成員との間で信頼および秩序に裏付けられた法政策を実施すべきときに限られるといえるであろう。

★コラム2-4　法に対する基本理念——法の価値規準——
　G.ラートブルフ（1878-1949）は，ドイツの刑法・法哲学学者として顕著な業績を残し，ワイマール共和国の司法大臣を担当し，社会民主主義者として，自らの思想を政治に実現するため尽力した。しかし，ナチスドイツが政権を奪取すると，大学教授の職を追われた。かような体験をへて，ラートブルフの学問的態度の基本を表す法理念（法の価値序列規準）は，ナチス政権以前は，法的安定性・正義・合目的性であったが，ナチス政権以後のそれは，正義・法的安定性・合目的性へと変化した。ラートブルフの「法理念」の変化が私たちに何を語り，私たちは，何を学びとるべきなのだろうか〔法律文化社 WEB 補論第**17**章5を参照〕。

3　経済学と法学の総合——Sein と Sollen の応用演習

　ここでは，実際に問題となった日本インテル事件を題材に，Sein（経済）と Sollen（法）の関係を検討することにしよう。

　（**1**）　**日本インテル事件の事実関係**　　日本インテル（IT）社は，米国インテルが製造するパソコンの CPU（演算処理装置）を輸入して，日本国内のパソコン製造販売有力事業者5社（以下では「有力事業者5社」という）に供給していた。IT 社は，2年間で CPU の出荷台数が減少してきていることに危機感を抱き，有力事業者5社との間で，AMD 社およびトランスメタ（TM）社製 CPU の搭載数量を抑制させ，あるいは，AMD 社および TM 社（以下では「CPU 製造販売2社」という）との特定 CPU 製品を含む取引を拒絶させ，その見返りとして割戻金や販売促進費を提供する契約を締結した。これによって，IT 社は，有力事業者5社との IT 社・AMD 社および TM 社製の CPU 市場において，IT 社製 CPU の取扱占拠率90〜100％を獲得し維持すること—私的独占—を達成した。

　（**2**）　**私的独占によって生じる損害の解説**

　（**a**）　**経済学（Sein の科学）による解説**　　IT 社が有力事業者5社に CPU 製造販売2社との取引を拒絶させ，その見返りとして割戻金や販売促進費を提供したことで，CPU 製造販売事業者2社は，有力事業者5社に対する CPU の販売数量も占拠率も減少し自由な事業活動（CPU の価格・数量の決定）が奪わ

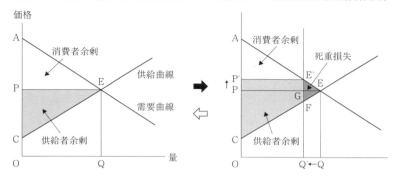

図表2-5　競争均衡市場の消費者余剰　　　図表2-6　私的独占市場の消費者余剰

れ，CPU市場での事業展開が困難となった（失った利益は**図表2-6**の私的独占市場の三角形FEGにほぼ相当する）。パソコンの生産量が減少し価格が上昇することによって，一般消費者は，CPU製造販売事業者2社製CPUが搭載されたパソコンの購入契約当事者としての利益の相当な部分（**図表2-6**の私的独占市場の四角形P'PEE'）を失った。これによって，一般消費者の利益は，APEからAP'E'にまで縮小することになった。

　以上の関係を経済学（Seinの科学）の帰納法によって分析すると，その分析結果は，需給曲線図によって**図表2-5 ➡ 図表2-6**のように示される。

　（**b**）　**法学（Sollenの科学）による解説**　　民法709条では，「故意又は過失によって他人の権利又は法律上保護される利益を侵害した者は，これによって生じた損害を賠償する責任を負う」と規定され，独占禁止法25条（以下では「独禁法」という）では，「第3条……の規定に違反する行為をした事業者……は，被害者に対し，損害賠償の責めに任ずる」と規定されている。Sollenの科学としての法学分野では，CPU製造販売事業者2社が失った利益は，CPU市場での事業者としての地位（損害）であり，一般消費者が失った利益は，「消費者選択の自由」の喪失（損害）といわれる（民法709条，独占禁止法25条）。

　（**3**）　**Sollenの科学としての独禁法を適用し演繹する**　　CPU製造販売事業者2社および一般消費者が受けた損害を早急に回復し予防するためには，企業に任意な回復をさせるのでは足らず，たとえ企業の意思に反するとしても，Sollenの科学としての独禁法を一律に適用・演繹して，（市場メカニズムの）強

制的な回復を図り，それが維持されなければならない。

　公正取引委員会は，日本国内の３社製 CPU 市場で行われた IT 社の排除行為に，独禁法２条５項を適用して，独禁法３条の私的独占禁止違反を認定し，独禁法７条を根拠に排除措置を同社に命令したのである。その結果，CPU の生産量・価格・品質の自由な決定を行い得る市場メカニズムが回復されると（東宝・新東宝事件[40]），CPU 製造販売事業者２社は CPU 製造事業者としての地位を回復し，IT・AMD・TM 間で CPU 市場における有効な競争（東宝・スバル事件[41]）および創意工夫も促進される。これによって，一般消費者の利益は，**図表２-６**の三角形 AP´E´ から，競争均衡市場における**図表２-５**の三角形 APE に相当する部分まで回復する。

　法規範（法律）によって経済取引に関する事件を解決する際には，現在では，原因と結果の関係を明らかにするだけでなく，法的判断過程における規準を構成するための根拠も，Sein の科学による十分な説明が要求されるようになってきている。「法と経済」という題名の科目やテキストは，かような点に応えるものといえよう。

1)　Sein は，ドイツ語であり，「ある，いる」などの存在を意味する「ことば」である。学習者は，辞書を引いて，確認すること。
2)　Sollen は，ドイツ語の「……ねばならない」という強制を表す助動詞である。
3)　道家達将・赤木昭夫『科学と技術の歴史』（放送大学教育振興会，2001年）32頁。
4)　B.ファリントン『ギリシャ人の科学』上巻（岩波書店，1955年）93-94頁。
5)　特許法２条の「発明」の定義，同法29条の特許要件「産業上の利用」「新規性」「進歩性」である。
6)　B.ヴィントシャイトは，ドイツの私法領域の概念法学（パンデクテン法学）を形成することに貢献した（1817〜1892）。
7)　R.イェーリングは，19世紀ドイツの法学者で利益法学・自由法学の先駆者である。彼の著作『権利のための闘争』は，不朽の名作といわれている。
8)　大判大正14年11月18日民集４巻670頁⇒大審院において大正14年11月18日にあった判決で大審院民事判例集の４巻670頁以下に掲載されていることを表示する。
9)　この分野に属する科目は，実験による実証が困難であるところから，単に「人文学」と呼ばれる場合がある。
10)　J.E.スティグリッツ『ミクロ経済学』（東洋経済，2000年）６-７頁。
11)　法学分野では，ある原因によってもたらされた結果との関係を「因果関係」という。
12)　哲学分野では，事実から法則を導く過程を「帰納法」という。
13)　イギリスの T.マルサス（1766-1834）。

14)　J. K. ガルブレイス『経済学の歴史』（ダイヤモンド社，1898年）111-116頁。

15)　チャールズ・ロバート・ダーウィン（1809-1882）イギリス。

16)　道家達将，前掲注3）250-278頁参照。

17)　G. J. メンデル（1822-1884）は，えんどう豆の実験によって，遺伝法則を発見した。

18)　F. A. ハイエク著，田中真晴ほか訳『市場・知識・自由』（ミネルヴァ書房，1992年）63頁。

19)　道家達将，前掲注3）274-275頁，八杉龍一『ダーウィンを読む』（岩波書店，1989年）237-239頁。

20)　自由が維持確保されている社会にあって，人が法律行為—たとえば土地や建物を売買するため契約を締結することなど—の実現を意欲する決定を，法の専門用語としては「意思」と表現する。「意志」はこころざしを表現する。

21)　「弁証法」とは，何かを正しいと思っても（定立），それに疑いをもち否定するものが現れる（反定立）。この対立を超えるものとして新たな次元が展開され（総合定立）繰り返される過程をいう。

22)　憲法60条1項「予算は，さきに衆議院に提出しなければならない」。

23)　労働基準法16条「使用者は，労働契約の不履行について違約金を定め，又は損害賠償を予定する契約をしてはならない」。

24)　「もしくは」は「若しくは」とも書く。

25)　「または」は「又は」とも書く。「若しくは」・「又は」は，あるものを選択する際に用いる接続詞で，単一で用いるときは，「公の秩序又は善良の風俗に反する……」（民法90条）のように「又は」を使用する。選択する語句に段階がある場合には，一番大きい段階の接続詞として「又は」を用い，他の小さい段階の接続には「若しくは」を使用する。たとえば，憲法38条2項，民法876条の8第1項を参照。

26)　碧海純一『法哲学概論』（弘文堂，1964年）66-78，76頁。

27)　碧海純一，前掲注26）66-78，76-78頁。

28)　碧海純一，前掲注26）76頁。

29)　山田晟『法学新版』（東京大学出版会，1974年）1頁。

30)　演繹とは，法則から事実を想定する過程をいう（単に「演繹法」ともいう）。法的な演繹とは，法規範を事実関係に一律に及ぼす過程・方法論をいう。

31)　山田晟，前掲注29）20-24頁。

32)　川島武宜『民法講義』（岩波書店，1963年）16頁。

33)　川島武宜，前掲注32）30，32頁。

34)　田中英夫編『実定法学入門第3版』192-193頁。商法第1条は，「商事に関し，この法律に定めがない事項については商慣習法に従い，商慣習がないときは，民法の定めるところによる」とある。

35)　碧海純一，前掲注25）77-78頁。譲渡担保や白紙委任状付の株式の譲渡はこの例である。

36)　法の適用に関する通則法2条と民法92条を参照。法源において解説する。

37)　山田晟，前掲書注29）26頁。

38)　森末伸行『法思想史概説』（中央大学出版部，1995年）158-161頁。

39)　公取委勧告審決平成17年4月13日審決集52巻341頁〔日本インテル事件〕⇒公正取引

　　委員会による判断を2010年改正独禁法の施行前には審決といい，まず勧告してその後審決した事件である。

40)　東京高判昭28年12月9日高裁民集6巻13号868頁〔東宝・新東宝事件〕。

41)　東京高判昭26年9月19日高裁民集4巻14号497頁〔東宝・スバル事件〕。

第3章　自然法と実定法

　法には，時間や場所を超えて永久に変わらない法と，時代・場所あるいは社会の変化に応じて人によって創られる法がある。前者を自然法（natural law）といい，後者を実定法（positive law）という。自然法は，人の本性が不変であり人々に共通する（普遍的な）理性に基づく命令や正義の要求を源泉とする法である。[1]

　私たちは，小・中・高の学校教育において「人は生まれながらにして『自由・平等』である」と教わってきたはずである。1789年のフランス革命後の「人および市民の権利宣言」（フランス人権宣言という）4条によれば，「自由は，他人を害しない全てをなし得ることに存する」とされる。すなわち，個人は，他者との間で相互に自由を奪わず，害せず，そして制限しない限りにおいて，自由に行動できるという意味である。それでは，ここでいう「自由・平等」とは，何を源泉（法的な根拠）として，どのような法によってどこに位置づけられ，どのように実現され，維持するためには何が求められるのかについて検討しよう。

1　自由・平等の源泉と自然法

　「自由・平等」は，ロックの自然権思想を基礎として，人類史上で初めて創られた憲法（Constitution）（アメリカ合衆国ヴァージニア州の権利章典）の中で，文字によって初めて文章化されたといわれる。1776年に創られた「ヴァージニア権利章典（The Virginia Bill of Rights）[2]」1条は，「すべての人は，生来ひとしく自由かつ独立しており，一定の生来の権利を有するものである。これらの権利は，人民が社会を組織するにあたり……奪うことのできないものである。かかる権利とは，財産を取得所有し，幸福と安寧とを追求獲得する手段を伴って，生命と自由とを享受する権利である」と規定されている。これを受けて，フラ

ンス人権宣言1条では，「人は，自由かつ権利において平等なものとして出生し，かつ生存する」「自由は，他人を害しない全てをなし得ることに存する」と規定された。[3]

　1776年のアメリカ合衆国13州の独立宣言では，自由と平等は，「自明の真理」[4]とされる。すなわち，自由と平等は，憲法や宣言によって表明される以前から，人の本性が不変であり普遍的な理性に基づく命令や正義の要求を源泉とする時間や場所を超えて永久に変わらない人類にとって最大の英知と理解されてきたということができよう。それゆえ，この人類最大の英知としての自由・平等に，自然法の存在を観念し得る。自然法を観念することができないならば，自由・平等は，憲法の改悪や法律の制定によって，容易にあるいは悪意を伴って，いとも簡単に否定される危険にさらされることにならざるを得ないからである。

2　自由・平等を獲得するための「権利のための闘争」

　人類最大の英知としての自由・平等に自然法の存在を観念し得るとしても，観念できることによって，それが，人々によって実際に現実社会の中で獲得されることを意味するわけではない。イェーリングは，この点について，法の歴史的発展の中で「人がまさに行動しなければならない領域で，しかも完全で明確な目的意識をもち，全力を傾けて行動しなければならないところで，ものごとは自然に成るものであって，人は何もしないでただ法のいわゆる源泉＝民族の法的確信から次第に出現してくるものを信頼して待つのが最善である」という法の形成に対する認識は，間違っていると述べる。[5]「法は，歴史的発展の中で……人間の目的，努力，利益の混沌とした渦のただ中に投入されて，正しい道を発見するために絶えず模索・探求し，そのうえいったんこれを発見したあかつきには，今度は前に立ちはだかる抵抗を打ち砕かなければならない」。すなわち，イェーリングにとって「法とは不断の努力である」ということになる。[6]

　日本国憲法97条は，「この憲法が日本国民に保障する基本的人権は，人類の多年にわたる自由獲得の努力の成果であって，これらの権利は，過去幾多の試

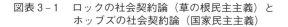

図表 3 − 1　ロックの社会契約論（草の根民主主義）と
ホッブズの社会契約論（国家民主主義）

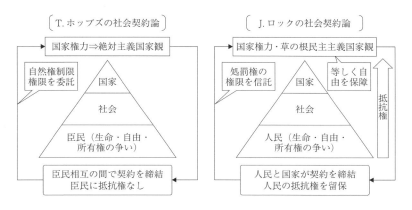

練に堪へ……たものである」と規定されており，イェーリングの法の歴史的発展についての認識と一致する。自然法の中で観念的に存在する人類最大の英知としての「自由・平等」は，獲得のための闘争と試練に堪え克服するための不断の努力を必要とするということになろう。

3　自然法から実定法へ

　自明の真理である自由と平等は，ヴァージニア権利章典で初めて文章化され，その後，フランス人権宣言や憲法がそれに続いたのである。なぜなのか。その理由を少しだけ述べておきたい。

　14世紀にイタリヤから発した人間中心の思想（ヒューマニズム）を基調とするルネッサンス文化は，16世紀になるとヨーロッパ全土にも及び，観察と合理性に基づく近代科学の基礎を築いた。このヒューマニズムが人を個人として尊重する人類最大の英知（思想）として拡がり，自由と平等が，天賦の人権として人々の間で広く深く権利として認識されることに時間はかからなかった。これを明白確実なもの（「基本的人権」）とするために，人々は，「憲法をつくろう」「憲法をつくれ」という活動を展開するようになる。[7]

　また，ヒューマニズムは，人と人との相互の間あるいは人と国家との間を，社会契約という論理で理論的に構築しようと試みるホッブズからロックに至る哲学思想を生んだ。ロックの社会契約論による国家は，国家権力に対する国民の抵抗権を認める民主（草の根民主主義＝主権在民）国家の構築を実現する。モンテスキューは，権力の拡大および一極集中を回避し，民主国家を実現し維持する手段として三権分立・二院制議会[8]を提唱した。国家権力が分散されることで国家による法の恣意的な制定・適用・運用は，困難となる。ルソーは，「自然にかえれ」という言葉で，民主的国家においても，文明の進歩は人々を腐敗させるのであるから，「社会の中の自然人であり自由・平等である」ことを認識するよう人々に求めたのである。

　しかしながら，自然法であっても決して万能ではない。なぜなら，どのような内容を自然法に位置づけるかは，人々によって異なるからである。もし，恣意的な自然法を認めるならば，現在通用している実定法が，ある日から突然に機能を果たし得ない（無効となる）場合も想定され得る。このような状態は，「実定法が実定法としての独立の根拠を有〔すること〕，独立の認識根拠に立〔つこと〕，さらに自律的な科学認識の対象であることを無視し，実定法そのものの本質を破壊する」ものであると理解され得る[9]。したがって，かような立場は，法的判断の規準となり得るのは，実定法に限られると考える。以上のように述べる横田喜三郎教授であっても，「自然法は，法と正義の絶対的意味の問題であり，それが一般的に超歴史的な，無時間的な規範の妥当性を信じたことは，多くの人々が考えるように，歴史的啓蒙によって反駁できる誤りではなくて，むしろ不朽の功績である」と評価する（第 7 章 - 1 -（2）を参照）。

　自由と平等が人々の手に明白確実なものとされるためには，民主国家によって立法される実定法としての憲法によって保障され（「日本国憲法11条・98条」），憲法はじめ法令によって国家権力が制限され，かつ裁判所によって判断されること（法思想としての「法の支配」・憲法上の理念としての「立憲主義」という）が必要だったのであるし，現在も必要とされる（9章 - 4 -（2）-（c）を参照）。

4　憲法が求める再び「権利のための闘争」

　文明の進歩は，人々や国家を腐敗させる。それによって，人類の長年にわた
る闘争の歴史の中で獲得された自由・平等は，簡単に人々から奪取され逃げ
去っていくといっても過言ではあるまい。

　イェーリングによれば，「法は，生きた力である」から「法の生命の全体を
一望のもとに見渡せば，われわれの前には……経済的なおよび精神的な生産の
分野でくりひろげられている競争と奮闘の情景」そのものがあるという。した
がって，「法の生命は闘争であり……不断の努力である……しかもすべての国
民の努力である」ということになろう[10]。日本国憲法12条は，「この憲法が国民
に保障する自由及び権利は，国民の不断の努力によって，これを保持しなけれ
ばならない」と規定している。では，イェーリングの努力と，日本国憲法で求
められる「不断の努力」との関係は，どのようなものなのか。イェーリング
は，「人格の無視を通してなされる権利の無視を，あらゆる手段を尽くして克
服すること〔権利のための闘争〕は，各人の自分自身に対する義務である」と
いう。なぜなら，「甘んずることは，自分の人生の一時期を無権利で過ごすこ
とを認めることになる。自己の生存の主張は，すべての生物の最高の法則であ
り……権利の主張は，精神的自己保存の義務である一方で，権利の完全な放棄
は，精神的な自殺である」からである[11]。日本国憲法12条の不断の努力の意味
も，各人の使命として，「戦争の惨禍を起こすことのないように」武器をもた
ず「恒久の平和」的手段によって権利を主張すること（「平和主義」的権利のた
めの闘争）と理解すべきなのではと思われる。

　　1)　横田喜三郎『純粋法学論集Ⅰ』（有斐閣，1976年）42頁。
　　2)　斉藤敏『アメリカの憲法と政治』（1975年，理想社）54頁。ジョージ・メイソン起草
　　　　によるヴァージニア権利章典（The Virginia Bill of Rights）は，アメリカ独立宣言や
　　　　ジェームズ・マディソンが起草した合衆国憲法の条文の中にも採用されている。
　　3)　宣言文や条文は，高木八尺・末延三次・宮沢俊義編『人権宣言集』（岩波文庫，1991
　　　　年）の各該当箇所―ヴァージニア権利章典（109頁），独立宣言（114頁），人権宣言
　　　　（131頁）―より引用した。
　　4)　1776年に T. ジェファーソンが起草したアメリカ合衆国13州による独立宣言は，「自明

の真理として，すべての人は平等に造られ，造物主によって，一定の奪いがたい天賦の権利を付与され，そのなかに生命，自由および幸福の追求が含まれることを信ずる」と宣言している。

5)　R. イエーリング，小林孝輔・広沢民生訳『権利のための闘争』（日本評論社，1994年）27-28頁。

6)　イエーリング，前掲27頁，21頁。

7)　桑原武夫『世界の歴史』（中央公論社，1988年）114頁。フランス革命前夜の国民議会「テニスコートの誓い」を一つのあらわれとしてあげることが可能であろう。

8)　三権とは，議会が立法を行う立法権（日本国憲法41条），内閣が法による政策を執行する行政権（日本国憲法65条），裁判所が憲法，法令及び執行の是非を法的に判断する司法権（日本国憲法76条）の 3 つの国家権力をいう。

9)　横田喜三郎，前掲注1）42頁。

10)　イエーリング，前掲注5）21頁。

11)　イエーリング，前掲注5）38，39頁

第4章 法　源

　「法源」とは，裁判所が判決をするために必要な既成の一般的法規範の存在形式をいう。[1] 既成の一般的法規範は，特定の秩序をもつ法分野において，裁判所の判決過程（三段論法）のうち大前提を形成する裁判規範である。法は，常にある目的の実現を目指している。したがって，たとえば，民法・商法あるいは刑法とでは，目的実現のための強制手段のありかたやその程度が異なる。[2] まず，強制的な法源，任意的な法源，つぎに成文法（制定法），不文法（慣習・判例・学説・条理），公法・私法・社会法そして実体法と手続法の順に解説することにしよう。

1　法源の分類

　（1）　強制的法源と任意的法源　「強制的法源」[3]とは，その法を適用し得るときには，つねに適用しなければならない法源のことをいう。[4] たとえば，刑事事件[5]に関する刑法をはじめとする制定法，私法上の制定法（法律・命令ほか）[6]，自治法（地方公共団体の条例・労働協約・法人の定款ほか），慣習法（商事に関するもの）をあげることができる。この中で，強制的法源と解してよいかが問題となるのは，労働協約と法人の定款である。労働協約については，労働協約中の労働条件や労働者の労働待遇に関する規準を定めた部分が，労働契約当事者の意思にかかわりなく契約内容を決定する規準となり，また一般的拘束力を有する（労働組合法16・17条）。定款の作成は，法人の設立行為であるから，定款は，一般的拘束力を有する（民法34条，会社法28条）。したがって，これらは，裁判の大前提となり得る規範として，強制的法源と解すべきであろう。
　「任意的法源」[7]とは，適用され得るときにも，法律上は適用しなくてもよい法源をいう。[8] たとえば，判例，学説，条理をあげることができる。
　（2）　成文法と不文法　法源は，その存在形式によって，成文法と不文

法の二つに大別することができる。

　(a) 成文法 「成文法」とは，文字で書き表された法源をいう。国が所定の手続・形式によって制定した憲法・法律，地方公共団体が制定した条例などが代表的なもので，これらを「制定法」という。制定法の種類，作成過程，優先関係そして効力については，本章2で解説する。

　(b) 不文法 「不文法」は，文字で表された法源以外のものをいい，慣習・判例ほかをあげることができる。不文法については3・4で解説する。

　(3) **公法・私法・社会法**　法は，文字で書き表されたものか否か（成文法か不文法か）の分類のほか，いくつかの分類が行われている。私法・公法・社会法の分類もそのうちの一つである。実際には，私法と公法との間の分類は必要なのかという根本的な問題が指摘されているが，研究の便宜を図るために，沿革的に形成された中で理解しやすい分類によって説明しよう。

　(a) 公法と私法 「公法」とは，国家の権力機構を基礎として国家相互の間・国家と地方公共団体との間および地方公共団体相互の間の関係，国家あるいは地方公共団体と個人の間の関係を規律し，ならびに国家もしくは地方公共団体の組織・行為を規定する法をいう。

　「私法」とは，非国家権力機構を基礎として個人（法人含む）相互の間の対等な関係を規律する法をいう。

　この説は，理解しやすい分類とされているが，国家あるいは地方公共団体と個人の間の関係を対等な関係として規律すべき場合もあり，公法あるいは私法のどちらによって規律するかについては，明確でない。公法によるべきか私法によるべきかは，国家あるいは地方公共団体と個人の間の関係を規律する対象（目的，客体）は何かによって，判断しなければならない。

　この問題を社会生活における健康や安全の確保維持という視点から検討し，明らかにしてみよう。健康や安全の確保維持は，環境についての社会資本の整備によって図られる側面がある。電力施設の建設および電力の供給，下水処理施設の建設および下水の回収などは，費用と利益の均衡を保ちつつでは行い得ない莫大な費用を要する場合の代表例である。福祉国家には，個人相互の間の平等を維持しつつ，個人に最適な資源配分を行うべく採算性を度外視した特有の事業の経営や施設の管理が求められる。電力供給に関する法や下水道の供給

に関する法は，この分野における行政特有の取り扱いを規定した法であり，私法とは異なる公共の原理の働く公法の一つに位置づけられる。これに反し，「行政が営利ないし独立採算を旨として行う経済的経営活動に関する法[13]は，行政作用に係るとはいえ，私法（民商法）[14]と共通の原理にたつとみられるから，公法ではなく，行政に関する特殊な私法規定（私法の特別法）と性格づけられ，これらの法の適用される関係は，通常の民事法関係と同質のものと扱われている[15]」。公法と私法の分類は，産業革命の初期までは，私法原理（個人の意思の合意）を基準にして，比較的区分しやすいものであった。日本国憲法の下にある権力の淵源は，民主主義の原理に立脚した主権在民の国民の意思に由来する。権力を行使する行政が国民に対し優位した地位に立つとする根拠は，存在し得ない。行政が国民に優位するのは，社会福祉国家を実現するため，公法・私法の二元的法分類の機能する下で，法律によって個別・具体的に授権された限度にすぎない。したがって，この分類の内容も分類そのものも，変化せざるを得ないようになるであろう[16]。

(b) 社会法 近代法原理の所有権の保障と契約自由の原則は，人々および財産を絶対（封建領主の）権力から解放せしめ，その結果，人々は，商品交換の担い手（抽象的法主体）として形式的な自由，平等，独立を獲得し，自由意思の発現として財産所有の自由（所有権の絶対性）かつ対等な取引（経済活動）が保障された。アダム・スミスの夜警国家論を基礎とする自由市場経済は，財産権の保障および契約の自由によって発展し[17]，人々は，「もつ者」と「もたざる者」―「使用者」と「労働者」，「生産者」と「消費者」―という階層に属する具体的な法主体として存在するようになった。形式性・抽象性を本質とした市民法の原理は，資本主義経済においては，実質的な自由・平等・対等性の実現を軽視あるいは無視する企業資本の論理に転化しつつあったのである。19世紀末には，雇用契約および労働条件についての労使の交渉は，労働者が使用者（企業）に一方的に従属するという力の格差として現れた。労使間の対等性を実質的に確保し労働者の権利と利益を保護するためには，労働者の権利を具体的に団結権・団体交渉権・争議権として保障することが急務であった。国家は，それを実現するため労働法を定めて労使間の対抗関係に介入する必要があった。独占資本主義市場では，市場機構の調整機能[18]が働かないほど競争によ

る弱肉強食の弊害が生じた。市場独占とか実質的な競争制限といった弊害を除去し，公正かつ自由な競争秩序を回復するため，私法原理による市場取引の領域に，国家が独占禁止法を定めて介入する必要があった。労働法・経済法・社会福祉法（社会法の個別の法律についての説明は第**14**章を参照）といった社会法は，この公法と私法の交錯する領域に成立した法をいう[19]。とくに経済法は，私法分野の民法，公法分野の刑法・行政法が混在する性格を有する。法の関係を整理して図式化すると**図表４−１**のようになる。

　イギリスでは，公法・私法の区別がそもそもなく，したがって社会法という分野の成立はない。イギリスには，この分類とは異なるコモンロー（Common law）とエクイティ（equity）という法の分類が存在する。コモンローは，中世以来，国王のコモンロー裁判所で発展してきた一般法をいう。エクイティは，コモンローでは救済の与えられない事件であっても，正義と衡平の見地から当然救済が与えられるべきと考えた者が大法官に直接請願したことが判例として集積し，やがて同一事件について救済が与えられるように期待された法分野をいう。トラスト（trust）などは，エクイティの代表である。

　イギリスでは，コモンローもエクイティも，どちらも現在では，同一裁判所に融合され審理されている。

　（4）　実体法と手続法　「実体法」とは，権利義務・行為および組織などについての要件・効果を規定する法規範をいう。「手続法」とは，それらについての手続を規定する法規範をいう。

　刑事事件を例に説明しよう。刑法204条は，「人の身体を傷害した者は，15年以下の懲役又は50万円以下の罰金若しくは科料に処する」と規定する。人の身体の完全性を侵害し，または生理的機能を侵害した者は，傷害の罪に問われ懲役刑などの刑罰に服さなければならない。しかし，刑罰に服すということは，身体の自由を拘束され，あるいは財産を没収されることを意味する。したがって，犯罪の捜査から判決に至る手続は，「公共の福祉の維持と個人の基本的人権の保障を全うしつつ，事案の真相を明らかにし，刑罰法令を適正且つ迅速に適用実現する」過程であることを要する（刑事訴訟法１条，憲法13条・31条ないし39条）。このように，刑事事件の経過手続を規定した手続法が，刑事訴訟法である。同様に民法・商法などの民事事件の経過手続を規定した手続法は，民事

図表4-1　公法・私法・社会法の関係図

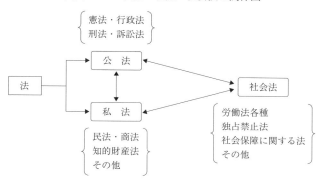

訴訟法である。

　刑法と刑事訴訟法の如く実体法と手続法が分離されている場合もあるが，独占禁止法，労働法各種，知的財産権法（特許法・著作権法など）などのように，実体法の中に，実体規定と手続規定が混在する場合があり，また，手続法の中に実体規定が含まれる場合もある。

2　制定法（成文法）

　国や地方公共団体が所定の手続・形式によって制定した成文法を制定法という。ここでは，制定法の種類と各種の制定法に共通する内容（性格や作成過程）を簡潔に説明する。

1　憲　法

　（1）　憲法の意味　　憲法とは，一般的には，国家の統治組織や統治作用を基礎づける法をいう。憲法には，形式的意味の憲法と実質的意味の憲法がある。前者は，特別な形式をそなえた成文憲法をいう。後者は，国家の領土，国民の地位および権利・義務，統治の主体，統治の組織および統治作用などについての基礎的な内容を含む規範をいう。近代自然法思想に社会契約論を結びつけ，君主の専制権力に制約を加え，国民の政治への参加，基本的人権の保障，三権分立，法の支配などの原則（憲法の内容や規律）を実現する近代的憲法を，

近代立憲主義憲法という。

（**2**）　**近代立憲主義憲法の特性**[22)]　　近代立憲主義憲法は，基本的に，成文・硬性の憲法であり，国民主権に基づく民定憲法であることが原則とされる。なぜなら，憲法は国民による国家形成の基本契約とみなされ，国民による基本契約は成文化され，通常の契約よりも変更が難しくされるべきと考えられたからである。[23)]

　世界のほとんどの国の憲法に共通する近代立憲主義憲法の特徴は，つぎのようにまとめることができよう。

（**a**）　**権利章典としての憲法**　　近代憲法は，人間が生まれながらにもつ自然権（個人の尊厳）を基礎とし，個人の自由と平等を，国家権力によって侵されることのない個人の基本的人権として規範条文化することにより権利章典（Bill of Rights）[24)]としての特性を有する。統治機構の規範は，この権利章典の保障の手段過程として位置づけ得る。

（**b**）　**最高法規性**　　憲法は，形式的および実質的意味の二つの側面から，最高法規性としての性格を有し，国家の法体系のうちで最も強い法的効力を有する。

（**c**）　**授権規範性**　　憲法は，規範の根源的な地位を占める。つまり，憲法は，能力・権利・権能などを与える授権規範としての地位を有する（憲法の積極的機能）。それゆえ，憲法以下のすべての法令は，直接または間接に憲法の授権に基づいて形成され存在する。たとえば，授権（権限を与える）規範と受権（権限を受ける）規範との関係は，憲法—法律という関係（段階的授権構造）[25)]として具体化される（憲法98条1項）。

（**d**）　**制限規範性**　　憲法は，基本的人権を保障するために，国家権力を制限し監視する制限規範としての特性を有する（憲法の消極的機能）。

（**3**）　**憲法の分類**

（**a**）　**憲法の形式による分類**　　憲法典として成文化されている（形式的意味の憲法）[26)]か否か。

（**b**）　**憲法改正の手続による分類**　　法律の改正手続に比べてより慎重・厳重な改正手続を必要とする憲法は，硬性憲法[27)]といい，法律と同様の手続で改正できる憲法は，軟性憲法[28)]という（改正手続は，（**4**）で説明する）。

　(c)　憲法制定の主体による分類　　君主主権思想に基づき，君主が単独で制定する憲法を，欽定憲法という。主権在民の思想に基づき，国民が，直接にあるいは代表者を通じて間接的に制定する憲法を，民定憲法という。君主主権と主権在民との妥協により，君主と国民との契約形式で制定される憲法を，君民協約憲法という。

　(4)　日本国憲法の改正手続と改正の限界　　憲法96条は，「憲法の改正は，各議院の総議員の3分の2以上の賛成で，国会が，これを発議し，国民に提案してその承認を受けなければならない。この承認には，特別の国民投票又は国会の定める選挙の際行われる投票において，その過半数の賛成を必要とする。」と規定する。これによると，憲法の改正は，議員によって憲法改正の発案がなされ，各議院（衆議院と参議院）の総議員の3分の2以上の賛成をもって国会が発議するのである。これは，国会が憲法改正を決定し，それを国民に向かって発案することを意味する。そして国会の発議によって，憲法を改正するか否かを決定するのは，国民である。憲法改正の手続は，法律制定の手続（つぎの 2-(2) を参照）と比べて，発議⇒決定にいたる手続がより一層厳格なものとなっている。主権者である国民を代表して「国権の最高機関」である国会が発議・提案し，国民が承認（決定可決）するという手続は，民定憲法を民主的に改正する手続の具体化として当然であろう。憲法改正は，国民の承認を得たときに確定する。承認の効力発生時期は，投票の結果が確定したときと解するのが妥当であろう。憲法改正が確定したときには，内閣の助言と承認により，国民のために，「天皇は，国民の名で，この憲法と一体を成すものとして，直ちにこれを公布する」（憲法 7 条 1 号・96条 2 項）〔人権論は第 9 章を参照〕。

　それでは，改正された憲法を現在の日本国「憲法と一体をなすものとして」という意味について，どのように認識されるべきかである。現行の日本国憲法を改正するとは，現在の日本国憲法の存在を前提とした範囲内において条文を削除・変更あるいは追加することである。そうでなければ，改正された憲法と現在の日本国憲法とは「一体をなすもの」とはいえない。第 2 次世界大戦後に日本国憲法について，民間団体「憲法研究会」の試案をまとめた鈴木安蔵は，著書の『日本国憲法概論』（評論社，1962年）268-271頁において，現行の日本国憲法を否定し，その内容をまったく変えてしまう変更，憲法そのものが本来

的に有する基本理念（憲法は法の支配において権力を制限しその行使も制限する）や原理原則（基本的人権の尊重，主権在民，平和主義そして三権分立など）に反し，あるいはまったく無視し，国民に憲法遵守義務を課す，内閣に法律と同等の効力を有する命令の制定権限を付すなどといった変更は，現行の日本国憲法が予定する「改正」とはいえないとする。これらは，現行憲法の廃止と従来の憲法とはまったく異なる「名ばかり憲法」の制定を同時に行う改憲手続というべきもので，憲法改正権の濫用といわざるを得ないであろう。日本国憲法は，前文で，現憲法の原理に「反する一切の憲法……を排除する」と自ら宣言している。

2　法　律

（1）　**法律の意味**　　法律には，二つの意味がある。広い意味（広義）の法律は，不文法の慣習法を含む法と同じ意味に用いる。狭い意味（狭義）の法律は，国会の議決によって成立（憲法59条1項）し官報に「○年法律第○号」として公布される法をさす。日本国憲法で法律という場合は，狭義の意味で用いる。法律は，憲法の授権に基づいて制定される受権規範である（憲法81条）ので，段階的授権構造の観点から，法律の法的効力は，憲法の法的効力に劣後する。

（2）　**法律の制定手続と憲法改正手続との比較**　　法律の制定手続の概要を説明し，つぎに法律制定手続と比較して，日本国憲法の改正手続が難しくなっている（硬性憲法である）ことを確認する。

　（ⅰ）　法律の制定手続　　法律を制定するには，まず法律案が内閣や国会議員によって国会に提出されることを要する。これを法律案の発議という（憲法72条，内閣法5条，国会法50条の2・56条）。国会に提出された法律案は，原則として両議院で可決したときに法律となる（憲法59条1項）。衆議院で可決しても参議院で否決されることがある。この場合は，再び，衆議院で出席議員の3分の2以上の多数で可決したときに，法律となる（憲法59条2項）。特定の地方公共団体にのみ適用される法律（特別法）の制定は，当該地方公共団体の住民投票を行い過半数の同意を得なければ制定することはできない（法律として成立しない）（憲法95条）。制定された法律および政令には，主任の国務大臣が署名

★コラム4-1　一般法と特別法──同位の制定法間の効力の優劣関係──

　一般法とは，人・場所・目的など各種事項についてより広く規定し，一般的効力を及ぼす規範をいう。各種事項についてより狭く規定し，一部に効力を及ぼす規範を特別法という。

　① 「特別法は一般法に優先する」

　刑事事件の人に関して適用される一般法は，実体法が刑法で，手続法が刑事訴訟法である。傷害事件などを犯した少年について適用される少年法は，刑罰を規定した実体法かつ刑事事件過程を規定した手続法の特別法である。この関係を図式化すると，つぎのようになる。

　　　図4-1　少年法 ＞ 刑法　　　図4-2　少年法 ＞ 刑事訴訟法

　民法は，日常の取引全般について規定した一般法であり，商法は「商事に関」する取引（商法1条）について規定した規範で，民法の特別法である。たとえば，売買した目的物に，種類・品質・数量に問題（契約内容の不適合）が生じた場合，買手が売手に請求できる事項について比較すると，つぎのような違いがある。

　民法では，買手は，種類・品質に不適合を知ったときから1年以内（民法566条）に，数量の不足については不足を知ったときに履行の追完を請求し，代金の減額あるいは契約の解除をなし，さらに損害賠償を請求することができる（民法562条ないし566条）。「商人間の売買において，買主は，その売買の目的物を受領したときは，遅滞なく，そのものを検査しなければならない」（商法526条1項）。「前項に規定する場合において，買主は，同項の規定による検査により売買の目的物が種類，品質又は数量に関して契約の内容に適合しないことを発見したときは，直ちに売主に対してその旨の通知を発しなければ，その不適合を理由とする履行の追完の請求，代金の減額の請求，損害賠償の請求及び契約の解除をすることができない（以下割愛する）。」（商法526条2項）とし，商人に対して売買物の不適合について，買主からの諸請求の要件を民法におけるよりも厳しくする。商人の売買目的は，営業利益を追求することにあるから，商人は，売買物品に対する検査管理を一般人よりも，より徹底すべき責任がある。かような点をおろそかにするのでは，その商人は，そもそも，経済人としての適格性に欠ける。かような商法の趣旨が，規定に具体化されているのである。商取引の売買物が「証券」である場合には，その取引については，金融商品取引法が商法より優先して適用される。これらの関係は，下記図となる。

　　　　　　　金融商品取引法 ＞ 会社法 ＞ 民　法
　　　図4-3
　　　　　　　手形法・小切手法 ＞ 商　法 ＞ 民　法

　一般法と特別法を区別する実益は，具体的事案に適用する法を確定するところにある。つまり，同格に位置する法規範の間では，「特別法は一般法に優先して適用される」のである。特別法に規定がない場合には，一般法が適用される。この図の関係は，商法は，民法に優先する特別法であり，手形法・小切手法は，商法に優先する特別法である。逆にいえば，商法の一般法は民法であり，手形法・小切手法の一般法は商法である。「特別法は一般法を破る」という法格言は，一般法と特別法のかような関係を表現したものである。

② 「新法は旧法を改廃する」

　この法格言は，一般法相互の間あるいは特別法相互の間における法の効力について述べたものである。たとえば，新たに施行された民法あるいはその一部の規定は，従来からの民法あるいは該当する一部の規定を廃止し，新たなものが適用されることを意味する。また，同様に「後法は先法に優先する」という場合がある。これは，法規範を事案に適用する場合には，後で成立し施行された法規範を，すでに成立し施行されている法規範に優先して適用すべきことを意味する。

③ 「新一般法は旧特別法を変更しない」

　この法格言は，イとロの法則から導かれる法の適用（効力）についての法則である。新法と旧法の関係は，一般法と特別法の間の適用および効力の優先関係にはまったく影響しないという意味をもつだけである。

し，内閣総理大臣が連署（憲法74条）し，天皇が，内閣の助言と承認によって，国民のために公布する（憲法7条1号）。法律は，官報によって公布された日から満20日を経て施行される（法の適用に関する通則法2条）。

　(ii)　法律制定手続と憲法改正手続の比較　　法律の制定においては，法律案の発議は内閣や国会議員が国会に対して行い，原則として，両議院が法律案を可決したときに法律となるし，そうでない場合（（2）(i)参照）にも例外が認められている。

　憲法の改正においては，憲法改正の発議は，国会が国民に対してするのである。国会の発議・提案を受けて，憲法を改正するか否かを決定するのは，国民である。例外手続は認められない。かような違いをあげることができよう。憲法改正の厳格な手続は，民定憲法の意味と性格を維持しつつ，民主的に憲法を改正する具体的な過程として当然で，改正手続を緩和することは，許されないと解すべきであろう。

3　命　令

　（1）　命令の意味　　立法は，立法機関の国会の権能に属する（憲法41条）。しかし，法律の規定を執行するために立法機関（国会）以外の国家機関には，法律によって委任された事項を実現するための法を制定する権能が与えられる。このように法律の執行を補充する目的のために，国家機関によって制定される法形式を命令といい，とくに行政機関によって制定される法形式は狭義

の命令という。執行命令，委任命令は，いずれも法律の授権を根拠にするので，形式的効力の点において法律に劣後する（憲法の授権規範性の段階的授権構造を参照）。現行で認められる命令は，執行命令と委任命令のみである。

（2）　命令の種類と制定手続

（i）　政　令　　政令は，「憲法および法律の規定を実施するために」内閣が制定する命令である（憲法73条6号）。つまり，執行的性格をもつ命令のみが認められると解する。この規定からは，命令が憲法を直接実施するためにも制定され得ると解釈される恐れが生じる。しかし，憲法のもつ授権規範性の段階的授権構造の観点から，政令は，法律を実施するための補充としてのみ制定されると解すべきである[34]。したがって，法律の委任は，立法権が国会に属するという憲法原則を維持しつつ，個別具体的に限られた特別な事項についてのみ行われ得るのであって，一般的包括的な委任は許されない。法律の委任がなければ，罰則を設けることはできない（憲法73条6号但書）。

（ii）　内閣府令　　内閣総理大臣は，法律・政令の施行のため，若しくは，法律・政令の委任に基づいて，省令と同格の内閣府令を発し得るが，罰則を設け義務を課し国民の権利を制限する規定を設けることはできない（内閣府設置法7条）。

（iii）　省令・規則など　　「各省の大臣は，主任の行政事務について，法律若しくは政令を施行するため，又は法律若しくは政令の特別の委任に基づいて，それぞれの機関の命令として省令を発することができる[35]」（国家行政組織法12条1項）とされている。しかし，省令には，法律の委任がなければ，罰則を設け，義務を課し，国民の権利を制限する規定を設けることはできない（国家行政組織法12条3項）。委員会や庁の長は，同様に，規則や命令を発することができるが，手続も限界も省令に準じる（国家行政組織法13条1項・2項）[36]。

4　最高裁判所規則

（1）　最高裁判所規則の意味　　

三権分立によって最高裁判所に認められる自律権の具体化として，最高裁判所には，法律による委任なくして規則制定権が認められる。それは，憲法77条1項の「最高裁判所は，訴訟に関する手続，弁護士，裁判所内の内部規律及び司法事務処理に関する事項について，規

則を定める権限を有する」を根拠とする。この規則制定権の目的は，外部に向かって裁判所の自主独立性を確保し，内部に向かって最高裁判所の監督統制権限を強化することにある。

（**2**）　**最高裁判所規則の制定手続**　　最高裁判所規則は，最高裁判所の裁判官会議で制定される（裁判所法12条）。制定された裁判所規則は，官報によって公布される。

5　議院規則

（**1**）　**議院規則の意味と制定手続**　　国民を代表し独立に活動する衆参の各議院は，議事手続，内部組織および秩序維持などについて，他の国家機関および他院より干渉を排除し自主的に決定する権能（議院の自律権）を有する。この自律権に基づき，憲法と法律の範囲内で，「両議院は，各々その会議その他の手続及び内部の規律に関する定め」を制定することができ，この法形式を議院規則という（憲法58条2項）。衆議院規則と参議院規則がある。

（**2**）　**議院規則の限界**　　議院規則は，国会議員，国務大臣，政府委員，参考人，証人，傍聴人などの院内の手続及び行為を規律し拘束するので，院内内部の規範としての性格を有する。しかし，一般国民を規律するわけではないので，原則として公布されることはない。

6　条　例

（**1**）　**条例の意味**　　条例とは，憲法94条の自治権に基づいて，地方公共団体が制定する自主法の形式をいう。地方公共団体の条例制定権は，憲法94条の授権によるものである。したがって，条例の性格は受権規範である。

（**2**）　**条例制定権の範囲および限界**　　条例で制定し得る内容は，「法律又はこれに基づく政令により処理する」範囲内で地方公共団体の事務に関する事項に限られる（地方自治法2条2項・14条）。しかし，地方分権の時代を迎えて，地方自治体が積極的に地方に則した独創的な条例を制定するようになり，条例制定権によって制定し得る条例内容の範囲および限界が問題となってきている。とくに，地域住民の安全や健康を保護するためには，財産権の行使であっても，住民や地域社会に悪影響を及ぼす財産権の行使は，規制しあるいは取り

締まる必要がある。そうでなければ，健康で快適な住商環境を形成し維持することは，困難となろう。自然保護条例，モーテル建設規制条例など，土地の所有権者の権利行使を制限する条例が制定され，財産権に対して規制できるとする見解が有力となりつつある。経済的自由よりも精神的自由を重視する憲法の趣旨は，地方分権の地域を重視した視点からの地域環境の保全や向上をはかる条例制定に生かされるべきであろう。

7 条 約

（**1**） **条約の意味**　条約とは，文書による国家間の合意（国際的効力）をいう。日本と外国との間の合意であれば，条約，協定，協約，議定書，憲章，宣言などの名称にかかわらない。日本国憲法では，国会の承認を経て，内閣が条約を締結することで成立（憲法73条3号）し，天皇が公布する（憲法7条1号）。

（**2**） **条約の国内的効力**　条約は，国際法の形式に属するが，国内法を制定することなく同時に国内法としての効力（国内法的効力）を認められる場合もある。憲法98条2項は，「条約及び確立された国際法規は，これを誠実に遵守することを必要とする」としており，この規定が，条約の国内法的効力をもち得る根拠となり得る。

8 制定法相互の間の抵触・優劣関係

ここでは，各種の制定法規範の間で生じる国内的効力の抵触・上下優劣関係についてまとめることにする。

（**1**） **憲法の位置づけ**　憲法は，常に最上位に位置する授権規範である（憲法98条・81条）。

（**2**） **憲法と法律**　法律は，憲法の授権による受権規範である（憲法81条）から，憲法に劣位する。

（**3**） **法律と命令**　命令は，憲法および法律の規定を実施するために，内閣によって制定されるが，法律の委任がなければ罰則を設けることはできない（憲法73条6号）から，法律に劣位する。政令＞内閣府令・省令・規則の関係については，本章 *2* の *3* の命令を参照。

CASE 4-1　徳島市公安条例事件最高裁判決[39]
〔事実関係〕被告人は，昭和43年12月10日，徳島県反戦青年委員会主催の……集団示威行進に青年・学生300人と参加した。〔その際に〕先頭列外付近に位置して所携の笛をふきあるいは両手を上げて前後に振り，集団行進者に蛇行進をさせるよう刺激を与え，もって集団行進者が交通秩序の維持に反する行為をするようせん動し〔た〕。警察所長の与えた道路使用許可には「蛇行進をするなど交通秩序を乱すおそれがある行為をしないこと」の条件が付されていたにもかかわらず，これに違反したもので……〔この点が〕「集団行進及び集団示威運動に関する条例」（昭和27年1月24日徳島市条例第三号）3条3号・5条に該当するとして，被告人が起訴された事件である。
〔判　示〕道路における集団行進等に対する道路交通秩序維持のための具体的規制が，道路交通法77条及びこれに基づく公安委員会規則と条例の双方において重複して施されている場合においても，両者の内容に矛盾抵触するところがなく，条例における重複規制がそれ自体としての特別の意義と効果を有し，かつ，その合理性が肯定される場合には，道路交通法による規制は，このような条例による規制を否定，排除する趣旨ではなく，条例の規制の及ばない範囲においてのみ適用される趣旨のものと解するのが相当であり，右条例をもって道路交通法に違反するものとすることはできない。
〔解　説〕このように，最高裁は，地域特性を配慮して，地方公共団体が条例で規制基準を強化することを許すべきものとしたのである。ただし，「判示のように法令解釈を万能視していたのでは，条例制定権の範囲は国の立法政策の自由に委ねられ，地方自治にとっていかに重要な事項であっても，国が法律の条文で条例制定権の範囲から除外してしまえば，当該事項は条例制定権の範囲外とされ，『地方自治の本旨』に即した地方行政の展開が阻害される可能性が残る」のである。[40]

（4）　最高裁判所規則と法律　　憲法77条1項の規則制定権で定める四つの項目については，法律で定めることはできるのか，できる場合に，最高裁判所規則と法律とが抵触するとき，その効力の優劣関係が問題となる。

　憲法は，三権分立を建前とし，立法権は，国会の権限とする。憲法77条は，その立法権の例外を裁判所に認めたものである。しかし，最高裁判所規則の「規則」は，一つの法形式であり，その内容は，法規範である。法規範であるからには，最高裁判所規則は当事者および関係者を拘束する。

　そこで，法律で規定した内容と規則で規定した内容とが併存する場合には，どちらが優先するかという形式的効力の問題について検討する。法律を優先すべきであると解する説，最高裁判所規則を優先すべきであると解する説，同一の効力を有するので「新法は旧法を廃する」の原則によるとする説がある。法[41]

図表4-2 制定法間の上下優劣関係図

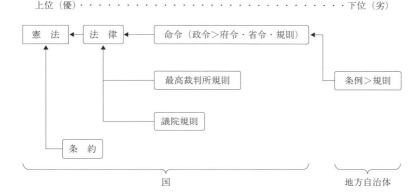

規範の形式的な効力を重視すべきか，裁判所の独立性を確保すべきか，という観点からの検討が必要である。この問題についての判例はなく，決着はついていない[42]。

　憲法は，同法31条で「何人も，法律の定める手続によらなければ，その生命若しくは自由を奪われ，又はその他の刑罰を科せられない」と規定し，刑事手続の根本原則を法律で定めることを求めている。この観点から判断すれば，憲法は，「訴訟に関する手続」をなんら留保もなく，裁判所の専属所管事項とする趣旨と解することは妥当ではなかろう[43]。裁判所も国家機関の一つであり，憲法の番人である国民の監視のもとにあるべきとして，最高裁判所規則は，法規範の形式的効力が重視されるものとして，法律に劣位すると解すると，**図表4-2**のような優劣関係となる。

　（5） 議院規則と法律（国会法）　議院規則に関する事項を法律によって定め得る場合には，議院規則と法律の間の効力関係の問題が生じる。

　現在，議会に関する法としては，憲法と議院規則との間に国会法が存在する。しかし，国会法の明確な根拠条文は，現憲法上は存在しない。大日本帝国憲法下（大日本帝国憲法51条）において，憲法と議院規則との間に議院法が存在した慣行を，現憲法下において踏襲しているのである。この場合，国会法と議院規則との間に効力についての問題が生じるが，法律優位説と議院規則優位説

がある。議会制民主主義を維持する観点からは，議院の独立性を確保することが重要であり，各議院の会議・議事手続や内部規律については，議院規則を優位とするほうが適切と解する説が有力であるが，裁判所が手続の違憲・違法について審査することまで否定すべきかどうかは，疑問があるとする見解もある[44]。ただし，現実では，国会法の施行細則が，議院規則によって規定される形式が多い点も考慮し，法律に劣位するとしておきたい。

（**6**）　**条例と法律・命令**　　条例は，「法律の範囲内で」（憲法94条）「法令に反しない限りにおいて，」（地方自治法14条）制定され得るので，効力の点では，法律・命令に劣り，法律に抵触する条例は無効ということになる。しかし，地方分権が進み，地域環境に応じた立法が求められてきており，条例と他の規範との間の効力についても問題が生じてきている。この点は，条例制定権の内容および限界とも関係するので，以下検討する。

（**a**）　国の法令によって，まったく規制されていない分野（領域）について，条例は，任意に規制することができると解される。

（**b**）　法律によって一定規模の主要施設を規制している場合に，それ（スソ切り）以下の施設を規制できるかという問題は，スソ切り以下の施設を国の重点規制の対象から除外して未規制分野とみなし，地域で必要があるときには，条例を制定して規制できると解されている（大気汚染防止法32条，水質汚濁防止法29条など）[45]。

（**c**）　ある事項について一定限度の規制が法律で定められている場合に，同一事項につき同一目的のため，さらに条例をもって法律より厳しい規準で規制することができるかという問題がある。

　法律が特定の目的で規制した領域（法律の先占）に，同じ目的で，さらに重複して条例で規制を加えることは，違法となると解されてきたが，国の法律による規制が地域住民ののぞむ程度より低い緩やかな規準である場合には，地方公共団体の自主法制定を妨げ，地域住民の住商環境を損なうという皮肉な結果を生じる[46]。

　なお，条例＞規則における規則の意味は，地方公共団体の長が，法令に反しない限りにおいて，その権限に属する事務に関して制定するものをいう（地方自治法15条1項）。この法令の中には，条例も含まれる（地方自治法16条5項）と

解される。

（7）　**条約と法律**　　条約に国内法的効力を認めると，同一事項について規定する条約と法律との間の優劣関係が生じる。条約は，憲法98条2項で誠実に遵守することを求め，内閣が条約を締結するためには，国会の承認を必要（憲法73条3号）とすることから，条約は法律に優位すると解するのが通説である。

（8）　**条約と憲法**　　条約と憲法との抵触・優劣関係をどのように解するかは，条約が違憲審査権の審理対象となり得るかという問題に影響する。

条約と憲法との抵触・優劣関係をどのように解するかについては，条約優位説と憲法優位説の対立がある。詳しい学説の論争および引用される判例——いわゆる砂川事件最高裁判決[47]——については，専門の憲法の授業で学ぶので，ここでは各々の学説の根拠を概略しておきたい。

(a)　条約優位説は，条約が憲法に優位する根拠をつぎのように説明する。憲法前文が国際主義を強く宣言し，憲法98条において，条約の誠実な遵守を規定すること。憲法98条1項では，憲法に反した場合に無効となる国内法の諸形式に条約が含まれていないこと。憲法81条が，違憲審査権の対象として条約を列記していないこと。以上を条約優位の根拠とする。

(b)　憲法優位説は，憲法が条約に優位する根拠をつぎのように説明する。憲法は，条約の締結と成立についての手続を規定（憲法73条3号）している。それにもかかわらず，条約が憲法に優位する権能を認めることは，法論理として，憲法が自ら最高法規性を否定する矛盾をおかすことになる。

憲法を改正するには，国会の発議と国民の承認が要件とされる（憲法96条1項）。条約の締結には，国会の承認（簡易な手続を含む）が必要である（憲法61条・60条2項）が，国民投票は必要とされない。仮に条約が憲法に優位するとすれば，条約締結による簡易な承認手続によって憲法の修正が可能となる。このことは，憲法原理の主権在民に背理するであろう。以上を憲法優位の根拠とする。

学説においては，憲法優位説の支持が有力となり，いわゆる砂川事件最高裁判決は，実質審理が行われたことで，憲法優位説を採用したものと解されている。

　なお，条約は違憲審査権の審理対象となり得るかについて，条約優位説によれば，条約の違憲審査という問題は生じないこととなる。しかし，憲法優位説によれば，憲法に反する条約は国内法的には違憲無効となる。条約が政治的な内容を含むゆえに違憲審査は及ばないとする説もあるが，違憲審査の場で問題になるのは，条約の国内的効力あるいは条約を実施するための国内法の効力である。憲法81条は，違憲審査の対象として，「一切の法律，命令，規則または処分」をあげ，憲法より下位のすべての法規範に違憲審査が及ぶとする内容の例示規定である。ゆえに，同条の規定には，地方公共団体の条例は列記されていなくとも「法律」以下に含まれると解し得ると同様に，条約は国務に関するその他の行為（同法98条1項）として憲法81条の「一切の」以下に含まれると解し得る。条約を違憲審査から除外する実質的な根拠はないといえるであろう。

9　制定法の強行規定と任意規定

　制定法の条文は，法的効力の性格の観点から強行規定と任意規定に分類される。この分類は，法の適用および解釈をする際に重要である。二つの異なる規定の性格を説明した後に，法の効力・適用の優劣について説明する。

　強行規定とは，民法90条の公序良俗規定などといった当事者の意思の有無にかかわらず適用される強制力の強い規定をいう。民事法の分野では，当事者が民法の規定とは異なる内容を合意した場合や事実たる慣習に従う意思を有すると認められる場合には，当事者が合意した内容や慣習が適用される（民法91条・民法521条による契約自由の原則，民法92条）。したがって，任意規定は，「当事者間の約束の趣旨がはっきりしない場合にその意味を明らかにすること（解釈機能を有する民法557条など）……〔あるいは〕……当事者が定め忘れた点を補うこと（補完機能を有する民法404条2項など）」にあるので，強制力の弱い規定をいう。

　強行規定と任意規定の区別は，法規定が「……することを得ず」「……することができない」「……に反する行為は無効とする」「……しなければならない」あるいは「……とみなす」などの文言によって表現される場合（利息制限法1条・2条）に強行規定と解すべきとされるが，文言によるだけでは十分で

なく，その当該法の目的および当該規定の趣旨を考慮して判断しなければなら
ない（民法725条[49]）。

　罪刑法定主義の下，刑法はじめ刑罰を定めた規定は，強行規定と解される。
刑事等の規定と民事等の強行規定とを区別する基準は，つぎのとおりである。
刑罰規定は，人権保障の要請（憲法31条）から，法律に明文をもって，犯罪行
為の類型と当該犯罪に科せられる刑罰の程度が定められていることを要する。こ
れを刑事法上では，罪刑法定主義という。

　強行規定について，刑事規定と民事規定の根本的な違いは，法の目的および
その目的を実現する手段の差にあるということもできるであろう。刑事事件に
関する刑法および刑事訴訟法では，罪刑法定主義および責任主義の要請から，
不文法に属する事実たる慣習や慣習法を法源とすることは，禁止される。

10 制定法の効力の及ぶ範囲

　法が制定されると，その制定法は，いつから効力を生じ，どこの誰に対して
効力を及ぼし得るかが問題となる。

　（**1**）　**時**　　制定法は，法が成立し公布され，各法律の附則において指定
された施行日において効力を生ずる。施行日の指定がない場合には，「法の適
用に関する通則法」2条によって，公布の日より起算して満20日を経て効力を
生ずる[50]。制定法を施行日より遡って適用させたいときは，その旨を文章にて明[51]
らかにしなければならない。刑事事件では，人権保障の観点から，遡及処罰が
禁止される（憲法39条）。

　民法の例をあげておこう。

附則〔昭22・12・22法222号〕
第1条【施行期日】　　この法律は昭和23年1月1日から，これを施行する。
第4条【新法の遡及効の原則】　　新法は，別段の規定のある場合を除いて
は，新法施行前に生じた事項にもこれを適用する。（以下略）。

　（**2**）　**場所と人**　　日本の法は，国籍を問わず国家権力の及ぶ日本の領土
内に在住する外国人を含むすべての人に適用される。このように，原則とし

て，法が，一定の地域に滞在居住する者すべてに適用される主義は，属地主義といわれる。さらに，日本の法は，外国に在住する者を含む全日本人に適用される⁵²⁾。これを属人主義という。現代国家は，法の適用については属地主義を原則としそれに属人主義を補完する併用主義を採用する。これらの例外として，外交官や大統領など，滞在する国の法の適用を受けず本国の適用を受ける権利を有するものが認められている。この権利を治外法権という。

　ただし，ある一つの事柄について，二つ以上の国の法例が適用され得る場合は，国際私法という領域の問題として解決しなければならず，日本の制定法としては，「法の適用に関する通則法」が主に検討される。

3　慣習と判例（不文法）

　不文法は，文字で表された法源以外のものをいい，慣習と判例をあげることができる。法規範たる制定法の文章（条文）の意味内容が明確でない場合には，解釈という作業によって，意味内容を明らかにしなければならない。法文の解釈や法文からの類推・反対解釈⁵³⁾をもってしても，事案に適用され得る裁判規範が欠缺する（法の欠缺を補完することができない）場合には，私法の領域では，それを補充すべき法源を探求しなければならない。それは，まず慣習法であり，つぎに判例法である。

1　慣　習
　（1）　事実たる慣習　　説明の都合上，「事実たる慣習」から説明しよう。「事実たる慣習」とは，一般に行われている慣習で，「必ず守らなければならない」という規範意識の伴わないものをいう。事実たる慣習については，民法92条に規定がある。

　　「法令中の公の秩序に関しない規定と異なる慣習がある場合において，法律行為の当事者がその慣習による意思を有しているものと認められるときは，その慣習に従う。」（民法92条）。

　事実たる慣習は，「公の秩序に」関する規定⁵⁴⁾に係わるものでなく，かつそれに反するものであってはならず，さらに，当事者がその慣習によるべき意思を有したことが認められる場合に，裁判規範として適用される⁵⁵⁾。

　ところで，「村八分」のような限られた地域において遵守することが要求される慣習は，当該地域において規範を伴うと考えられるとしても，そもそもその内容は，「公の秩序又ハ善良の風俗に反」し国家によって法規範として認定され得ないものである。それゆえ，かような事実たる慣習は法規範とは認められない。

　（2）　慣習法　「慣習法」とは，規範意識を伴う慣習をいう。この慣習法が成立するためには，慣習が存在し，この慣習が一般的な規範意識を伴うと考えられるに至ったこと，そして，現代では，国家がこれを法規範として認めることが必要である⁵⁶⁾（たとえば，民法263条・294条による入会権）。なぜなら，法を適用し強制力を行使する唯一の機関は，国家機関の裁判所であるからである。法の適用に関する通則法3条は，慣習法に関して，つぎのように規定する。

　　「公の秩序又は善良の風俗に反しない慣習は，法令の規定により認められたもの又は法令に規定されていない事項に関するものに限り，法律と同一の効力を有する」（法の適用に関する通則法3条）。

　諸々の解釈技法をもって法規範文章（条文）を解釈しても，当該事案に適用されるべき大前提としての裁判規範が得られず，先例としての判例もないときに，とくに私法の領域においては⁵⁷⁾，裁判規準を提供する補充的な法源が必要となる。このように，裁判規準となり得る成文法規範がなく，その慣習が「公の秩序又は善良の風俗に反」しない場合には，その慣習は，慣習法として，当事者がとくに他の規準によるべきとしない限りは，当然に適用される。しかし，慣習法は，成文法が存在する場合には，裁判規範として認められない。法の適用に関する通則法3条は，以上の内容を規定している。

　制定法・慣習法そして事実たる慣習の相互の間の効力・適用に関しての優劣関係については，本章の**コラム4-3**において学習する。

2　判例法

　裁判の判決過程は，三段論法で説明される。まず，第一段階は，既存の抽象的規範の文章（条文）を解釈して，より具体的な裁判規範の法律要件および法律効果を明らかにする（大前提）。つぎに，第二段階は，当該裁判の審理対象となる事実を認定し，大前提をその認定事実に適用する（あるいは，「大前提に認定事実を当てはめる」とも表現する）。そして，第三段階は，小前提（認定事実）の中に裁判規範の具体的法律要件（構成要件）に該当する事実（要件事実という）を認定し，その結果として，法律効果（法的結論）を論理必然的に導き出す。以上の過程が三段論法である。[58]このように，裁判の判決過程における三段論法は，裁判官の解釈技術および論理によって形成される当該裁判の結論の正当性を説得する作業である（法的三段論については第6章で学習する）。

　事件の当事者にとって最大の関心は，当該裁判において，どのような判決が行われるか（結論の正当性）である。他方，当事者以外で当該事件の判決に関心をもつ者にとっての関心は，当該事件の判決が，将来において，同種の事件に先例（準則ともいう）としてどのような意味をもつか（どのような影響を与えるか）であろう。法の根底にある平等の理念から，裁判においては，同種の事件に対して同じ判決が行われるべきであるという要請は，先例を重視する傾向を強める。具体的紛争事件を一回限りで解決することを目指した判決は，こうして，その後の事件処理に影響することになり，法的安定性の要請から，その後の裁判に対する先例としての機能を果たすこと（判例）になるのである[59]（立木の対抗要件としての明認方法など）。判例は，「制度上の法源」ではないが，一般的な裁判規範として「事実上の法源」たる地位を占める。したがって，裁判規範を発見し事件を解決するためには，先例に対して，とくに裁判規範としての[60]判例法に十分注意が払われなければならない。[61]

　法規範文章を具体的事案にストレートに適用する操作は，主に演繹的適用技法として解されている。これに対して，判例によって判決を作成する過程は，判例の判決理由の文章から一般的な裁判規範（ratio decidendi）を帰納的に導き[62]出し（大前提），その裁判規範を具体的事案に演繹的に適用し，裁判規範の法律要件に該当する事実を発見し認定し，法律効果である結論（判決）を得るという帰納的過程と演繹的過程との結合過程である。[63]この過程で重視されるのは，

当該過程に特徴的な帰納的過程であり，それは，この過程における核心である。判例（法）については，法律文化社 WEB 掲載の補論第 **19** 章において各自で学習していただきたい。

4 学説・条理

1 学 説

　学説は，判例法と同様に，裁判の大前提の法源となり得るとする法の適用に関する通則法 3 条，民法92条あるいは商法 1 条 2 項に相当する規定を有してはいない。19世紀のドイツの私法分野においては，形成されたパンデクテン概念法学が，形式上の法源であった〔法律文化社 WEB 補論第 **17** 章参照〕。この時代には，強力な法源として，学説に比重が置かれていた。日本の法典は，ヨーロッパ大陸の法典とくにドイツ法を継受し，その内容を法文化したものである。また，その法文の起草者は，法学者であることが多かった。したがって，母国法の学説がかつてはその法の権威として援用され，学説の任務は，その権威に依拠した法の解釈であった。しかし，現在では，学説が尊重される理由は，法学者の使命──つまり将来に生ずるであろう裁判のための判断資料および規準を提供すること──に求められるようになった。たとえば，社会学的法解釈の資料を提供し，慣習の存在を指摘し，生ける法の発見のための必要な経験科学的データの提供であり，また，雑然とした非体系的な規範の集積とされがちな判例を体系化し合理化することである。このことが，将来において生ずるであろう裁判規範の発見・定立に資するのである。

2 条 理

　「条理」とは，物事の道理とか事柄の筋道をいう。条理の法源性は，成文法，慣習法，判例法など，当該事件に適用し得る法源が発見できない場合に，条理を究極的な補充法源として許容し得るかという問題としてあらわれる。

　法源（判決の大前提となり得る既成の一般的法規範の存在形式あるいは発現形式をいう）の定義から判断すると，条理は，規範定立のための因子であってまだ規範ではないので，法源たり得ない。「条理の法源性の問題」とは，「結局，他のい

かなる法源も援用され得ないばあいに，事案の性質の認識と国家的社会統制の
見地からのその目的論的考察にもとづいて，裁判官がみずから独立に定立する
一般的準則を判決の大前提としてみとめることが，司法の合法性の要求上，許
されるか否かという問題に帰着する」。明治8年6月8日の太政官布告103号の
「裁判事務心得」は，私法の分野においては，条理も法源であることを宣言し
たものと解されている。

　　「民事裁判ニ於テハ成文アルモノハ成文ニ依リ成文ナキトキハ慣習ニ依リ
　　成文慣習共ニ存セサルトキハ條理（現在は「条理」と表記）ヲ推考シテ裁判ス
　　ヘシ」（裁判事務心得第3条）。

　　条理は，社会の事実関係（Sein）の中に含まれている規範（Sollen）であっ
て，裁判官の法的価値判断（社会生活における一定範囲の人々に，活動を動機付け
る根拠として支持される価値や規準によって，当事者〔ここでは裁判官〕が優先的に意
思選択する高度な活動をいう）によって，事実関係の中から分離され法的な構成
によって当該事件の裁判規範として形成される。当為（Sollen）の科学は，演
繹法的な過程を主とするが，条理を形成するためのかような過程は，帰納法的
な過程といえるであろう。

　　条理の法源性については，スイス民法1条2項および3項の「法律に規定が
ないときには，裁判官は，慣習法にしたがって，また，慣習法も存在しない場
合には，みずから立法者として定立すべき準則にしたがって，裁判すべきであ
る。その場合，裁判官は確立された学説および伝統に従う」という条文が引用
される。この条文の中の「立法者として定立すべき準則」の意味は，裁判官に
よる条理の援用においても従うべき準則があり，裁判官独自の目的論的判断で
判決を書いてはならないということを示していると解すべきである。つまり，
条理を唯一の法源として判決する場合にも，法解釈の三段論法という論理過程
を経るべきということになろう。

　　Sein（経験・分析・創造の科学）とSollen（当為の科学）とは，基本的に一致す
ると考える立場（一元論）もあれば，カントのように完全に分離すると考える
立場（二元論）もある。2章の2で学習したように，複雑化しさまざまな問題

★コラム4-3　強行規定・任意規定・慣習法そして事実たる慣習

　慣習法および事実たる慣習の法源性については4章3において，一般法と特別法の優劣関係については2（本章コラム4-1）において，各々説明した[67]。それを基礎に，ここでは，制定法の強行規定，同じく任意規定，慣習法そして事実たる慣習の相互の間の効力・適用の関係について，民商法の法規範を例題として解説することにしよう。

【問題】

　つぎに列挙されている法規範を，より優先して適用される順に並べかえてみよ[68]。
①民法の強行規定　②商法の強行規定　③民法の任意規定　④商法の任意規定　⑤民法についての慣習法　⑥商法についての慣習法　⑦民事についての事実たる慣習　⑧商事についての事実たる慣習

　まず，商法は民法の特別法である。「特別法は一般法を破る」のであるから，商事に関するすべての法規範は，民事に関するすべての法規範に優先する。つぎに民法92条，法の適用に関する通則法3条そして商法1条によって整理すると，つぎのような順序に並べかえることができる。

　①商法の強行規定 ＞ ②商事についての事実たる慣習 ＞ ③商法の任意規定
＞ ④商法についての慣習法 ＞ ⑤民法の強行規定 ＞ ⑥民事についての事実たる慣習
＞ ⑦民法の任意規定 ＞ ⑧民法についての慣習法

　特別法は一般法に優先することを基本とし，このような順序となる根拠をつぎに解説しよう。

　①　強行規定（法）とは，当事者の意思の有無にかかわらず適用される法規範をいう。

　②　公序良俗に関係せずかつ反しない事実たる慣習があり，当事者がこれを適用する意思を有している場合である（民法92条）。

　③　任意規定（法）とは，当事者が他の合意をしなかった場合に適用される解釈機能や補完機能をもつ規範をいう。

　④　公序良俗に反しない慣習があり，それが法令の規定によって認められたもの及び法令に規定なき事項に限って法律と同一の効力を有する（法の適用に関する通則法3条）。商事に関して商法に規定のないものについては，商慣習法を適用し，それがないときには民法を適用する（商法1条2項）。

　⑤は①と同じ。

　⑥は②と同じ。

　⑦は③と同じ。

　⑧法の適用に関する通則法3条の適用のみ。

を抱えた現代社会においては，完全な一元論も完全な二元論も，あり得ない。そうであるからには，法の支配による「生存および共生」という人類共通のテーマの実現を法の目的に据えて，実現する過程は，Sein と Sollen の弁証による法論理（正義）の遵守を基底にもつものとすべきであろう。

5　学習上のアドバイス

　大学生の木下由紀は，講義を担当する先生が，講義の説明の中で「法」「法律」「法令」という法律用語を言う際に，その法律用語が何を指しているのか明確ではないと思うときがある。

　そこで，教員が「法」「法律」「法令」を講義中に使用する際に，その中に含まれる内容をあげて，学習上のアドバイスをしておこう。

　「法」という用語は，憲法，法律，命令，規則そして条例といった制定法を指す場合が一般的である。これに，慣習や判例を含む場合もあるが，慣習や判例については，慣習，判例と別に呼称するほうが多い。

　「法律」という用語は，憲法を含まず法律のみを指す場合と，命令そして規則まで含む場合がある。

　「法令」という用語は，法律，命令そして規則を含む意味で用いられる場合が一般的である。条例については，条例と別に呼称するのが一般的である。

1)　法源の意味は，そのほかに，㋑民意・合理性などの法の妥当根拠，㋺人民・国家などの法を制定する力，㋩法典・判例集・著書など法に関する知識を得るための資料，㋥道徳・慣習・外国法・学説など法の内容の供給源をさす場合がある。現在は，本文で定義した法の存在形式の意味で専ら用いられる。
2)　民事手続と刑事手続との間の強制手段の違いについては，本章第15章と第12章で学習する。
3)　強制的法源は，「制度上の法源」とか「法解釈上の法源」とも呼ばれる。
4)　碧海純一『法哲学概論』（弘文堂，1964年）173頁。
5)　国家の司法作用は，選挙によって選出された国民の代表者が構成する議会において決定し公布した法の一般準則に拘束されるということを要求される。このことは，「法の支配」という語彙によって表現される。日本国憲法31条の「法律の定める手続」は，それの具体化である。刑事手続は，人格の否定・拘束という強制力を伴うものである。したがって，刑法の領域では，とくに「罪刑法定主義」の原則として厳格な手続きに関する制定法が要請され，それは，慣習法や任意適用の法規範を排除する。
6)　私法とは，個人相互の間の対等な関係を規律する法をいう（本章1節（3）参照）。現代私法は，誰でも，自由に契約を締結することができる（民法91条）ことを原則とする。売買や賃貸借などと同様に労働も例外ではない。しかし，「もつ者」と「もたざる者」との間の契約は，対等な当事者間で締結されない場合がある。不況のときには，就職をするため，解雇されないために，使用者からの劣悪な労働条件を受け入れざるを得

ない蓋然性がある。これは，契約自由の側面が労働者に不利に働き生じる弊害である。労働協約は，これら労働契約に関する諸弊害を社会において生ぜしめないための行為規範として，かつ裁判の判断規準を提供する裁判規範としての機能（一般的拘束力）を有する。労働法は，もつ者ともたざる者との間で，賃金（財産）と労働を対等に交換する秩序を維持するための社会的ルール（法規範）を提供する。それゆえ，財産権の社会的側面の現実化を図る労働法は，社会法に分類されるのである（労働組合法1条，労働基準法1条）。

7) 任意的法源とは，「事実上の法源」とか「法社会学上の法源」とも呼ばれる。ただし，判例は，この分類にも制度上の法源にも，どちらにも属さないとされる。

8) 碧海純一，前掲注4）173頁。

9) 労働協約や定款なども，文字によって書き表された法源性のある規範とされる。しかし，これらは，私人の意思の発現としての取り決めである点に法源性を認めるもので，広い意味では成文法であるが，制定法ではない。

10) ハブ空港の構築事業などは，莫大な費用を要する社会資本整備（略して「インフラ」）の一つであるが，健康や安全の確保維持という目的のためではなく，それの整備によってもたらされるだろうプラスの経済効果を目的として行うものである。

11) 経営は，組織や契約などの様々な形態や方式を含む意味である。

12) 伊藤元重『ミクロ経済学』（日本評論社，1992年）280頁。市場における自由な取引だけでは望ましい資源配分が実現できず費用と利益の均衡を保ち得ない状況を，「市場の失敗（market failure）」という。

13) この法分野には，公営住宅法や水道法などがある。

14) 「私法の原理」とは，市場において当事者間で成立する契約によって実現される望ましい資源配分とか費用と利益の均衡をいう。

15) 原田尚彦『行政法要論〔全訂第三版〕』（学陽書房，1997年）17-18頁。

16) 原田尚彦，前掲16-26頁までを参照されたい。

17) アダム・スミスは，国家の役割を外交と警察権の行使による治安の維持の二つであるとした。これを「夜警国家論」という。

18) 調整機能とは，生産され取引される製品・サービスの価格や量が，市場における需要と供給（「神の見えざる手」）によって調和する過程（予定調和論）の作用をいう。

19) この点については，14章の労働法，経済法ほかを参照。

20) 「近代自然法思想」とは，つぎのように説明される。社会生活において一切の国家的強制や政治的支配を除去された状態における人間は，自由で平等に存在する者であり得る。自然状態においても，一定の秩序は，人間の理性的性格と社会性によって保たれる。自然法は，この人間の理性的本性と社会的本性と合致する（グロティウスの自然法思想）。フランス人権宣言も同旨である。

21) ロックとモンテスキューは，この「近代自然法思想」を基礎に，自由や平等を本質的に損なうことなく安定した社会生活を営み得る理論的過程（の抽象化）を社会契約と定義した。国家が国民の権利を侵害した場合には，近代自然法思想を基礎とする社会契約論は，国民が国家に抵抗する権利を保障する。近代自然法思想による自然権（すべての人は，生命と自由を享受する権利，財産が保障される権利そして平和と幸福を追及する権利），社会契約，抵抗権の一体化した理論は，市民革命を実現する正当な論拠となっ

た。法律文化社 WEB 補論第17章の近世哲学を参照。

22)　憲法調査会事務局『憲法制定の経過に関する小委員会報告書』（憲法調査会，1961年）。日本国内では，憲法の「改正」という名目で，日本国憲法を廃止し，別の憲法を制定しようとする動きがみられる。その理由の一つには，日本国憲法が日本人によって作成されなかったことをあげる。しかし，基本理念として「基本的人権の尊重，主権在民，平和主義」をもつ日本国憲法の草案が，「自由は人の天性なり」と述べた植木枝盛著『東洋大日本国国憲案』を参考に，民間人7人によって結成された「憲法研究会」によって作成され，それが GHQ の日本国憲法議案の土台となった事実を，認識しておく必要があろう。同時代には，千葉卓三郎らによる「五日市憲法草案」があり，現代の日本国憲法の人権規定のほとんどを含むものと高く評価されている。

23)　戸波江二『憲法〔新版〕』地方公務員の法律全集1（ぎょうせい，2000年）6頁。

24)　アメリカ合衆国のヴァージニア権利章典2条は，ロックの自然権思想に基づく社会契約論を背景に，「すべての権力は，人民に存し，したがって，人民に由来するものである」と規定される。

25)　段階的授権構造は，（上位）憲法—法律—命令（下位）という法的効力の優劣関係の根拠となる。

26)　この不成典憲法の例としては，イギリス国憲法が有名である。

27)　アメリカ合衆国憲法，日本国憲法がこれに属する。このように，硬性憲法は，成典憲法の特徴といえるであろう。

28)　イギリス国憲法がこれに属する。

29)　1841年のフランス憲法や大日本帝国憲法がこれに属する。

30)　アメリカ諸州の憲法や1946年のフランス憲法がこれに属する。

31)　1818年のザクセン・ワイマール・アイゼンナッハ憲法がこれに属する。

32)　内閣に憲法改正の発案権があるかどうかは，憲法の条文上は明確ではないが，内閣法5条が根拠になり得ると解されている。

33)　訴訟などによって，承認が覆されることも考えられるからである。

34)　清宮四郎『憲法Ⅰ〔新版〕』法律学全集3（有斐閣，1974年）423頁。

35)　各省の省令，総理府の総理府令などがある。

36)　人事院規則（国家公務員法16条1項），公正取引委員会規則（独禁法76条），国家公安委員会規則（警察法12条）などがある。

37)　条例が自主法たる性格を有するのは，法律・命令などの国家法の系列に属さない地方公共団体の事務の範囲内で独自に制定されるからである。

38)　最判昭和38年6月26日判時340号5頁〔奈良県ため池条例事件〕。奈良県は，ため池条例で「ため池」を破損又は決かいする行為（財産権の行使）を禁止した。この条例について，裁判所は，ため池条例4条は，「ため池の破損，決かい等による災害を防止し，地方公共の秩序を維持し，住民および滞在者の安全を保持するため」に制定されたもので，結果的には，権利を有する者の財産権行使が「殆んど全面的に禁止されることになるが，それは災害を未然に防止するという社会生活上のやむを得ない必要から来ることであって，」……「公共の福祉のため，これを受忍しなければならない」とした。

39)　最大判昭和50年9月10日刑集29巻8号489頁〔集団行進及び集団示威行動に関する徳島市条令違反被告事件〕。

40) 原田尚彦，前掲注15）63-64頁。
41) 旧法が規定した事項について新法が施行されたときは，旧法は効力を失うことをいう。本章**コラム4-1**の一般法と特別法──同位の制定法間の効力の優劣関係を参照。
42) 宮沢俊義『日本国憲法』（日本評論社，1962年）614-615頁。
43) 裁判所の規則に当事者・関係者に不当な拘束をするような規定が存在する場合には，「憲法の番人の番人は国民である」という観点から，国民を代表する国会が検討し，立法によって是正する道を確保しておくべきと考えるので，私は，法律優先説を支持したい。
44) 戸波江二，前掲注23）387頁。
45) 原田尚彦，前掲注15）62頁。
46) これは，「逆締めつけ現象」という。
47) 最大判昭和34年12月16日刑集13巻13号3225頁〔日本国とアメリカ合衆国との間の安全保障条約第3条に基づく行政協定に伴う刑事特別法違反被告事件〕。
48) 田中英夫『実定法学入門〔第二版〕』（東京大学出版会，1973年）36頁。
49) 民法の第四編親族・第五編相続（あわせて「家族編」という）は，強行規定が多いとされている。
50) 慣習法は，成立のときに効力を生ずる。しかし，実際には，慣習法がいつ成立したか不明なことが多い。
51) 遡って適用し効力が遡って生じることを，法律用語で「遡及効」とか「効力が遡及する」という。
52) 一般法は，国民に適用されるが，その例外がある。日本の一般国民においては，「20歳に達した者は，養子をすることができる」（民法792条）とされているが，「天皇及び皇族は，養子をすることができない」とされる（皇室典範9条）。これは，特別法は一般法を破る例である。
53) 法の解釈およびその技法については，7章において学習する。
54) 「公の秩序」（民法92条）は公序と略称されるし，「公の秩序又ハ善良ノ風俗」（民法90条）は，公序良俗と略称される。この法律用語は，ほぼ同一の意味内容をもつものと解されている。公の秩序や公共の利益に関する性格を有する刑法などの法規範は，強行法（あるいは強制的法源）といい，その内容を規定する条文は，刑事・民事規範にかかわらず強行規定という。いいかえれば，当事者の合意によって適用を排除し得ない法あるいは規定を強行法あるいは強行規定という。
55) 事実たる慣習の例として，白地手形（手形法10条），譲渡担保，仮登記担保そして白紙委任状付株式の譲渡をあげることができる。
56) 慣習法の例として，入会権（民法263条・294条）をあげることができる。
57) 刑法の領域においては，罪刑法定主義の原則（恣意的な刑罰を排除する目的）から，慣習法の成立する余地はあってはならない。
58) 碧海純一，前掲注4）169頁。
59) 川島武宜『科学としての法律学』（弘文堂，1986年）180-198頁，大判大正5年9月20日民録22輯1440頁〔温州みかん事件〕，最判昭和36年5月4日民集15巻5号1253頁は，立木の対抗要件として明認方法の存在と継続を扱った判決である。
60) 先例として検証対象とされる代表的なものには，次がある。特許事件について，特許

法121条以下の審判手続において特許庁が判断した審決，独占禁止法違反事件について，独禁法48条以下の手続において公正取引委員会が判断した排除措置その他がある。これらは，裁判所の裁判手続の第一審での判決に相当する。詳しくは，専門課程の各科目で学ぶことになる。

61)　田中英夫『実定法学入門』（東京大学出版会，1999年）198頁。

62)　田中英夫『英米法辞典』（東京大学出版会，1991年）696頁。ratio decidendi とは，先例である判決（判例）の中で，規範的効力をもつ部分をいい，「準則」ともいう。

63)　碧海純一，前掲注4）191頁。

64)　他の国や民族で発達し形成された法を，自国法の内容として採用した場合，その採用された法は，「継受法」という。ドイツ法のローマ法の継受や，日本法のドイツ法・フランス法の継受，そしてアメリカ合衆国のイギリスのコモンロー法の継受が代表的である。また，第2次世界大戦後の日本で，アメリカ合衆国の独占禁止法の継受，商法や刑事訴訟法のなかにアメリカ合衆国の規定が導入されたことなども継受に相当するであろう。これに対して，特定の国において発生し形成され発展した法は，「固有法」という。

65)　碧海純一，前掲注4）195頁。

66)　それぞれの法源性については，該当箇所の解説を参照してほしい。

67)　この問題は，田中英夫・前掲注48）174頁で例題として掲載されているものである。

68)　碧海純一，前掲注4）196頁。

第5章　法　律　学

1　法律学の定義

　法とは，社会の人々に一定の行為や状態（以下では「行態」という）を要求する必要がある場合に，一般社会の人々によって支持された政治的支配機構が制定し強制する法規範の総称をいう。人々は，一定の社会秩序を形成し維持することを目的として法を制定する。「法律学」とは，法が制定（立法）され裁判に適用される過程を，技術および実用面から研究対象とする学問分野をいう。[1]

　法律学は，一般的には，社会科学の中の1科目に分類されている。しかし，法律学の科学としての性格やその方法論は，医学や経営学といった経験・分析・創造の科学とは異なると第2章で解説した。ここでは，本稿の検討対象とする法律学とは，どのような内容をもつ科目なのかを明らかにして，学生が，法律学で主に学習する項目について述べておこう。

2　法律学の研究対象

　法律学が研究対象とする内容には，5項目ある。以下では，その項目について解説することとしよう。

　（1）　伝達手段としての機能をもつ「ことば」の技術　　当事者[2]間において生じる権利・義務という法律関係は，技術的な実用法学の分野においては，物として存在するのでなく観念（理論）的な存在として現れる。たとえば，土地に対する木下雄三（由紀の父親）さんの「所有権」は，社会に現に存在する物としてではなく，法律世界の中で「所有・権」という二つの「ことば」の鎖によって構成される観念的な存在として把握し得るのである。規範の文章（以下では「条文」という）は，このように，現に存する個別具体的な事実を，社会において法的価値判断を受けた「ことば」の集合によって抽象的に表現するた

めの伝達技術（手段）である。

　（2）　**思考手段としての機能をもつ「ことば」の技術**　　日常の文章を構成する「ことば」は，日常生活で使用されることばである。しかし，条文を構成する「ことば」の中に含まれる意味・内容（「法的概念」という）は，日常生活で使用されることばのもつ意味・内容とは異なり，特殊な法技術的要素を含むのである。たとえば，日常生活において果物の実を意味する「果実」ということばは，法的には，「天然果実」と「法定果実」に分類されて，そのことばのもつ「意味・内容」も異なるものとして法定されている（民法88条）。また，「…とみなす」と「…と推定する」という表現とでは，それぞれのことばのもつ意味・内容は，厳格に区別され法技術によって異なる意味をもつ。この「ことば」のもつ技術上の意味・内容を「概念」といい，「概念」は，つぎで述べる法的価値判断という特別な思考過程によってもたらされるのである。条文を構成する「ことば」が表現する意味・内容を具体的に明らかにし確定して定着することは，「概念構成」といって，法律問題を解決する思考（「法的三段論法の中の法解釈」という）の道具である。

　（3）　**条文の法的論理構成としての機能──「要件・効果」**　　個々の条文が人々に対して行う要求は，「○○の事実がある場合には，××の行為をせよ」というように，人々に一定の行態を示す最も簡潔な「ことば」の技術形式（法律の規定）で表現される。たとえば，「権利の行使及び義務の履行は，信義に従い誠実に行わなければならない」（民法1条2項）のように，簡潔な文章で表現される。このように，法規範を表現した文章を「法規」・「法規範命題」とか「法の文章」あるいは単に「条文」とよぶ。民法1条2項の文章は，最も典型的な簡潔なものである。

　民法のほとんどの条文では，つぎのように「○○の事実がある場合には（＝A），XはYに対し××の行為を請求し得る（＝B）」とすべきところを「○○の事実があれば（＝A），Xは××の権利を有する（＝B）」と転換されて表現される。（A）の部分を法律要件といい（B）の部分を法律効果という。

　ここでは，移転した権利の内容不適合についての売主の担保責任を例に説明しよう。

　民法565条は，「前3条の規定は，売主が買主に移転した権利が契約の内容に

図表5-1　　民法562条乃至565条の要件・効果の関係

民法の条文の「要件」と「効果」が，二つの条文や三つの条文に分散されて
規定されているものもある。

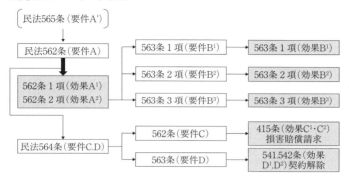

適合しないものである場合（権利の一部が他人に属する場合においてその権利の一部を移転しないときを含む。）について準用する」と規定されている。

　そこで，民法565条と562条・563条および564条との関係は，図表5-1のように整理され得る。売買契約を締結して，「売主が買主に移転した権利が契約の内容に適合しないものである場合」〔要件A′→要件A〕（民法565条→562条）には，「買主は，売主に対し，履行の追完を請求することができる」〔効果A¹・A²〕と理解される（民法562条）。民法563条1項は，「前（562）条第1項本文に規定する場合において，買主が相当の期間を定めて履行の追完の催告をし，その期間内に履行の追完がないときは〔要件B¹〕，買主は，その不適合の程度に応じて代金の減額を請求することができる」〔効果B¹〕と解される（民法563条1項）。

　しかし，以上にかかわらず，563条2項では，「次に掲げる場合（1号：履行の追完が不能であるとき，2号：売主が履行の追完を拒絶する意思を明確に表示したとき，3号及び4号省略）には〔要件B²〕，買主は，同項（563条1項）の催告をすることなく，直ちに代金の減額請求をすることができる〔効果B²〕」とされる【民法563条3項および564条については各自で考えていただきたい】。

　条文のほとんどは，権利・義務関係に係わる「要件（A）」と「効果（B）」の結合として表現されるが，一つの条文だけで要件・効果が表現されている規

範は少なくて，要件と効果がそれぞれ二つの条文や三つの条文に分散されて規定されているものが多い。

　規範によって分散された要件と効果を法特有の論理によって構成することは，法技術の一つである。「要件・効果」という論理構造は，条文や複数にまたがる条文による法的判断の相互の関係を明らかにする特有な法的論理であり，法律問題を解決する思考（法律解釈）の道具である。[10]

　（4）「ことば」のもつ概念・論理構成と法的価値判断（秩序・正義）　人に一定の社会的行態を要求しあるいは強制するのは，一定の法的価値を社会に実現し社会秩序を形成し維持するためである。たとえば，経済取引における等価性の尊重維持，取引の安全および社会生活の安全の保持などの実現である。立法機関による法の制定そして司法機関による法の解釈と適用は，法的判断を経た社会的価値に裏付けられた行為である。ことばの技術による概念構成や論理構成は，法的価値判断を社会に伝達し思考し実現するため使用される。[11]

　人は，一定の社会的価値基準を動機づけの根拠とし，社会生活を営むために行動する。この社会的基準のうち法規範によって保障されるものあるいは保障されることに値するものが，法的価値規準である。たとえば，人格の主体性（基本的人権の尊重）（憲法11・12条，民法2条），所有権の絶対性（民法206条），契約自由の原則（民法91条・521条）の具体化としての契約の一般的拘束性などをあげることができよう。そして諸々の法的価値のすべてを抽象的に観念化したものを，法的理念としての「正義」と呼ぶ。個々の法的価値は，正義の下に，相互に矛盾のない統一的な均衡のとれた価値体系になろうとする力が働く。この力を「秩序」という。[12]

　（5）　法的判断の価値規準とその方法　　ここでは，社会的価値（社会規範）が法的価値（法規範）として判断されるのは，どのような規準からいかように行われるのかについて述べよう。法規範・および法の定義は，2章-1-2-（2）の社会規範・法規範・法を参照して確認していただきたい。それによれば，社会的・法的価値は，人々の社会生活における活動のために存在し，それは社会の人々によって共通に支持されることを要する。このことから，価値判断は，価値の主体となる人々によって選択されるという主観的な行為を意味するだけでなく，その価値判断の内容についての客観性もまた必要と

★コラム5-1　社会法の誕生

　私有財産制の保障の具体化である所有権の絶対性と契約自由の原則は，近代資本主義社会の中に，財産を「もつ者」「もたざる者」あるいは財の「生産者」「消費者」という人的社会的階層の分化（ヒエラルキー）を生み，二つの間の対立を鮮明にした。統一されているはずの法的価値規準体系（法体系）は，実は分裂と対立を生む価値規準を内包しているのである。個々の価値の中に生じる利害は，統一的な価値体系となる過程において法的な闘争となるのである。この矛盾と対立の調整を図る機能は，法規範のもつ社会的側面を重視する観点から行われるべきであるという構想から，この機能を専門に発揮する法分野が生まれた。労働法，独占禁止法，消費者保護法そして社会保障法などが，この意味での法規範であり，その体系を社会法という〔第14章を参照〕。

される。客観性は，人々に共通な社会的価値に動機づけられる支持の範囲である。[13] 法的価値あるいは法的価値体系の客観性の程度は，国民の大部分が共通の価値体系として支持する場合には，たいへん高いことになる。しかし，社会が階層化し分裂し対立する場合には，それの程度は前者と比較して低いものとなる。「法的価値判断の客観性の程度は，判断の基礎たる価値体系を支持する人々の数の大きさに還元される[14]」のである。ただし，支持する母体の大きさは，法的判断の客観性を表すもので，「正しい」ものなのかどうかを決めるものではないことを認識しておかなければならない。

　価値の内容は，歴史的な社会の諸産物である。ところで，社会生活は，一定ではなく変化する。したがって，それとともに社会的価値も法的価値も，そしてその体系も変化せざるをえない。この法的価値体系の劇的な変化は，立法によることが多く，緩やかな変化は，個々の具体的な事件について裁判の判決をとおして現れる。1987年最高裁判所大法廷の「有責配偶者からの離婚請求」についての判決は，1952年の最高裁判所判決を35年間の経過の後に（判断規準を）変更した後者の緩やかな変化の例である〔法律文化社WEB補論第20章「判決を読む―課題と検討―」を参照〕。新たに生まれた個々の具体的な法的価値判断が，他の価値判断と融合することでまた新たな価値体系をつくりだすのである[15]（哲学では，この過程を弁証法という）。

　1）　川島武宜『科学としての法律学』（弘文堂，1986年）14頁。
　2）　「当事者」とは，権利をもつ者および義務を負担する者の双方（複数以上）を同時に

呼ぶ法律用語である。

3)　「意味」とは，ことばのもつ内容をいう。

4)　「法解釈」とは，ことばや文章による表現の意味を法的に明らかにして確定すること
　をいう。6章・7章で詳しく学習する。

5)　川島武宜，前掲注1) 35-37頁。

6)　民法とか刑法といった各法律において「……条」と数字が付された規範の文章を「条
　文」という。

7)　民事上の「法律要件」とは，法律によって規定された（法律関係が発生し変動し消滅
　する原因となる）一定の抽象的事実（あるいは複数事実）をいう。刑事上の「構成要
　件」とは，法律によって規定された刑事上の犯罪を構成する一定の抽象的事実や，違法
　および有責行為類型をいう。

8)　「法律効果」とは，一定の法律要件が充足されることによって生ずる法律上の法的結
　論（効果）をいう。

9)　売主の担保責任とは，売買契約を締結して，売主が買主に移転した権利や目的物が契
　約内容に適合していない場合に，買主が売主に請求し，売主が買主に負担する責任をい
　う。

10)　川島武宜，前掲注1) 36-37頁。

11)　川島武宜，前掲注1) 41頁。

12)　川島武宜，前掲注1) 20・22頁。

13)　川島武宜，前掲注1) 20頁。

14)　川島武宜，前掲注1) 21頁。

15)　川島武宜，前掲注1) 25-26頁。

第**6**章　法的三段論法

　法律書の文章は「むずかしい」とか，「理解しづらい」といわれる。六法全書に収録されている民法や刑法といった法律の条文においてはなおさらで，平成18年改正前の民法のように，文章の体裁が旧仮名遣いのカタカナ表記で，そのうえ句読点が付されていなかったとなれば，一般人が「むずかしい」という感想をもつのは当然であろう。

　文章は，意味をもつ「ことば」の論理的集合として構成されている。このことは，小説・随筆・コミック本・法律書そして法律の条文などにおいても共通し異なるところはない。

　しかし，法律の条文は，他の文章とは異なり，裁判の判決を導き出す法的根拠となるので，ことばのもつ法的概念および「要件と効果」という法的論理構造に従って記述されているのである。したがって，条文に含まれている内容を理解し法的判断をするためには，その「要件・効果」というルールを熟知したうえで，ことばのもつ法的概念を明らかにし，法的論理構成としての推論的三段論法によって結論を導き出さなければならない（これら法の演繹過程を「法のDogma（ドグマと読む）」という）。

　そこで，**1**では，「法的三段論法」について解説する。**2**では，法律の条文（に含まれる法規範）構造，法解釈，要件・効果の関係を確認し，刑法や民法の条文を例に検討したい。**3**では，三段論法と要件・効果論について総合的に確認する。

1　三段論法

　（1）　法的三段論法の過程　　六法で確認してみてほしいが，実際の法律は，抽象的な「ことば」を用いて法規範を条文化している。したがって，条文を構成している「ことば」のもつ意味や文章の内容を理解することは困難であ

図表6-1　法規範構造と法的三段論法

法的三段論法と法規範構造の体系

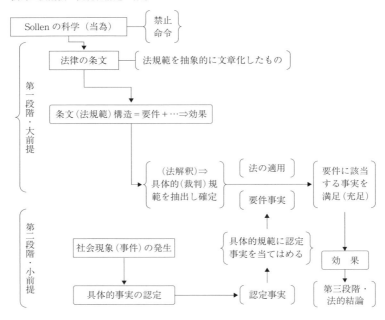

る場合が多い。法律問題を解決するためには，条文を構成している「ことば」や文章をまず文理解釈[4]し，条文に含まれている規範の具体的な意味内容を明らかにして，その中から問題を解決するための裁判規範を抽出して確定する作業（科学としての法解釈過程[5]）が行われなければならない。

　ところで，社会は時代とともに進歩し，歴史は変化する。それにつれて，固定的な法律の条文と，流動する社会背景との間には隔たりが生じる。こうなると，文理解釈によって，その「ことば」のもつ意味や文章の内容から，進化した現代社会に適合した規範を具体的に明らかにすることは困難となる。さらに，条文に含まれる規範が，一部欠けることになる（欠けることを法律用語で「欠缺」という）か，あるいは，まったく当初から完全な欠缺状態と同様になる場合も生じる。一部欠缺の場合には，規範のことばや文章の意味内容を勿論解釈，反対解釈そして類推解釈といった論理解釈によって，ことばのもつ意味や

文章の内容を補充し修正することになる。論理解釈によっても現代社会に合った規範を求めることができない場合には，裁判官は，条理・学説・現実社会の秩序を形成する行為規範を基礎に，実質的な価値判断を伴う「自由な法の発見」や「生ける法」の発見により「あるべき規範」の抽出を行う。このように，科学としての法解釈過程あるいは実質的価値判断を基礎にあるべき規範をつくりだす過程を経て得られる規範が，裁判規範とされるのである。ここまでの過程を第一段階の【大前提】という。

　法的判断をするには，検察官が提起する起訴状の公訴事実や原告が提起する訴状の請求の趣旨・原因（紛争事実）にそって，裁判規範に該当する事実が認定される。つぎに，裁判規範（に含まれる要件）を，認定された事実に適用して（「法の適用」という），刑法の犯罪構成要件や民法の法律要件に該当する具体的事実（要件事実）が認定される。この過程を第二段階の【小前提】という。

　要件事実が明確になれば，要件⇒効果論によって法律効果が導き出される。これが，法的結論（判決・審判など）となり，判決書・審判書などといった文書の作成となる。この過程を第三段階の【法的結論】という。

　（2）　**各種の三段論法の確認**　　ここでは，法的三段論法を学ぶことになるが，まず，単純な三段論法から，つぎに論理学上の三段論法を確認して，そのうえで法的三段論法を学習することとしたい。

　（a）　**単純な三段論法**　　単純な三段論法とは，つぎの関係をいう。

$$A = B \quad\Rightarrow\quad 100 = 10 \times 10 \quad\text{（大前提）}$$
$$C = A \quad\Rightarrow 10^2 = 100 \quad\text{（小前提）}$$
$$C = B \quad\Rightarrow 10^2 = 10 \times 10 \quad\text{（結　論）}$$

　（b）　**論理学上の三段論法**　　論理学上の三段論法とは，つぎの関係をいう。

すべての人間は　いつかは死ぬ。　（大前提）

シーザーは　　　人間である。　　（小前提）

シーザーは　　　　　　いつかは死ぬ。　（結　論）

　（3）　**法的三段論法――刑法199条**　　以上を総合すると，刑法199条の殺人罪に関しての法的三段論法とは，つぎの関係として示すことができる。

「人を殺した者は，死刑……に処す」。（抽象的法規範）

解釈⇒裁判規範の抽出

「ブルータスは，シーザーを殺した者である」。　　　　　（具体的事実の認定）

　　　　　　　　　　　　　　　　　　　　　　　適用⇒要件事実の確定

「ブルータスは，　　　　　　　　死刑に処せられる」。（法的結論）

　　　　　　　　　　　　　　　　　　　　　　　法的効果⇒判決

　このように「法的三段論法」とは，与えられたことばの意味（法の概念）や要件・効果という論理構造によって文章化された抽象的な条文から具体的な法規範を解釈によって明らかにして，裁判規範を確定し，並行して，認定した事実から要件に該当する事実を抽出して確定（要件事実）し，裁判規範に要件事実をあてはめて導き出される法律効果を法的結論（判決）とする過程をいう。

　（4）　三段論法の意義　　「法の支配[8]」は，何が法規範であり裁判規範であるかについての決定権を司法裁判所に専属させ，裁判官の判断を法的三段論法に拘束せしめることによって，実現される。つまり，前者は，法の支配の外部に向かったコントロールによって実現される司法権の政治的権力からの独立の確保維持—三権分立—を意味し，後者は，それの内部に向かったコントロール—法の Dogma —によって実現される公正な裁判の確保維持を意味する。このように，推論的三段論法の過程は，近代法の「法の支配」の思想と結びついて，司法の独立と司法の公正を司法の内部から保障する機能を有すると考えられる点に意義がある〔Dogma については法律文化社 WEB 掲載補論第 **18** 章 **2** を参照〕。

2　法規範構造，法解釈，要件・効果の関係

　ここでは，法規範構造，法解釈，要件・効果の関係について学習する。

　（1）　法律の条文と法規範　　法律の条文とは，要件・効果という規範構造に従って文章表現されているものをいう。ゆえに，法規範は，「ことば」によって構成された条文を解釈することによって明らかにされた具体的かつ実質的な当為（禁止・命令）の内容をいう。

　（2）　条文（法規範）の構造

　　条文 ＝ 法律（構成）要件 ＋ 法律要件 ＋……⇒ 法律効果

　（a）　法律（構成）要件とは，法律によって規定された一定の事実をいう。

図表6-2　法の支配を支える三段論法と三権分立の関係

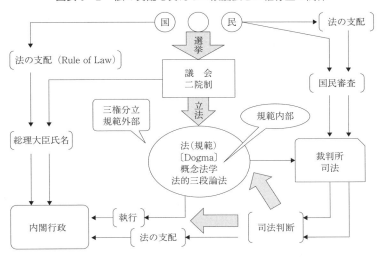

（b）　法律効果とは，法律によって規定された一定の法的結論をいう。

以上のように，条文は，要件と効果という二つの要素で構成されている。

設例6-1　刑法199条を要件と効果の部分に区分せよ。

①人を②殺した③者は，④死刑又は無期若しくは5年以上の懲役に処する。

構成要件の部分……行為主体は③，対象は①，犯罪行為は②である。

法律効果の部分は……④である。

（3）**法解釈**　法解釈とは，条文を構成する抽象的な「ことば」に含意される法的な意味・内容（法的概念）を具体的に明らかにして，法規範を抽出する過程をいう。この過程を要件事実と対照することで何度も繰返し，裁判規範が確定される。

　そこで，刑法199条の殺人罪の条文を解釈して，より具体的な刑法規範を抽出してみたい。

設例6-2　刑法199条の条文から殺人罪の規範を抽出せよ。

「①人を②殺した③者は，④死刑……5年以上の懲役に処する」（条文）。

（具体的な規範を抽出）↓

「①殺意をもって（刑法38条）自分以外の生きている自然人」の

※₁自分で自分の命を奪うのは自殺ということになるから，①の「人」は，他人である。

※₂すでに死亡している人の遺体を損壊した行為は，刑法190条の死体損壊罪に該当するので，①の「人」は，「生きている人」と解し得る。

「②生命を奪った（刑法199条）」

※₃条文では「殺す」のではなく「殺した」とされており，「殺した」とは，すでに生命を奪ったこと（既遂）を要する。

「③14歳以上の自然人」は，

※₄死刑，懲役刑を受け得るのは，自然人にこそ意義があるから③の「者」は，その違法な行為について非難し得る14歳以上の自然人（刑法41条）と理解できる。

「④死刑……5年以上の懲役に処せられる」ことになる。

①〜③が要件，④が効果に該当する。

（4）　**認定事実と要件事実**　　認定事実とは，事件や紛争を形成する具体的な事実および要素をいう。要件事実とは，認定事実の中で，法律（構成）要件に該当し法律効果を発生させる具体的事実をいう。

（5）　**法の適用**　　法の適用とは，法解釈によって明確になった法規範（大前提）を，認定された事実関係に適用して（「あてはめて」と表現する場合もある），法規範によって規定された要件に該当する事実を確定する（小前提）機能をもつ法過程をいう。

（6）　**要件・効果論**　　要件・効果論とは，要件に該当する一定の事実（要件事実 a）が充足されると，一定の法律効果（法的結論 β）が生ずるという法的論理構造をいう（5章2の（3）を参照）。

（7）　**要件・効果論から利益（の比較）衡量論へ**　　要件・効果論によって単純に導き出される法的結論に対して，妥当性に懸念が生じる場合があり得る。つまり，それまでの事件に対する解決の視点や判断規準では，対処できないか不足する事態が生じてきているということを意味する。そこで，妥当な解決を図るために，得られる利益と失う利益の比較衡量から，法的結論を再度検討する必要がある。裁判所による判決によって新しい論点が提起されたり，新しい要件が付加されたりしたということには，かような背景がある。この点に

ついての解説は，民法演習問題家族編の「有責配偶者からの離婚の是非」を参
照。

設例6-3　現住建造物等放火

　ここでは，刑事犯罪の放火の罪についての典型的な事例をとおして，法的三段論法の
要件・効果論および認定事実から要件事実を確定する過程を説明することとしたい。

　「放火して，現に人が住居に使用し又は現に人がいる建造物，汽車，電車，艦船又は
鉱坑を焼損した者は，死刑又は無期若しくは5年以上の懲役に処する。」（刑法108条）

【典型的な事例—刑事事件の放火の罪】

　被告人Xは，自ら経営していた食品会社甲社が平成5年6月10日に倒産した原因を
Y経営の取引会社乙社の代金不払いにあると思い込み，乙社に対する恨みを晴らさんが
ため，同年9月15日午後9時頃，執務中の乙社の事務所に侵入し事務所内に積んであっ
た段ボールに，X所持のライターにて着火し乙社の事務所を全焼せしめた。

【事例の解説】

　事例のような典型的な放火の罪が裁判所に起訴された場合に，法と事実に基づく法的[9]
判断は，どのような法的三段論法を経過して形成されるかを，条文を構成する「要件・
効果論」によって説明しよう。

　刑法108条の条文は，「放火して，現に人が住居に使用し又は現に人がいる建造物……
を焼損した」という要件に対して，「死刑又は無期若しくは五年以上の懲役に処する」
という効果を付与する部分の二つの要素によって構成されている。

　刑法108条の現住建造物等放火罪の構成要件である「放火して」に含まれる意味と
は，人の住居に使用する建物や現に人の存する建物の焼損に原因力を与えることであっ
て，発火させる行為（作為），すでに発火した目的物の燃焼を助長させる行為そして既[10]
発の危険を利用する意思による不作為の放火もあり得ると解されている。これが「放火
して」という要件の解釈である。ここで行った解釈は，「法律の意味を明瞭にし，内容[11]
を確定すること」という「科学としての法」の解釈である。

　では，本事例に刑法108条を適用してみよう。裁判所が認定した事実のうち，「被告人
X」の「段ボールにライターにて着火し」た行為が原因となって「執務中の乙社の事務
所を全焼せしめた」という事実が，刑法108条の「放火して，現に人がいる建造物…を
焼損した」という要件に該当する要件事実である。刑法では，要件をとくに「犯罪構成
要件」とか「構成要件」といい，事実が「構成要件」に該当することを，「構成要件該
当性を充足する」とか「構成要件該当性を満足する」という。「構成要件を充足する」[12]
要件事実が確定し，違法性と有責性が認定されると，動機・違法性および結果の程度
（重犯性）を考慮し，法律効果としての刑罰が判決によって科せられる（第12章の「刑
法の基礎」で学習する）。

　以上は，典型的な放火の罪について，法的三段論法に基づいて，刑法の条文を解釈し
て，抽出された具体的法規範を認定事実に適用して要件事実を確定し，法律効果として
の刑罰を判決する過程を説明した。

3　三段論法と要件・効果論の総合演習

　つぎでは三段論法と要件・効果論を総合して，民法の「契約」に関する抽象的な条文を解釈して明確にした具体的法規範（大前提）に，認定された具体的事実（小前提）を当てはめて要件事実を確定し，法的結論を導く訓練を行う。

　日常生活において，様々な商品を売ったり買ったりする（売買という）場合には，売手と買手の間では，目には見えないし，物理的に感得することもできないが，売買契約（民法555条）が締結されているのである。

　民法522条1項では，「契約は，契約の内容を示してその締結を申し入れる意思表示（以下「申込み」という。）に対して相手方が承諾した時に成立する。」と規定されている。契約が締結されて成立するためには，民法上の法律要件に該当する事実がすべて充足されることで法律効果としての契約が成立するという法的論理構造（要件・効果論）に従うことを必要とする。

　そこで，契約が締結され成立する過程を例題に，契約が成立するための要件と効果について，まず学習することにしたい。

　(1)　契約の成立要件　　契約が締結され成立するための要件には，つぎのように四つある。

　(a)　当事者（契約を締結する意思のある複数の人）**が存在すること。**　　当事者とは，特定の法律関係において，社会生活上の諸利益を享受する権利者（自然人と法人）と拘束を受ける義務者の双方を意味する法律用語である。物権領域では，所有権者，地上権者などである。債権領域では，債権者，債務者，売手，買手，賃貸人，賃借人などである。

　(b)　目的（物）があること。　　目的とは，法的保護に値する社会的利益が存する対象をいい，権利の存する「目的（物）」とか「対象」と解され，民法522条1項では「内容」と表記される。

　(c)　意思表示があること。　　意思表示とは，契約の申込や承諾（民法522条1項）といった，表意者が一定の法的効果を意欲する意思を表示し，法律が当事者の意欲した効果を認めてその達成に努力するものをいう。

　(d)　物を給付したこと（要物行為という），**あるいは届出をしたこと**（要式

行為という）。

　物の給付とは，茶碗・飲食物といった物品（民法86条2項の動産）とか金銭（民法587条）といった契約の対象となる物を，実際に提供し相手方が受領すること（「提供と受領」）をいう。届出とは，婚姻や養子縁組といった法律関係を成立させるため一定書式の書面（民法739条の婚姻届，同法799条の養子縁組届）を役所に提出することをいう。

　（2）　売買契約（民法555条）の構造分析　　民法の法律要件（成立要件と効力要件）のうち成立要件を題材に，売買契約（民法555条）が締結されて成立するために必要な（法律）要件の部分と，すべての要件が充足されて生じる（法律）効果の部分を，大前提となる民法555条でまず確認する。

　設例6-4　　民法555条の売買契約の条文を契約が成立するための要件と効果の部分に分析してみよう。
　①①当事者要件　②②目的要件　③③意思表示要件　④④給付要件
　　⑦法律効果　〇…当事者の一方（売手）　□…相手方（買手）を表す。
〔売買契約（民法555条）を分析する〕
　「売買は，①当事者の一方（当事者）が，②ある財産権（目的）を，相手方に③移転することを約し（意思表示），①相手方（当事者）が，これに対して②その代金（目的）を，③支払うことを約すること（意思表示）によって，⑦その効力を生ずる。」
　※⑦の傍点部分を「成立する」と解釈し理解すると，条文構成は，
　 条文 ＝〔要件①〜③，①〜③〕⇒〔効果⑦〕となる。
〔売買契約の成立要件を解釈して具体的な要件を確認する〕

	当事者の一方	相　手　方
当　事　者	①売手（売主）	①買手（買主）
目　　　的	②ある財産権	②代　　　金
意思表示	③移転の約束	③支払の約束

【設例6-4の解説】
　①　**当事者**　　民法555条の売買契約が成立するための当事者は，当事者の一方と相手方と記載されている。売買契約の当事者とは，一般的には売手と買手である。
　　それでは，一方とは売手と買手のどちらに該当するのか，相手方とは売手と買手のどちらに該当するのか。
　　「一方は，財産権を相手方に移転する」「相手方が，代金を支払う」とされる意味を解釈すると，代金を支払うのは，その売買目的物を受け取る者（買手）であると理解されるので，相手方が，買手ということになる。そうすると，目的（物）の財産権を買手に移転する一方とは，売手ということになる。

---

　②　目的（物）　　民法555条の売買契約では，「ある財産権」，「その代金」と規定されている。目的とは，法的保護に値する社会的利益が存在する対象をいい，権利の存する「目的（物）」とされる。

　「ある財産権」とは，任意の不動産や動産（民法86条）そして同時にそのものに存在する権利（所有権[13]に代表される物権[14]）ということになる。

　| ある財産権 | ＝ | ある＋財産＋権利 | ＝ | 任意＋不動産・動産＋所有権 |

　「その代金」とは，ある財産権の貨幣価値に相当する対価として支払われる金銭をいう。

　③　意思表示　　民法555条では，「一方が……移転することを約し，相手方が……支払うことを約する」と規定されている。

　意思表示とは，表意者が一定の法的効果を意欲する意思を表示し，法律が当事者の意欲した効果を認めてその達成に努力する契約の申込や承諾をいう。

　そうすると，売買契約に必要な意思表示は，売買契約を成立させるための意思表示ということになり，売手の「移転することを約束」する意思表示と買手の「支払うことを約束」する意思表示が該当し，先に約束する者の意思表示が申込に該当し，それに応じて約束する者の意思表示が承諾に該当する（民法522条1項）。

　④　給付は不要　　民法555条は，売買契約が成立するための要件として「当事者・目的・意思表示」という三つの要件だけを要求しているのであり，「給付」を要件としていない。

【売買契約についての解釈問題】

　民法555条の売買契約では，「当事者の一方が，ある財産権を，相手方に移転することを約し」とされている。なぜ，土地とか建物を指す「財産」とされないで，「財産＋権」とされているのだろうか。

　土地や建物（民法86条1項）は，不動産とされる。人は，生活の本拠を確保するためや事業所を開設するために，高価な不動産を購入する。購入する際には，買手は，不動産を購入した後に，その不動産を自由に使用でき利益を上げ，場合によっては処分（担保設定や転売）できなければ，「絵に描いた餅」にすぎなくなる。したがって，買手は，不動産に「所有権」が存在することを確認して売買契約を締結しなければならない。売買契約の売買の対象とされるのは，民法206条によれば「所有者は，法令の制限内において，自由にその所有物の使用，収益及び処分をする権利を有する」とされることから，「目的その物」だけでなく「所有権」も同時に売買されるのが原則ということになる。

（3）　消費貸借契約（民法587条）の構造分析

　設例6-5　民法587条の消費貸借契約の条文を契約が成立するための要件と効果の部分に分析してみよう。

　「消費貸借は，①当事者の一方（当事者）が，種類，品質及び数量の②同じ物（目的）をもって③返還することを約して（意思表示），１相手方（当事者）から，金銭その他の物を④受け取ること（給付）によって，

⑦その効力を生ずる。」

　※⑦の傍点部分を「成立する」と解釈し理解すると，条文構成は，

　条文 ＝〔要件①～④，１〕⇒〔効果⑦〕となる。

（なお，条文には，句読点を附した。）

〔民法587条消費貸借契約の全容〕

　消費貸借契約の条文は，当事者の一方（借手）についての契約成立要件が記載されてあり，相手方（貸手）については，ほとんど記載されていない。しかし，消費貸借の契約成立要件には，「受け取ること」という給付の要件が特別に準備されている。条文は，なるべく短く文章化されたものを好ましいとされる傾向にあるが，民法587条の消費貸借の条文の全容を知るために，給付の要件を手掛かりに，条文を想定してみる。どの要件が割愛され，その要件がどこに吸収されて隠れているのかを探ってみたい。

「消費貸借は，

　　（①）当事者の一方が，種類，品質及び数量の（②）同じ物

　　　　　　　　　　　　　　をもって（③）返還することを約して

　　　相手方は，当事者の一方からの申込に対して（３）承諾して

　　　　　　　（２）金銭その他の物を当事者の一方に（４）提供して

　　（１）相手方から金銭その他の物を（④）受け取ることによって，

⑦その効力を生ずる。」

　相手方に要求される要件の２目的（金銭ほか），３意思表示（承諾），そして４給付（提供）は，金銭その他の物を受け取る（受領）の中に吸収されていると考えられる。

　なぜなら，貸手は，借手からの目的物の借用申し込みがあって，目的物が存在し申し込みに対して承諾しなければ提供することはあり得ないからである。借手が目的物を受領したということは，貸手の要件がすべて満足された上でのことを意味すると解される。

〔消費貸借契約を解釈して具体的な要件を確認する〕

	当事者の一方	相　手　方
当事者	①借手（借主）	１貸手（貸主）
目　的	②同じ物（財産権）	２金銭その他の物（同じ物）
意思表示	③返還の約束（申込）	３貸す約束（承諾）
給　付	④受領	４提供

※消費貸借の成立要件は，当事者，目的，意思表示，そして給付を必要とするのが原則である（民法587条）。しかし，金融業界などからの要望で，民法の大改正において，書面でする消費貸借については，当事者，目的，意思表示のみを成立要件とする諾成型消費貸借契約が新しく規定された（民法587条の２）。

（**4**）　**売買契約成立の事例分析**　　民法555条の売買契約を大前提に，川島不動産㈱と木下雄三との間で進んだ土地と建物の売買契約に関する事実関係（認定事実）を小前提として，この認定事実の中から，土地と不動産の売買契約が成立する要件に該当する要件事実を確定して，法的結論を導く訓練をしてみる。

設例 6-6　法的三段論法による売買契約成立の確認—民法555条（大前提）に具体的事実（小前提）を当てはめて要件事実を確定し，法的結論を導いてみよう。

【事実関係】

１木下雄三（由紀の父親）が，川島不動産㈱に対して②代金として3000万円を，三東銀行から借り入れて③支払うことで買取りを申込み，①川島不動産㈱が，同社所有の②土地と建物を，修理補繕後に，木下雄三に③売渡すことを承諾したことにより，⑦当該契約は，2020年 6 月30日に成立した。

【整　理】

（法律要件）	（要件の具体化）	（要件事実）
1 ）当事者	＝売手と買手	＝川島不動産と木下雄三
2 ）目　的	＝売買の対象と代金	＝土地と建物・代金3000万円
3 ）意思表示	＝双方の約束	＝川島不動産の承諾と木下雄三の申込

【解　説】

　民法555条によって規定される売買契約の成立要件が具体的規範として抽出され，これに認定事実を当てはめて，すべての要件を充足する事実が確定される——と同時に裁判規範も確定する——ことで，川島不動産㈱と木下雄三との間で締結された売買契約は，成立した〔法的結論としての法律効果〕（民法522条 1 項・ 2 項）。

【民法の「要件事実」と民事訴訟法の「主要事実」の関係】

　事実関係のなかで，下線部分の①〜③と１〜３が「要件事実」に該当する部分であり，民事訴訟法では，「主要事実」に相当する。主要事実とは，権利の発生・変更・消滅という法律効果を判断するのに直接必要な事実をいう。

　また設例 6-6 で登場する「三東銀行からの借り入れ」および「修理補繕後」という事実は，主要事実の存否を推認するのに役立つのであり，民事訴訟法上では「間接事実」という。

---

1)　「概念」とは，法的意味内容をもつ「ことば」の抽象的論理的集合をいう。
2)　「ことば」のもつ意味内容を明らかにすることを解釈といい，条文を構成する「ことば」のもつ法的意味内容—法的概念—を明らかにし確定することを法解釈という。
3)　このように，法的判断は，一定の意味をもつことばの論理的構成によって形成される法規範によって拘束される。これを，「法のドグマ」という。
4)　「文理解釈」とは，ことばや文章による表現の意味を明らかにすることをいう。

5)　このように，裁判規範を認識し確定する過程は，予め与えられた法規範の客観的な認識という科学としての法にほかならない。

6)　実質的な価値判断とは，価値の主体となる人々に共通な動機が契機となって，より多くの人々よって選択されるであろうことを内実とする。

7)　刑法では構成要件事実という。民法では（法律）要件事実といい，民事訴訟法では主要事実という。実務では，要件事実と主要事実を同義と解する立場で解説しているので，本書も同じ立場で解説を進める。

8)　「法の支配」（Rule of Law）とは，国家権力を法（憲法）によって制限して，人々の自由・権利を保障する内容をもつ近代法の思想原理をいう。日本国憲法は，これらの機能を発揮する法的根拠を提供する国の最高法規である（近代立憲主義とか立憲主義という）。

9)　「法」とは，法規範の総体をいう。

10)　大判大正7年12月18日刑録24輯1558頁，大判昭和13年3月11日刑集17巻237頁。

11)　横田喜三郎『純粋法学論集Ⅱ』（有斐閣，1977年）78頁，国家学会雑誌48巻12号~49巻2号（1934-1935年）。

12)　違法性の認定とは，正当行為（刑法35条）や緊急避難（刑法36条）の違法性阻却事由に該当する事実が否認されることをいう。有責性の認定とは，心神喪失及び耗弱（刑法39条）・責任年齢（刑法41条）の責任能力の阻却事由に該当する事実が否認されることをいう（第12章を参照）。

13)　所有権とは，「所有者が，その所有物を自由に使用し，収益を上げ，処分をする権利」をいう（民法206条）。

14)　財産権には，物権と債権がある。物権とは，「物を直接排他的に支配する権利」をいう。債権とは，特定の権利者（債権者）が特定の義務者（債務者）に対して一定の行為（貸したお金の返還）をするよう請求する権利」をいう。

第7章　法解釈技法

1　法解釈技法とは

（1）　法解釈の意義と必要性

（a）　法の解釈は，条文に与えられた意味を明瞭にし，その内容を確定する場合に用いられる。かような意味の法解釈は，現に存在する条文の内容（規範）を確定し法規範そのものの客観的な認識に向かうので，科学としての法律の解釈である（有権解釈から論理解釈の拡張解釈までが，この解釈の中に含まれる）。

（b）　概念法学（パンデクテン法学）〔法律文化社 WEB 補論第 17 章参照〕は，法が完全無欠であることを前提としている。しかし，法律は，常に明確で欠缺のないものとして存在するのではなく，不明確も欠缺もあるものとして存在する。したがって，法解釈は，この不明確な部分を明らかにして確定し，欠缺を補完する場合に用いられる技法であるとされる。これは，現に与えられ妥当している法律を認識するものではなく，何が正当でいずれが妥当かなどの実質的な価値判断に基づいて，法規範としてあるべきものや法規範となるべきものを論理解釈の類推から考察し探求する法政策として位置づけられる。

（c）　法律は，常に客観的に正当なものであるとは限らない。かような前提にたち，法解釈は，正当でない法を，法解釈の名の下に，正当なように理解し正当な意味をもたせる方法としても利用される。

（2）　法解釈に臨む姿勢とその実際

（a）　横田喜三郎先生の法解釈論　　まず，横田喜三郎先生の学説から，法解釈が用いられる場面を整理しておくことにしよう。

近代法成立以来，法解釈に関しては，様々な評価や意見があり定まったものはない。横田先生は，法規範の欠缺を法解釈によって補完することが一種の法政策的性格を有するので，法解釈のありかた（科学としての法解釈）の限界をどこにおくか，それにはどのような姿勢でのぞむべきか，さらに，法解釈は「悪

図表 7 - 1 　「ことば」の内包と外延

「物」という「ことば」には何が含まれるか

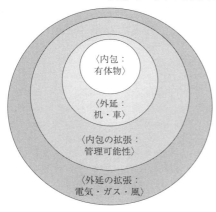

【民法 85 条の解釈】空間で物理的に形体を有して存在するものを，「物」とする→机・車など。

【刑法 245 条の解釈】計測器等によって管理可能性を有するものは，刑法上では，「物」と扱われる→電気・ガス・風など。

「内包」とは，「ことば」が日常的に使われる際にもつ意味・性質・内容をいう。
「外延」とは，「ことば」のもつ意味・性質・内容を実在世界で事物や事柄として現実化した限界とか枠組みをいう。

法も法なり」を実現するための危険性をも含む法技術であり得ると述べた。法規範が欠缺し，その補充・補完のために類推解釈を行わなければならない場合でも，刑事裁判では，憲法31条の罪刑法定主義の要請から類推解釈が禁止され，無罪判決を言い渡すことになる。民事裁判においても，まったく法規範が定立できなければ，同じく紛争解決に至ることなく，訴えを棄却せざるを得ない。かような無罪判決や訴え棄却による紛争未解決が，裁判所の正義といえるであろうかという疑問が生じる。このように，法解釈の意義をどこに見出すかは，「法の支配」を遵守する重要な問題の一つであることを理解しなければならない。

　（b）　判例の検討　　以上の問題意識を念頭に，建造物の不作為による放火事件[2]を題材に，法解釈の意義と必要性について検討することにしよう。

CASE 7 - 1 　藁の火種を利用した放火事件[3]
【事　実】　被告人が養父を殺害し，死体の始末を考えていたとき，たまたま，養父が格闘の最中に投げた燃木尻の火が飛び散ったために庭に積んであった藁が燃え上がっていたのを見た被告人 A は，そのときであれば容易に消し止めることができたのに，かえって，死体などを家屋もろとも焼いて罪跡を隠蔽しようと考え，そのまま放置したので，家屋を全焼させた。

【判　決】「……自己ノ故意行為ニ帰スヘカラサル原因ニ由リ既ニ叙上物件ニ発火シタ
ル場合ニ於テ之ヲ消止ムヘキ法律上ノ義務ヲ有シ且容易ニ之ヲ消止メ得ル地位ニ在ル者
カ其既発ノ火カヲ利用スル意思ヲ以テ鎮火ニ必要ナル手段ヲ執ラサルトキハ此不作為モ
其法律ニ所謂火ヲ放ツ行為ニ該当スルモノト解スルヲ至当ナリトス」（参照条文：刑法
109条）。

【解　説】　本件は，刑法109条「非現住建造物放火罪」についての刑事事件である。刑
事事件では，罪刑法定主義（憲法31条）の原則の要請から類推解釈は禁止される。した
がって，「既発の火」を「利用すること」によって建物を焼損した場合に，放火の罪を
問うためには，「既発の火」を利用した消極的行為が，刑法109条の放火罪の「放火し
て」という積極的な行為を意味する文言の延長線上に属するものとして論理（拡張）解
釈できなければならない。「放火して」に含まれる意味とは，目的物の焼損に原因力を
与えることであり，積極的に発火させる作為の延長線上の解釈として，すでに発火した
目的物の燃焼を助長させる行為そして既発の危険を利用する意思による不作為の放火も
あり得ると拡張解釈されており，前記分類の第二に近い第一の分類に属するといえるで
あろう。

CASE 7-2　蝋燭の既発の火力を利用した放火事件―不作為の放火―

【事実関係】　被告人（家屋の所有者）Bは，居宅の神棚に灯明を上げて礼拝していたと
きに，ロウソク立てが不完全であったためにロウソクが神符などの方向に傾き転落しそ
うになっているのを見て，そのままに放置すれば家屋を焼燬するという結果を確認しな
がらも，保険金をつけてある家屋を焼燬して保険金を手に入れようと考え，傾斜してい
るロウソクをそのままにして外出したために，家屋を全焼させたものである。

【判　決】「……刑法第109条第1項ノ犯罪ヲ構成スルモノトス蓋シ自己ノ家屋カ燃焼ノ
虞アル場合ニ之カ防止ノ措置ヲ執ラス却テ既発ノ危険ヲ利用スル意思ニテ外出スルカ如
キハ観念上作為ヲ以テ放火スルト同一ニシテ同様ニ所謂火ヲ放ツノ行為ニ該当スレハナ
リ。」参照条文：刑法109条1項

【解　説】　本件は，刑法109条「非現住建造物放火罪」についての刑事事件である。刑
事事件では，罪刑法定主義（憲法31条）の原則の要請から類推解釈は禁止される。した
がって，例題の現住建造物放火事件の「既発の火」や本件「既発の危険」を「利用する
こと」によって建物を焼損した場合に，放火の罪を問うためには，既発の原因を利用し
た消極的行為が，刑法108条および109条の放火罪の「放火して」という積極的な行為を
意味する文言の延長線上に属するものとして論理（拡張）解釈できなければならない。

【研　究】
　　ここでは，大正13年のロウソク火の既発の危険を利用した非現住建造物等放火事件に
ついて検討する。
　①　大前提
　　イ　条　文：　刑法109条の「放火して……現に人がいない建造物を焼損した……」。
　　ロ　解　釈：　刑法108条および109条の放火罪の「放火して」という積極的な行為を
　　　　意味する文言の延長線上に，「神符に傾斜したロウソクの火の転落」という既発の

原因を利用した消極的行為が属するものとして論理（拡張）解釈する。

「行為」とは，「人の人格の主体的現実化たる身体の動静」をいい，人には，既発した火による家屋燃焼の危険を回避するため消火すべき義務がある（注4参照）。このことから，「放火して」の文言には「火を放つ」という積極的な行為（作為）に加えて，「神符に傾斜したロウソクの火の転落」という既発の原因を利用する意思で外出をし既発の危険を回避しなかった消極的行為も，「作為ヲ以テ放火スルト同一ニシテ同様ニ所謂火ヲ放ツノ行為ニ該当スレバナリ」と考えるのが妥当である。

なお，「行為」を「人の意思によって支配可能な社会的意味のある身体の外部的動静」と理解する立場もある。

ハ　法解釈することで抽出された裁判規範：「既発の火の危険を認識しつつ利用して……現に人がいない建造物を焼損した……」

②　小前提

イ　事　実：　本件事実を参照

ロ　適　用：　「自己ノ家屋カ燃焼ノ虞アル場合ニ防止ノ措置ヲ執ラス，既発ノ危険ヲ利用スル意思ニテ外出スル如キハ作為ヲ以テ放火スルト同一ノ行為ニ該当ス」ル。

③　法的結論　判決を参照

（3）　**法解釈技法の説明**　ここでは，具体的に条文を参照しつつ，その条文から具体的に裁判規範を導き出すために用いられる解釈技法を学ぶことにする。

（a）　有権的解釈　有権的解釈とは，法文または句読点を含む文字の意味を制定法の条文によって明らかにすることをいう。

《例1》　民法85条は，「この法律において，『物』とは，有体物をいう」と規定して，民法における「物」の意味を明らかにしている。

《例2》　刑法245条は，「本章の罪については，電気は，財物とみなす。」と規定して，電気は，計測器による管理が可能であるから，窃盗および強盗罪に関しては，物として取り扱われる。

《例3》　特許法2条3項1号においては，「物」の発明の中には「（プログラム等を含む。）」と規定されている。

《例4》　著作権法2条1項1号においては，「著作物（とは）思想又は感情を創作的に表現したものであって，文芸，学術，美術又は音楽の範囲に属す

図表 7 - 2　法解釈技法の系図

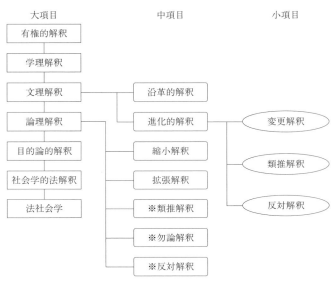

※印は，法規範の一部欠缺を補充あるいは全部欠缺を補完する解釈技法である。

るものをいう」と規定されている。

　(b)　学理解釈　　学理解釈とは，法を理論によって解釈することをいう。

　(c)　文理解釈　　文理解釈とは，法規範を構成する言葉や表現を，一般社会の常識や通念を基礎に読み取り，字句・文章のもつ法的意味を，言葉の用法や法則に従って明らかにし確定する解釈技法をいう。この解釈は，制定法が完成された法文の集大成であるから，文言に忠実に解釈することによって，その法律の趣旨や目的が最もよく実現される，とする思想を背景にもつ。

　(ⅰ)　沿革的解釈　　沿革的解釈とは，法律の制定過程（法案，理由書，立案者の見解，国会議事録などの立法資料）を検索し，法律の歴史的な意味内容を明らかにする解釈技法をいい，解釈技法の基礎に位置づけられている。なお，法の文言が不正確であったとか明らかに誤っている際に，これを補正，更正するために解釈する技法を補正解釈という。

　(ⅱ)　進化的解釈　　進化的解釈とは，社会の進歩発展にともない，字句や

言葉（文言）の内容も社会の進化に応じた内容を盛り込んで明らかにする必要がある。かような目的のために用いられる解釈技法をいう。

　(イ)　変更解釈：法律の制定当時の字句や用語の概念が適用時点の社会的事情に適切でなくなったときに，その法律の制定趣旨や目的に合致するように，字句や用語の内容に変更・更正を加えて解釈上の操作を行う解釈技法をいう。

　(ロ)　類推解釈：下記(d)−(iv)を参照。

　(ハ)　反対解釈：下記(d)−(vi)を参照。

　(d)　論理（体系的）解釈　　論理解釈とは，文理解釈によって行われた字句・文言の解析を基礎に，問題となっている規定が，法令・法領域あるいは法体系全体のなかで，どこに位置づけられるか，根底に流れる法理念や現在の社会状況に対する効果などを考慮しながら，最も合理的な法規の意味内容を明らかにする解釈技法をいう。

　(i)　縮小解釈：法令の趣旨・目的に照らして，規定の意味内容を法的文脈を考慮して縮小するほうが，その趣旨・目的を合理的に反映する場合に採用される解釈技法をいう。

《例1》　民法214条の「土地の所有者は，隣地から水が自然に流れて来るのを妨げてはならない」とあり，「水」の中には，「洪水」は含まれないと解釈する。

　(ii)　限定解釈：限定解釈とは法の制定趣旨や目的そのものを狭めて，別の目的や要因に適するように法文の字句を一定の意味内容に限定するための操作解釈技法をいう。

《例1》　民法177条の「不動産に関する物権の得喪及び変更は，不動産登記法その他の登記に関する法律の定めるところに従い，その登記をしなければ第三者に対抗することができない」とあるが，第三者は，「登記の欠缺を主張するについて正当な利益を有する第三者」に限ると限定解釈される。

《例2》　民法709条の「……によって生じた損害」には，民法416条の「……によって通常生ずべき損害」を類推適用し，「……によって通常生じた損害」に限定して解釈する。

　(iii)　拡張解釈　　拡張解釈とは，法文の字句・文言のもつ意味が狭すぎることによって，法の本来の趣旨目的が遂行し得なくなる場合に，文理解釈に

> **★コラム7-1　拡張解釈と類推解釈との違い**
> 　「拡張解釈」は，条文（規範文言）のもつ内容の拡張が，立法者意思（法文が直接示す内容）の延長線上に属すると，解釈者が判断して行う解釈技法である。
> 　「類推解釈」は，条文（規範文言）から解釈された内容が，立法者意思を超えて，社会的要請や法の目的論的要請から，法規範の欠缺を補充補完する内容を導き出すための機能を有する論理解釈技法をいう。刑事事件では，罪刑法定主義（憲法31条）の要請から類推解釈は禁止される。

よって字句・文言の意義を広げるための解釈技法をいう。

《例1》　刑法第175条は，「わいせつな文書……を公然と陳列した者は，2年以下の懲役……に処する。」とある。「陳列」の中には，映画の映写も含まれ，ネットによって画像・動画の配信を受けてパソコンによる映像化も陳列と解する。

《例2》　刑法129条は，「過失により……汽車……を転覆させ……た者は，30万円以下の罰金に処する」とあるが，汽車には「『ガソリンカー』ヲモ包含スル趣旨ナリト解スル」。「両者ハ……共ニ鉄道線路上ヲ運転シ多数ノ貨客ヲ運輸スル陸上交通機関ナル点ニ於テ全然其ノ揆ヲ一ニ」するからである[6]。

　(iv)　類推解釈　　類推解釈とは，ある事案について（直接に）適用すべき法規定がない場合に，類似の性質や関係をもった事案についての法規定を，当該事案に間接的に適用すべく範囲を広げるための解釈技法をいう（法規定上は「準用」という用語を用いて条文の類推適用が明らかにされる）。

　(v)　勿論解釈　　勿論解釈とは，法律の立法趣旨に照らして，法によって規定される内容が，論じるまでもなく他の事項にまで及び，あるいは縮減される解釈技法をいう。

《例1》　憲法14条は，「すべて国民は，法の下に平等であって，人種，身上，性別，社会的身分又は門地により，政治的，経済的，社会的関係において，差別されない。」とある。「身上，社会的身分」の中には，当然，年齢や職業なども含まれていると解釈する技法をいう。

《例2》　「車馬通行止め」の規定の表示の目的が，大きさや重量規制にある場合には，「馬」の概念には，象やキリンなども当然含まれると解する技法をいう。

★コラム 7-2　　法律用語の説明

① 「看做す（みなす）」

「看做す（みなす）」とは，ある事実に対して，ある特定の法律効果を付与するために，法律によって一定の評価を与え人為的に法律上の事実をつくりだすこと（法律上の擬制）をいう。したがって，反証によって擬制事実を覆すことはできない。

（例1）「胎児は，相続については，既に生まれたものとみなす。」（民法886条 1 項）

（例2）刑法245条は「この章（窃盗）の罪については，電気は，財物とみなす」としており，民法が「この法律において『物』とは有体物をいう」（民法85条）とする規定の例外を明らかにした。

② 「推定する」

「推定する」とは，社会状況と対照して，社会常識とか社会通念といった基準によって，妥当と思われる法的事実を仮につくりだし確定することをいう。推定の場合は，反証をあげることによって，推定事実を覆すことができる。

（例1）「占有者は，所有の意思をもって，善意で，平穏に，かつ，公然と占有をするものと推定する。」（民法186条）

（例2）「夫婦のいずれに属するか明らかでない財産は，その共有に属するものと推定する。」（民法762条 2 項）

③ 適用

「適用」とは，法令の規定をそのまま事実関係にあてはめ，その事実について法的判断を下すことをいう。

④ 準用

「準用」とは，①ある事項に適用する規定を，類似するが本質の異なる事項に，若干必要な修正を加えてあてはめることをいう。これは，重複による煩わしさを避けて簡潔化するために，立法技術上用いられる。つぎに，②ある事件に類似する事項について規定した他の条文を類推解釈して適用し，同様の法律効果を期待する場合に「準用」という法律用語を使用する。

（例1）刑法255条には，「第244条〔親族間の犯罪に関する特例〕の規定は，この章の罪について準用する。」とあるが，刑法では，罪刑法定主義の現実的具体化として類推解釈が禁止されている。刑法におけるこの「準用」の意味は，①である。

（例2）民法771条には，「第766条から第769条まで〔子の監護・復氏・財産分与・祭祀財産承継〕の規定は，裁判上の離婚について準用する。」とある。

　(vi)　反対解釈　　反対解釈とは，条文の文言に含まれない項目には，この規定の適用がないと解する技法をいう。

《例1》　民法 3 条は，「私権の享有は，出生に始まる」と規定する。この規定を，胎児が「損害賠償の請求権（民法721条）」や「相続（権）（民法886条）」を有するとする規定がある場合のほかには，胎児は私権を享有できないと解

する技法をいう。

《例2》　民法4条は「年齢20歳（2022年4月1日から「年齢18歳」）をもって，成年とする」と規定する。この規定を反対解釈すると，年齢20歳（年齢18歳）未満は，未成年であると理解できる。

　（e）　目的論的解釈　　目的論的解釈とは，解釈のもつ機能は，文理上の意味内容を明らかにするだけではなく，法の目的・趣旨に適合すべく法規の意味内容を合理的に解明し確定するものでもある。かような解釈姿勢を目的論的解釈という。これは，概念法学に対して新しい解釈態度が提唱されたときに生まれた言葉である。現在では，つぎの社会学的法解釈に発展している。

　（f）　社会学的法解釈　　社会学的法解釈とは，その法律に対する社会的要請や重要性を考慮し，与えられた法文の文理解釈上可能な複数の解釈を限定して明晰にする解釈をいう。文理上可能な複数の解釈が社会に及ぼすべき効果の予測と，目的論的な考量が指導原理となる。法と経済・独禁法と産業組織論など，他の科学分野による分析が法の構成や解釈に大きく貢献する場合が顕著になりつつある。

《例1》　民法770条1項5号の「婚姻を継続しがたい重大な事由があるとき」の解釈である。[7]

《例2》　独占禁止法の「競争」および「競争の実質的制限」の解釈である。[8]

2　社会学的法解釈——著作権技術の公正な利用について

　（1）　社会状況や社会問題　　プログラムは，2001年1月10日より「物の発明」として特許保護申請の対象となり，2003年4月1日には，「知的財産基本法」が施行された。この法は，日本の国際競争力の強化，経済の活性化をはかることを目的とする。同法の10条は，「知的財産の保護及び活用に関する施策を推進するにあたっては，その公正な利用及び公共の利益の確保に留意するとともに，公正かつ自由な競争の促進が図られるよう配慮するものとする。」と規定されている。

　従来から，特許法69条は，「特許権の効力は，特許の試験又は研究のためにする特許発明の実施には，及ばない」と規定し，誰でも試験・研究のため当該

発明を公正に利用することのできる環境を整備している。

　他方，著作権法には，特許法69条に相当する条文がなく，試験・研究のために既存著作物を使用すれば，著作権者を除き，著作権侵害に問われざるを得ない（著作権法113条）。

　この二つの法の関係は，コンピュータ・プログラム（著作物）の調査・研究・開発プロセスにおいて，ベニスの商人の「矛盾の論理」の発生を想起させる。つまり，プログラムに内在するアイディアは研究などのために自由に使用してもよいが，アイディアを含む表現を使用すれば，著作権侵害に問われるということを意味する。これでは，既存プログラムの試験・研究（開発）は，実際には不可能とならざるを得ないという点が社会問題として存在する。

　（**2**）　**目的論的解釈の焦点**　　ベニスの商人の矛盾を克服し，現行著作権法上でコンピュータ・プログラムの公正かつ自由な調査・研究・開発の技術（リバース・エンジニアリング）を法的なプロセスとして構成するため（目的）には，ディジタル社会に適合した知的財産（権）の概念（機能と性格）を構築し，現行著作権法の目的論的条文解釈によって，法律構成（法的根拠を抗弁あるいは権利のどちらにおくか）することが必要である。

　（**3**）　**独占と競争の交錯──コンピュータ・プログラムの技術独占と研究開発促進との矛盾**

　（**a**）　技術独占（独占禁止法 1 条・ 3 条・19条等）は，技術の調査・研究・開発競争の制限ないし減殺をもたらす。すなわちネットワーク効果やロックイン効果による技術革新競争の減殺あるいはボトルネック効果（上流域技術の独占）による下流域技術水準の停滞および革新の減殺が代表的なものである。

　（**b**）　技術独占は，技術を使用した製品市場の競争制限ないし減殺をもたらす。これによって，ネットワーク効果などあるいは抱き合せ販売・優越的地位の濫用等による競争制限ないし減殺が生じることで，一般消費者（公衆）の利益が減少しあるいは民主的経済体制の崩壊する危機が高くなる。

　（**c**）　技術の研究開発の促進──独禁法の適用

　（ i ）　技術研究開発段階および技術市場における公正かつ自由な競争を促進することが，一般消費者の利益および民主的経済を維持し，よって国際経済競争力を高める。

(ii) 古典的財産権論からディジタル社会に適応した財産権理論および法システムの構築—21世紀的知的財産権によって認められた科学技術の革新プロセス—は，公正かつ自由な調査・研究・開発を促進し，公衆の利益を増大する。

(d) 財産概念・著作権理論・法解釈　　21世紀にふさわしい財産権論とは，コンピュータ（ハード，ソフト）科学技術を例にとれば，この分野の調査・研究を行って新技術を開発する法的根拠（権利・抗弁）を検討することといえるであろう。

ディジタル社会に対応した財産（権）の性格・機能を明確にし，著作権法の目的規定の従来の法解釈による結果を検討し，公正使用（判断基準）〔著作権法1条〕とか，リバース・エンジニアリング（複製）権〔著作権法47条の3-5まで〕を，何を根拠にどの範囲内でどの程度にまで許容し得るかということといえよう。日本では，リバース・エンジニアリング（REという）に関する制定法による規定が不十分なので，法解釈理論は，財産（権）の社会的側面重視（vs 利益衡量学説 vs 古典的権利論の再生）による目的論的解釈をつぎの順で行って現実的な対処をすることになる。

(i) 狭義の法解釈　　社会の行為規範や外国の法規範を参考に規範命題を形成する。

(ii) 広義の法解釈（三段論法による判決の形成をいう）。

(iii) 判決の形成過程

①大前提は，上記の著作権法の条文（RE技術を適法に使用する根拠）から知的財産権の社会的な法秩序を形成する観点を重視し裁判規範を抽出する。

②小前提は，構成要件事実として，PCのソフトウェア開発でRE技術が採用されていると認定された事実である。

（4）　法社会学　　法社会学とは，観察され得る社会事実に基づいて，できるだけ一般的な仮説を立てて，組織的な社会秩序維持の法則を発見する手法をいう。

《例》　入会権について取り上げると，入会権の法的性質を，土地の共有である（民法263条の共有規定）と理解するものと，法的性質を収益権の総有的帰属（民法294条の地役権に関する規定）と理解するものがある。

1)　横田喜三郎『純粋法学論集Ⅱ』（有斐閣，1977年）1 -87頁。

2)　「不作為の放火」の解釈の焦点を説明してみよう。本来，放火犯の犯罪構成要件は，「放火して」という人の積極的な行為（作為）の形式で規定されている。本件のように「既発の火」を利用することによって建物を焼損した場合に，他の原因を利用するという消極的な行為（不作為）が，積極的な行為（作為）によって構成されている放火罪の犯罪構成要件の「放火し」という文言に該当するか。この点を明らかにすることが，この判例を学習する際の解釈ポイントである。

3)　大判大正 7 年12月18日刑録24輯1558頁〔藁の火種を利用した現住建造物等放火事件〕。

4)　消防法25条 1 項・ 2 項は，消防対象物の関係者や火災現場付近に在る者に「消火若しくは延焼の防止」を行い協力する義務を課している。

5)　大判昭和13年 3 月11日刑集17巻237頁〔蝋燭の既発の火力を利用した非現住建造物放火事件〕

6)　大判昭和15年 8 月22日刑集19巻540頁〔ガソリンカーは汽車か事件〕。

7)　最大判昭和62年 9 月 2 日民集41巻 6 号1423頁〔有責配偶者からの離婚請求〕⇒最高裁判所の大法廷で判決された事件である。

8)　東京高判昭和26年 9 月19日高裁民集 4 巻14号487頁〔東宝・スバル事件〕，東京高判昭和28年12月 9 日高裁民集 6 巻13号868頁〔東宝・新東宝事件〕。

第**8**章　司法制度

　本書の補論第**20**章〔法律文化社ホームページ参照〕の「判決を読む」では，「有責配偶者からの離婚請求」の判決が掲載されている。裁判所に法的判断を求める当事者は，事件別にかつその内容別に，法律によって定められた裁判所に訴訟（民事訴訟[1]，刑事訴訟[2]，行政訴訟[3]）[4]を提起しなければならない。

　ここでは司法制度およびその機関について解説することにしよう。

1　総　　説

　（**1**）　**裁判を受ける権利**　　日本国憲法32条[5]は，「何人も，裁判所において裁判を受ける権利を奪われない」と規定する。この規定は，裁判を求める者は誰でも，法の理念としての正義の下に，裁判を受ける権利が保障されると解するだけでなく，「公正な裁判のための，裁判所の構成や訴訟手続に対する一定の要求を含むものとしてとらえなければならない」[6]のである。つまり，裁判を受ける権利とは，憲法76条1項の「最高裁判所及び法律の定めるところにより設置する下級裁判所」において，司法権の独立の下で，職務の独立性を保障された裁判官（憲法76条3項）によって裁判を受けるという手続的保障を内実として含むものと解されるべきである[7]。

　（**2**）　**三審制**　　ところで，日本の裁判の流れは，次頁**図表8-1**のような抽象的な関係図として表すことが可能である。

　この関係図にそって，まず裁判所の三審制について解説し，つぎに各裁判所の構成等について説明することにしよう。

　（**a**）　**三審制の意義**　　民事紛争の当事者あるいは刑事事件の被告人（憲法37条）は誰でも，日本では，一審，二審（控訴審），三審（上告審）という三つの審級の裁判所において，公正な裁判を受ける権利が憲法によって保障されている（同法76条1項）。三審級の裁判所において，法的判断を受ける機会を保障

```
┌─────────────────────────────────────────────────────────────┐
│                図表 8-1    裁判の流れ                          │
│  【三審制関係】 一審  →  二審（控訴）  →  三審（上告）          │
│  この抽象的な関係を現行の裁判所制度としてつぎに具体化しよう。        │
│         ③地方裁判所＜高等裁判所＜最高裁判所                     │
│         ④家庭裁判所＜高等裁判所＜最高裁判所                     │
│         ⑤簡易裁判所＜地方裁判所＜高等裁判所⇒（最高裁判所）        │
│  簡易裁判所，地方裁判所・家庭裁判所，高等裁判所そして最高裁判所のこ   │
│  れらの裁判所（および判決）の間には，下位と上位の関係が存在する。     │
│         下位………………………………………上位                 │
└─────────────────────────────────────────────────────────────┘
```

する裁判制度は，三審制といい，この制度によって保障され得る権利や利益
は，審級の利益という。

　（b）　上　訴　　まず，一審の裁判所に訴え（民事訴訟法133条）あるいは公
訴（刑事訴訟法256条）を提起し，一審裁判所の判決に不服のある場合には，二
審の裁判所に不服を申し立てることができる。これを控訴（民事訴訟法281条，
刑事訴訟法372条）[8]　という。二審の裁判所の判決にも不服のある場合は，さらに
三審の裁判所に不服を申し立てることができる。これを上告（民事訴訟法311
条，刑事訴訟法405条）という。控訴と上告を併せて上訴と総称する（民事訴訟法
第3編，刑事訴訟法第3編）。

　（c）　上級審と下級審　　裁判所は，すべて独立して裁判権を行使する（憲
法76条）。したがって，たとえ，審級関係においては下位に位置する裁判所で
あっても，裁判について上位の裁判所の指揮監督を受けることはない。また，
上訴があれば，上位にある裁判所（上級審）は，再度独自に判決をするか，あ
るいは下級審の判決の当否を審査する。当該事件についての上級審（上告審・
控訴審）の判断は，下級審の判断に優先する（図で示した不等号は，最高裁判所の
判断は高等裁判所の判断に優先し，高等裁判所の判断は家庭裁判所および地方裁判所の
判断に優先し，地方裁判所の判断は，簡易裁判所の判断に優先することを表す）。一
方，審理不尽[9][10]を理由に，上級審が事件を下級審に差し戻すと，下級審の判断
は，上級審の判断に従うよう拘束される（裁判所法4条，民事訴訟法22条1項・
325条3項）。これを羈束力[11]という。

　（d）　判　決　　訴訟における判決の作成過程は，民事・刑事・行政のいず

れであっても，条文を解釈することで大前提としての裁判規範が準備され，それを事実認定によって得られた小前提に適用し，論理的な結論としての判決を得る過程と説明される。しかし，民事・行政事件の上訴と刑事事件の上訴との間には，裁判所の審級によって判決作成過程に違いがある。

　（ⅰ）民事・行政事件　　民事・行政事件においては上訴審であっても，「事実審[12]」である控訴審（民事訴訟法281条）と「法律審[13]」である上告審（民事訴訟法312条）とでは，上訴の許される理由に違いがあり，上告審の上訴理由は，法令違反（法の解釈・適用の誤り）等を理由とすることを要する（民事訴訟法312条）。

　（ⅱ）刑事事件　　刑事事件においては，事実関係は一審においてほぼ確定するので，控訴審は，法律審の性格（一部事実審の性格を有する）を主に有することになる。そこで事実関係についての認定に不服あることを理由に控訴するには，「事実の誤認があってその誤認が判決に影響を及ぼすことが明らかである」場合に限られる（刑事訴訟法382・393条）。しかし，刑事事件においては，「判決に影響を及ぼすべき重大な事実の誤認がある」場合（刑事訴訟法411条3号）には，上告審で，事実関係に関する問題をとりあげ得るとされている。上告審の裁判構成および進行については，最高裁判所や高等裁判所の説明箇所で追加説明する。

2　裁判所の構成

　憲法76条1項の「すべて司法権は，最高裁判所及び法律の定めるところにより設置する下級裁判所に属する」という規定は，最終審の最上級の裁判所として，最高裁判所を設けること，その下級審としてどのような裁判所を設けるかについては法律にゆだねることを宣言したと解される。この規定を受けて，裁判所法は，下級裁判所として高等裁判所，地方裁判所，家庭裁判所，および簡易裁判所の4種類の裁判所を設けて（裁判所法2条），裁判所の種類毎に扱う事件の内容を定めている（裁判所法16条・17条・24条・25条・31条の3・31条の5・33条・34条）。裁判所の具体的な所在地および管轄区域については，六法に掲載されている「全国裁判所管轄区域表」を各自で参照してもらいたい。

1　最高裁判所

（**1**）　**最高裁判所の裁判権とその構成**　　最高裁判所は，憲法によって直接設置された唯一の最上級の裁判所（憲法76条）であり，「一切の法律，命令，規則又は処分が憲法に適合するかしないかを決定する権限〔違憲立法審査権〕を有する終身裁判所である」とともに，上告及び「訴訟法においてとくに定める抗告」について司法裁判権をもつ（裁判所法7条）[14]。さらに，民事事件において，当事者は「高等裁判所が上告審としてした終局判決に対しては，その判決に憲法の解釈に誤りがあることその他憲法の違反があることを理由とするときに限り，最高裁判所に更に上告をすることができる（特別上告）」（民事訴訟法327条）とされる。

　最高裁判所は，最高裁判所長官および14人の最高裁判所判事によって構成されている（憲法79条1項，裁判所法5条1項・3項）。最高裁判所長官は，内閣の指名に基づいて天皇によって任命される（憲法6条2項，裁判所法39条1項）。最高裁判所の判事は，内閣によって任命され，天皇の認証を受ける（憲法79条1項，裁判所法39条2項・3項）。そして長官および判事は，「国民審査に関する法律の定めるところにより国民の審査に付される。」（憲法79条2項・4項，裁判所法39条4項）。

（**2**）　**最高裁判所が担当する訴訟の種類**　　上告の理由は，民事・行政事件においては，憲法違反または判決に影響を及ぼすことが明らかな法令違反に限られ（民事訴訟法312条），刑事事件においては，憲法違反または判例違反（刑事訴訟法405条）および重大な事実誤認（刑事訴訟法411条3号）に限られる。訴訟法において，「特に定める抗告」とは，民事事件において憲法違反等を理由とする抗告[15]（民事訴訟法336条の特別抗告，337条の許可抗告）や，刑事・少年・法廷秩序維持事件等において，憲法違反または判例違反を理由とする抗告である（刑事訴訟法433条，少年法35条，法廷等の秩序維持に関する法律6条）。

（**3**）　**最高裁判所の構成と裁判進行過程**　　最高裁判所は東京都に所在する（裁判所法6条）。最高裁判所における上告事件の裁判は，裁判所の規定にしたがって（裁判所法10条），全裁判官で構成する大法廷と，5人ずつの裁判官で構成する3つの小法廷（裁判所法9条）のいずれかにおいて行われる。通常の上告事件は，小法廷で審理することになるが，審理を開始した後に，「法律，

命令，規則又は処分が憲法に適合するかしないか」（憲法81条の違憲立法審査権に係わる法律問題）などを判断する必要があるときには，大法廷で審理および判決をすることになる（同法10条）。

　　最高裁判所および上告審は，「原審」[16]（高等裁判所あるいは地方裁判所）が認定し確定した事実に基づいて法律問題（憲法違反や法の解釈・適用に誤りなど）を判断する法律審である。したがって，審理は，通常は書面審理によって行われる。最高裁判所および上告裁判所は，民事事件では「上告を理由がないと認めるとき」，刑事事件では「上告の申立の理由がないことが明らかであると認めるとき」は，「口頭弁論を経ないで，判決で，上告を棄却することができる。」[17]（民事訴訟法319条，刑事訴訟法408条）。当事者が上告した不服のある点について，当事者の意見を直接きいた方がよい場合には，最高裁判所あるいは上告裁判所は，口頭弁論を開き，当事者に意見を述べる機会を設けた後に，判決を言い渡す。

　　（4）　憲法による最高裁判所の権限　　日本国憲法は，立法府および行政府から，司法裁判権の完全な独立を確保維持するために（憲法76条），最高裁判所に「訴訟に関する手続，弁護士，裁判所の内部規律及び司法事務処理に関する事項について，規則を制定する権限を」与え（憲法77条1項），内閣によって下級裁判所の裁判官に任命される者を指名（憲法80条1項）し，裁判所に関する予算編成を独立に計上し（裁判所法83条），これらを実施する権限を与えている[18]。

2　高等裁判所

　　（1）　高等裁判所の裁判権と進行過程　　高等裁判所は，地方裁判所もしくは家庭裁判所の判決または簡易裁判所の刑事に関する判決に対する控訴，民事事件について地方裁判所が控訴審として判断した判決に対する上告，簡易裁判所の民事判決に対する飛躍上告，地方裁判所および家庭裁判所の決定および命令に対する抗告について，裁判権を有する（裁判所法16条）。さらに，高等裁判所は，刑法77条ないし79条の内乱罪などに関する刑事事件（裁判所法16条4号），選挙に関する行政訴訟（公職選挙法203・204条ほか）について裁判権を有し，準司法的機関である特許庁などの審決[19]に対する一審（実質は控訴審に相当）

の裁判権を有する（特許法178条ほか）。

　第一審・控訴審として裁判を担当する高等裁判所は，事実審の側面と法律審としての側面という二つの性格を有する審理を行う。

　上告審として裁判を担当する高等裁判所は，法律審として審理を行う。この場合に，「憲法その他の法令の解釈について，その高等裁判所の意見が最高裁判所の判例（これがない場合にあっては，大審院又は上告裁判所若しくは控訴裁判所である高等裁判所の判例）と相反するとき」（民事訴訟規則203条），……「上告裁判所である高等裁判所は，決定で事件を最高裁判所に移送しなければならない」（民事訴訟法324条）。

　（2）　高等裁判所の所在および構成　　高等裁判所は，日本の8都市（東京，大阪，名古屋，広島，福岡，仙台，札幌，高松）に置かれ，さらにその支部が6都市に設けられている。

　高等裁判所は，高等裁判所長官および判事によって構成される（裁判所法15条）。高等裁判所長官は，内閣が任命し，天皇の認証を受ける（裁判所法40条）。高等裁判所における裁判は，3人の裁判官から構成される合議体によって審理される（裁判所法18条1項）。ただし，内乱罪（裁判所法18条2項）については，5人の裁判官で構成される合議体によって審理される。

3　地方裁判所

　（1）　地方裁判所の裁判権と進行過程　　地方裁判所は，専属管轄権を有する他の裁判所[20]や他の機関が審理をする場合を除き[21]，第一審事件のすべてを裁判できるものとされている（裁判所法24条）。さらに，簡易裁判所の民事判決に対する控訴審を行う裁判権を有する（民事訴訟法281条1項）。この場合の上告審は，高等裁判所ということになる（民事訴訟法311条2項）。

　第一審・控訴審として裁判を担当する地方裁判所は，事実審の側面と法律審としての側面という二つの性格を有する審理を行う。

　（2）　地方裁判所の所在および構成　　地方裁判所は，全国の50箇所に所在する。管轄区域は，北海道に四つあり，その他は各都道府県と同一である。各地の203箇所には，地方裁判所の支部が配置されている。

　地方裁判所の事件は，1人の裁判官または3人の裁判官によって構成される

合議体（1人を裁判長とする）のどちらかで取り扱われる（裁判所法26条1項・3項）。ほとんどの事件は，1人の単独裁判官によって審理・裁判が行われるが，つぎの場合には，合議体によって審理・裁判が行われる（裁判所法26条2項）。

(i) 合議体で審理および裁判をする旨の決定を合議体でした事件。

(ii) 死刑または無期もしくは短期1年以上の懲役もしくは禁固にあたる罪の事件（強盗罪，準強盗罪，これらの未遂罪，盗犯防止法に規定される常習強盗罪の事件などは除くとする）。

(iii) 簡易裁判所の判決に対する控訴事件，同じく決定・命令に対する抗告事件。

(iv) その他の法律によって合議体事件と定められた事件。たとえば，独占禁止法に関する公正取引委員会の排除措置・課徴金納付命令，独禁法の私的独占・不当な取引制限・競争制限の罪および独禁法25条の損害賠償について（独占禁止法85・86・87条）の訴訟である。

4 家庭裁判所

（1） **家庭裁判所の裁判権**　家庭裁判所は，人事訴訟法および家事事件手続法で定める家庭に関する事件の審判および調停，少年法で定める少年の保護事件や罪を犯した未成年者に対する審判事件（少年法3条・21条）について，裁判権を有する。

（2） **家庭裁判所の構成**　家庭裁判所は，家庭の平和と健全な親族共同生活の維持（旧家事審判法1条）および少年の健全な育成（少年法1条）を図る理念の下に，1949年に設置された裁判所である。家庭裁判所およびその支部の所在地は，地方裁判所およびその支部と同一の所在地にあり，簡易裁判所のうち必要性の高い所在地には家庭裁判所の出張所を併設している。

家庭裁判所の職務および審理過程進行の特殊な性格は，民法の親族・相続（家族）編において確認することになる。

5 簡易裁判所

（1） **簡易裁判所の裁判権と進行過程**　簡易裁判所は，民事事件については，訴訟の目的の価額（訴訟物価額）が140万円を超えない請求，刑事事件に

図表 8-2　民事・刑事・行政事件手続きの流れ

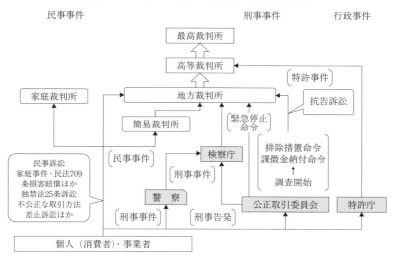

ついては, 罰金以下の刑にあたる罪および窃盗・横領などの罪に関する訴訟事件の一審の裁判権を有する (裁判所法33条)。ただし, 管轄の刑事事件については, 犯罪によって罰金以下の刑あるいは 3 年以下の懲役刑を科することが許されているにすぎず (裁判所法33条 1 項・2 項), この制限を超える刑を科することを相当と認めるときは, 事件を地方裁判所に移送しなければならない (裁判所法33条 3 項)。

　簡易裁判所に対して, 訴訟の提起や調停の申立ては, 口頭にて行うことができ (民事訴訟法271条), 簡易裁判所においては, 簡易迅速に事件を処理する特別な手続が用意され利用されている。まず, 訴訟価額60万円以下の金銭支払い請求を目的とする少額訴訟手続 (民事訴訟法368条) をあげることができる。

　民事事件手続では, 「支払督促」手続がある。これは, 裁判所が当事者 (債権者) の金銭支払い申請によって, 金銭の支払督促命令を発する簡易手続である (民事訴訟法382条)。債務者が民事事件の支払命令に対して異議を申し立てると, 以後の手続は, 通常訴訟手続によって進行する (民事訴訟法395条)。

　刑事事件手続では, 「略式命令」手続がある。被告人に異議がないときに限って, 裁判所は, 検察官の請求により, 簡易裁判所の管轄に属する事件につ

いての証拠書類だけを調べて，100万円以下の罰金または科料を科する手続である（刑事訴訟法461・461条の2・462条）。

　以上の支払い督促あるいは略式命令手続きは，債務者（民事事件）および被告人（刑事事件）が，これらの手続によっても，通常訴訟手続に移行することが認められているので，裁判を受ける権利を奪うものではないと解される。

　（2）　簡易裁判所の所在・構成および地域特性の手続　　簡易裁判所は，全国438箇所に所在する。簡易裁判所において，すべての事件の審理・裁判は，1人の裁判所の判事によって行われる。

　口頭による申立てや簡易性および地域性を重視した簡易裁判所の特徴的な手続の一つとして，民事調停があり，身近な民事紛争を簡易な手続により話し合いで解決するための制度である。民事調停では，裁判官1人，2人以上の調停委員によって構成される調停委員会（民事調停法6条）が，当事者双方の言い分を十分聴いて，解決するための合意を目指す。調停で合意が成立し，その内容を調書に記載すると，その調書の記載は，裁判所の確定判決と同一の効力（既判力[26]）をもつことになる（民事調停法16条）。

1)　私人間の紛争の解決を裁判所に求める手続をいう。
2)　罪を犯したと思われる者（被告人）を取り調べて，罪状の認否を明らかにし，無罪あるいは有罪（刑罰）判決を求める手続をいう。
3)　行政官庁の処分によって権利や利益を侵害された当事者が救済を求める手続をいう。
4)　民事事件や行政事件について，当事者が裁判所に法的判断を求めることを「訴訟の提起」という。刑事事件で，検察官が裁判所に法的判断を求めることは，「公訴の提起」といって民事・行政事件とは区別している。
5)　以下では，日本国憲法を単に憲法と記載する。
6)　浦部法穂『全訂・憲法学教室』（日本評論社，2000年）306頁。
7)　裁判を受ける権利の内容については，専門科目の憲法で詳しく学ぶ。
8)　以下では，民事訴訟法を民訴法と，刑事訴訟法を刑訴法と記載する。
9)　「審理」とは，裁判所が訴に対して判決するために，訴訟要件の存否と請求の当否についての判断に必要ないろいろな資料を予め収集する段階をいう。一般的に，この審理は，訴訟当事者が事件に関する事実を主張し，証拠を提出する「弁論」と，裁判所が，当事者の提出した証拠を取り調べ，それを通じて当事者も主張した事実の真偽を判定する「証拠調べ」で構成される。
10)　「審理不尽」とは，法令適用の前提となる事実関係の解明が不十分であることをいい，法令解釈の誤りや，理由不備または理由齟齬の原因となり得る（最判昭和35年6月9日，民集14巻7号1304頁）。

11) 裁判所法4条は「上級審の裁判所の裁判における判断は，その事件について下級審の裁判所を拘束する」と規定する。

12) 「事実審」とは，事実認定および法の解釈・適用とをあわせて審理する方式をいう。

13) 「法律審」とは，事実審で認定しかつ確定した事実関係について法の解釈・適用だけを審理する方式である。

14) このほか，最高裁判所は，人事官の弾劾に関する裁判（国家公務員法9条）の第一審かつ終審としての裁判権をもっている。

15) 「抗告」とは，決定および命令に対する独立の上訴をいう。

16) 「原審」とは，審理を経て事実を認定しかつ確定した二審の事実審を担当した裁判所をいう。

17) 「口頭弁論」とは，訴訟当事者が裁判において，口頭で事件に関する事実を主張し証拠を提出する方式をいう。

18) これらの権限を「司法行政権」と総称する（裁判所法12条ほか）。

19) 行政官庁のうち，公正取引委員会や特許庁などの準司法機関が行った法的判断を「審決」という。

20) 他の裁判所とは，簡易裁判所や家庭裁判所である。

21) 他の機関とは，公正取引委員会や特許庁などの準司法的機関をいう。

22) 独占禁止法は，「私的独占の禁止及び公正取引の確保に関する法律」の通称であり，「独禁法」と略称され使用されることがある。

23) 家庭裁判所が調停を行うことができる事件（家族の人事や家庭に関する事件）について，訴を提起しようとする者は，家庭裁判所に調停の申立てをしなければならない。これを「調停前置主義」という（家事事件手続法244条・257条）。

24) 家事審判法は，2012年（平成24年）12月31日限りで廃止された。家事審判および家事調停事件に関する手続は，2013年（平成25年）1月1日施行の家事事件手続法（平成23年5月25日法律52号）により進行される。

25) 特定の人（権利者）が他の特定の人（義務者）に特定の行為（給付行為）を請求し得る権利を「債権」といい，その特定の行為をなすべき義務を「債務」という。債権を有する者を「債権者」といい，債務を負担するものを「債務者」という。

26) 「既判力」とは，紛争の蒸し返しを許さない確定した判決の通有姓をいう。

実定法の基礎

第9章　憲法の基礎

1　日本国憲法の三大原理

　（1）　総　説　　日本国憲法を支える三大原理は，基本的人権の尊重，主権在民（国民主権）そして平和主義である。三大原理の誕生およびヒューマニズムとの関係については，第3章の自然法と実定法においてすでに述べた（第3章を参照）。ここでは，これらの三大原理の基礎やそれらをめぐる事件・事実について述べた後，社会福祉国家を構築するためには憲法思想として何が重要で必要かを検討しておきたい。

　（2）　主権在民と法の支配　　17世紀末から18世紀末までヨーロッパは，人々が判断能力を身につける知の啓蒙期であった。ロックは，自然状態において，人々（市民）が生命・自由・財産の所有権をもつと同時にそれらを侵害してはならないとし，不正と抑圧に対する抵抗権および処罰権を有する社会的存在であるということを確認した。かような機能を有する自然法の下で，人々（市民）は，処罰権を公権力（国家）に委ね，国家との間で，人民主権および所有権を保障する契約を結んだ。この社会契約論は，個人を出発点とする人々と国家との間で結ばれる契約を意味し，主権在民を基盤とする議会制や立法権の最高性の根拠となった。したがって，国家が人々の権利を侵害する場合には，人々には，国家による権利の行使を否定しかつそれに対して抵抗する権利と革命権が確保される。ロックの影響を受けたモンテスキューは，主権在民による国家体制を維持し，絶対君主制に進む危険に対抗する制度として二院制議会制度や三権分立を主張し，さらに法理論として憲法はじめ法令によって政治・行政による国家権力を制限し，人権（人々の生命・自由・安全および幸福追求権）を保障する「法の支配」を展開した（第3章3と法律文化社 WEB 補論第17章「法理論の発展」を参照）。それは，フランス人権宣言16条の「権利の保障が確保されず，権力の分立が規定されないすべての社会は，憲法をもつものではない」

（「立憲主義」という）に現れている。裁判官が「法律のことばを語る口であり，法律の効力をも厳格さをも弱めないところの意思なき生物」であるべきとするモンテスキューの考え方は，感情や恣意的な規準によって判断されることのない司法権（違憲立法審査権）の法的根拠および適用指針を提供するものと解される。

2　基本的人権総論——憲法13条および14条の位置づけ

　現在の大学教育においては，どこの大学においても「憲法」科目が必修あるいは選択科目として設定されており，憲法で規定される内容について学習する機会が確保されているので，ここでは，人権論の総論（個人の尊重と幸福追求の権利）に絞って解説することとしたい。

　（1）　個人の尊重と幸福追求の権利　　第3章「自然法と実定法」の**3**では，私は，人類最大の英知（思想）としての自由と平等が，天賦の人権として人々の間で広く深く権利として認識され（自然法の功績），これを明白確実なもの（基本的人権）とされるために，人々は，実定法の「憲法をつくろう」「憲法をつくれ」という活動を展開したと述べた。他方，自然法は，どのような内容を自然法に位置づけるかによって異なる場合もあり得るから，決して万能ではなく，もし，恣意的な自然法が出現するならば，現在通用している実定法（による人権保障）が，ある日から突然に機能を果たし得ない（無効となる）場合も想定されるという問題も同時に提起した。

　そこで，現在では，「人権」とは，自然法や憲法を根拠とするまでもなく，「人が人であることに基づいて当然に有するとされる権利」であり，その根拠は，「人間の尊厳に由来し，人間であることに固有のもの」と考えられるようになった。[1]ルネッサンス期の人々は，「我疑う，我考えるゆえに我在り」という思考過程を経て「我」[2]（理性的人間観＝ヒューマニズム）を自覚することで，「政治価値の根拠を『神』から……抽象的な人間一般ではなく個々の具体的『人間』……に移し……人間性とか人間の尊厳に社会における最高価値を示す[3]」ようになったところに，この帰結の萌芽を見出すことができよう。ここでいうヒューマニズムとは，具体的存在としての理性的人間観（人格）をもつ自律的

な個人を対象とした個人主義を指す。ゆえに，人権[4]とは，このような意味での自律的人間が「個人として尊重され」，自由（憲法13条）かつ平等（憲法14条）に存在することへの要請—個人の尊重—にほかならないと解される[5]。

（**2**）　**憲法13条を根拠とする具体的人権の内容**　　憲法13条の幸福追求権とは，「『個人の尊重』原理との結びつきで生ずる，人格的生存に不可欠の権利・自由を包摂する包括的な権利」をいうと解される[6]。人権が個人尊重の原理を根拠とし，人間性に基づいて認められるものと解すれば，保障される人権は，憲法15条以下で列挙される内容に限られるわけではないということになる。

憲法13条の規定は，包括的な人権保障規定としての性格を有するが，15条以下で個々の人権規定ではカバーできないものについて働くという意味では，実際の法的機能は補充的なものと解されることになろう。したがって，憲法13条の「幸福追求権」の内容は，15条以下の個別の人権規定でカバーされない「新しい人権」について検討されることになる[7]。

憲法13条を根拠として主張される「新しい人権」としては，プライバシー権（肖像権，名誉権など），自己決定権，ハラスメント拒否権そして日照権はじめ環境権などを挙げることができよう。ここでは，プライバシー権と自己決定権の内容について解説する。

（**a**）　**プライバシー権**　　プライバシー権とは，従来は，他人によって私生活を公開されない権利とか干渉されない権利といわれ，他人に対する不作為を求める消極的な権利とされていた。しかし，パソコンやインターネットの普及によって，個人情報は，当該個人の知らないところで，地球規模で配信されると同時に容易に収集され利用されるようにもなり，個人情報の管理だけでなく個人の尊重さらに生命そのものの危機が増加してきている。そこで，個人の尊厳の観点から，プライバシー権は，個人が自らの情報の配信・収集・利用をコントロールする権利として理解されるようになってきている。

（**b**）　**自己決定権**　　「国民が個人として尊重される」ための本質的な要素は，自らの行動を自律的人格に基づいて「自己決定」することと，自己決定によって生じた範囲の結果について負担する「自己責任」をもつということにある。したがって，自己決定権は，人格的生存に不可欠な内容を包摂するもので

CASE 9-1　肖像権——京都府学連事件——[8)]

【事件の概要】　昭和37年当時，大学生だった被告人は，大学管理制度改悪反対のデモ行進に参加し，学生先頭集団の列外に立って行進していた。デモ行進許可条件（行進隊列は4列縦隊とする）を詳しく知らなかった被告人の誘導で，デモ隊は，機動隊ともみ合いながら交差点を右折進入する際に7名から8名の縦隊で道路のほぼ中央部を行進していた。警察官は，この状況を，道路交通法77条に基づいて付した京都府公安条例による「車道の東側端を進行する」という条件に外形的に違反するものと判断し，行進状況を写真撮影した。学生は，警察官による写真撮影に対し「どこのカメラマンか」と抗議したが，警察官が無視して写真撮影を続行したため，旗竿で警察官をついて全治1週間の傷を負わせた。裁判において，学生たちは，警察官による写真撮影は，肖像権の侵害として争った。

【判　示】　最高裁判所は，「憲法13条は，国民の私生活上の自由が，警察権等の国家権力の行使に対しても保護されるべきことを想定しているものということができる。何人も，その承諾なしに，みだりにその容貌・姿態を撮影されない自由を有するものであ〔り〕，正当な理由もないのに，個人の容貌等を撮影することは，憲法13条の趣旨に反し，許されないといわなければならない」とした。しかし，「警察官が犯罪捜査の必要上写真を撮影する際，現に犯罪が行われもしくは行われた後間がないと認められる場合であって，しかも証拠保全の必要性および緊急性があり，かつその撮影が一般的に許容される限度を超えない相当な方法をもって行われるとき」は「被写体の近くにいたためこれを除外できない状況にある第三者である個人の容貌等を含むことになっても，憲法13条に違反しないものと解すべきである」と裁判所は判示した。

CASE 9-2　医療を選択する権利——自己決定権と信仰による輸血拒否事件——[9)]

【事件の概要】　Xは，キリスト教の一宗派であるエホバの証人の信者である。エホバの証人は，聖書を解釈したところ，輸血を神によって禁じられた行為であると理解している。この戒律を守っているXは，肝臓癌に罹患し立川病院に入院したが，その後東京大学医科学研究所付属病院に転院した。Xは，輸血以外に救命手段がない事態になっても輸血しない絶対的無輸血での手術を求め，それから生じるいかなる結果についても責任を問わない旨の免責証書を提出した。医科研は，「エホバの証人の患者が，輸血および血漿製剤の使用を拒否しているということを尊重しできるだけ対応することとしていたが，輸血以外に生命の維持が困難な事態に至ったときは，患者およびその家族の諾否に拘わらず，輸血すること」を決定していた。この決定に従って，医科研の医師Yらは，輸血の措置を言外に示すことはしても，Xが手術拒否をすることを考えて，Xに対してはあえて明言することはなかった。平成4年9月17日，手術が実施されたが，Xがショック状態に陥り輸血しない限りXを救えないと判断し，Xやその家族の同意を得ることなく輸血を実施した。Xは，同意なく輸血がなされ，輸血を拒否して手術を受けないという決定をする機会を失い自己決定権および信仰上の良心を侵害されたとして，精神的苦痛に対する損害賠償を医師のYらに請求した。

【判　示】東京高裁は，「本件のような手術を行うについては，患者の同意が必要であ

り，医師がその同意を得るについては，患者が判断する上で必要な情報を開示して説明すべきである（インフォームド・コンセントという）」。「この同意は，各個人が有する自己の人生のあり方（ライフスタイル）を自らが決定することができるという自己決定権に由来するものである」。説明をすれば「Ｘが手術を拒否すると考えてあえて説明しなかったというＹらの主張は……自己決定権を否定」するものであり是認できないとして，説明義務違反に基づく方法行為を理由に精神的損害についての賠償を認めた。

　最高裁は，「患者が輸血を伴う医療行為を拒否することの明確な意思を有している場合，このような意思決定をする権利は，人格権の一内容として尊重されなければならない」として控訴審判決を支持しＹらの上告を棄却した。

CASE 9‐3　ライフスタイル決定権──修徳高校パーマ禁止校則事件──[10)]

【事件の概要】私立高校の女生徒Ａは，校則で禁止されていた髪にパーマをかけたなどのために，高校から自主退学するよう勧告を受けた。Ａは，いったん退学届けを出したが，その後に取り下げて，卒業の認定などを求めて訴訟を提起した。

【判　示】東京地裁は，「一般的には，髪形を自由に決定し得る権利は，憲法13条により，個人が一定の重要な私的事柄について，公権力から干渉されることなく，自ら決定することができる権利の一内容として保障されている」と判示したが，地裁も高裁も最高裁も，「パーマ禁止の校則は，高校生にふさわしい髪形を維持し非行を防止するためということだから，不合理ではない」として，Ａの請求を認めなかった。

【考　察】校則でパーマを禁止している高校で，天然ウェーブの髪質をもっている女子学生に対し，高校が，髪をストレートにするために，ストレートパーマをかけるよう指示した場合には，この指示に矛盾はないか。

なくてはならないこととなろう。具体的には，家族構成を選ぶ（子供を産むか産まないかを決定する）権利，医療を選択する権利，髪形などライフスタイルを決定する権利，尊厳死する権利そして嫌煙権などがある。

　（3）　憲法14条の「法の下の平等」の内容　　「法の下の平等」は，フランス革命の人権宣言において，封建的身分制度に対する闘いとして主張された近代法の大原則であり，どこの誰から生まれたか（いわゆる「うまれ」）によって社会的に差別することを否定する趣旨を有する。それでは，日本国憲法14条において宣言される「法の下の平等」「差別されない」とは何を意味するのだろうか。

　（a）　憲法14条の「法の下の平等」とは，「人間性」を尊重する個人主義的・民主主義的理念に照らし不合理と考えられる理由によって，不平等な扱いを内容とする法規範の制定を禁止し，法を不平等に適用することを禁止する趣

旨をいう。

（**b**）　不合理な理由には，個人主義的観点からおよび民主主義的観点からの差別理由がある。

（ⅰ）　個人主義的観点からの不合理な差別理由とは，先天的差別理由と呼ばれるものであり，封建的身分制とか世襲制を基底にもつ家柄，出生によって決定され不利益扱いされる社会的地位，特権的な身分をさす門地，性別（男女の別），人種（人間の人類学的な種類）などがある。

（ⅱ）　民主主義的観点からの不合理な差別理由とは，個人が有する人生，政治的な世界そして宗教に対する根本的なものの考え方とか信念（人生観・世界観・宗教観）を理由とする差別をいう。

（**c**）　「政治的，経済的又は社会的関係において差別されない」とは，国民の政治生活における〔たとえば選挙権や被選挙権についての，公職に就任する場合の〕差別，経済生活における〔財産権，社会権，労働関係に関する〕差別そして社会生活〔学校の入学制限など〕における差別を，個人主義的および民主主義的理念に照らして不合理な理由による差別として禁じる趣旨であり，差別する行為（法律や処分）を違法として無効とする意味である。平等原理は，両性の本質的平等を規定する憲法24条，国民に「ひとしく教育を受ける権利」を保障する憲法26条そして選挙権・被選挙権の資格について平等を規定した憲法44条においても規定され，徹底が図られている。

（**d**）　形式的な平等と実質的平等　　人は，姿も心の有りようも，生まれ育った環境も，また労働環境も，すべて異なっている。このことを前提に，社会的存在としての個人は，国家によって優劣をつけられ有利にあるいは不利に扱われてはならず，一人ひとりがもっている特性や価値観を平等に評価し尊重されなければならない。つまり，特性や価値観が同じだから平等なのではなく，異なるからこそ法的な取り扱いにおいて平等であることが求められるのである。

ところが，これを形式的に一律に貫くと，むしろ実質的には不平等になることがある。たとえば，所得の高低格差が生じている場合に，一律の所得税率を課すことになれば，所得の高い層にとっては可処分所得による生活水準の維持にそれほど影響がないが，低い層にとっては可処分所得が減ることで生活水準

をより下げざるを得ない。この場合には，所得に応じた税率に差を設けることが，むしろ実質的な平等を実現するために要請される。

　このように憲法によって求められる平等とは，法的な取り扱いにおいて平等である形式的な平等原則を基本とし，個別の場合に，合理的な理由がある場合に限って法的な取り扱いに差を設けることで実質的な平等を実現すべきということになる。

CASE 9 - 4　社会的身分による──非嫡出子財産相続分──差別違憲訴訟事件[11]

【事件の概要】Aは，平成13年7月に死亡し，相続が開始した。相続人としては，妻のB，AB夫妻の間で誕生した子のX1とX2，既に平成12年1月に死亡した子のCの代襲相続人X3とX4（ともにCの子），AとDの間で生まれたY1とY2がいる。X1．X2．X3．X4の4人は，Y1．Y2に対して遺産分割を申し立てた。そこで，Y1とY2は，民法900条4号〔子，直系尊属又は兄弟姉妹が数人あるときは，各自の相続分は，相等しいものとする。〕のただし書前段〔ただし，嫡出でない子の相続分は，嫡出である子の相続分の2分の1と（する）。〕が，日本国憲法第14条1項に反しており無効であると主張した。

【論　点】この事件は，婚姻関係のない男女の間で生まれた非嫡出子の相続分が，婚姻関係にある夫婦の間で生まれた嫡出子の相続分の2分の1であること（改正前の民法第900条4号ただし書前段）が，自らの選択や修正の余地のない生まれによって決定される社会的身分を原因とした差別に該当し，憲法第14条の平等原則に反するのではないかと従来から問題提起されていたものである。

【判　示】「相続制度は，被相続人の財産を誰に，どのように承継させるかを定めるものであるが，相続制度を定めるにあたっては，それぞれの国の伝統，社会事情，国民感情なども考慮されなければならない。さらに，現在の相続制度は，家族というものをどのように考えるかということと密接に関係しているのであって，その国における婚姻ないし親子関係に対する規律，国民の意識等を離れてこれを定めることはできない。この事件で問われているのは，このようにして定められた相続制度全体のうち，本件規定により嫡出子と非嫡出子との間で生じる法定相続分に関する区別が，合理的理由のない差別的取扱いに当たるか否かということであ」る。「昭和22年民法改正時から現在に至るまでの間の社会の動向……家族形態の多様化……国民意識の変化……委員会からの指摘等を総合的に考察すれば，家族という共同体の中における個人の尊重がより明確に認識されてきたことは明らかである。父母が婚姻関係になかったという，子自らが選択や修正する余地のない事柄を理由に不利益を及ぼすことは許されず，子を個人として尊重し，権利を保障すべきであるという考えが確立してきている。以上を総合すれば，遅くとも今回の相続が始まった平成13年7月当時には……相続分を区別する合理的根拠は失われ……本件規定は，憲法14条1項に違反していたというべきである。結論として，Aの相続に関しては，本件規定は，憲法14条1項に違反して無効であり，これを適用すること

はできない」と最高裁は，判示した。

CASE 9-5　尊属殺人重罰規定と法の下の平等事件[12)]

【事件の概要】被告人Aは，母親を亡くした後，中学2年生の時に，実父に姦淫され，以後10年以上夫婦同様の生活を強いられて数人の子まで産んだ。高校卒業後に就職した職場で，正常な結婚の機会にめぐりあい，職場の人たちからの応援勧めもあった。しかし，実父はあくまでも被告人Aを支配下において醜行を継続しようとして，10日間余りにわたり脅迫や虐待を繰り返し継続した。このため，被告人は，懊悩煩悶の極みに至り，いわれない暴言に触発されて，この忌まわしい境遇から逃れようと実父を絞殺し，自首をしたものである。被告人Aは，刑法旧200条（「自己又ハ配偶者ノ直系尊属ヲ殺シタ者ハ，死刑又ハ無期懲役ニ処ス」）の尊属殺人罪で起訴された。第1審は，刑法200条を憲法第14条違反とし，過剰防衛が成立し，被告人の心神耗弱を認めて，刑を免除した。第2審の控訴審は，刑法200条を合憲として適用し，刑法上の最大限の減軽を行って3年6月の実刑判決を下した。

【判　示】刑法200条の立法目的は「尊属を卑属又はその配偶者が殺害することをもって一般に高度の社会的道義的非難に値するものとし，かかる行為を通常の殺人の場合より厳重に処罰し，以てとくに強くこれを禁圧しようとするにある」。「尊属に対する……自然的情愛ないし普遍的倫理の維持は，刑法上の保護に値する」。「そこで，被害者が尊属であることを犯情の一つとして具体的事件の量刑上……刑の加重要件とする規定を設けても，かかる差別的取り扱いをもってただちに合理的な根拠を欠くものと断ずることはでき」ない。しかし，加重の程度が極端であって，立法目的の達成手段としてははなはだしく均衡を失し，正当化し得べき根拠を見出し得ないときは，その差別は著しく不合理なもの」として違憲となる。「刑法200条は，尊属殺人の法定刑を死刑又は無期懲役刑のみに限っている点において，立法目的達成のため必要な限度をはるかに超え，普通殺人に関する刑法199条の法定刑に比し著しく不合理な差別的取り扱いをするものと認められ〔いかに酌量すべき情状があろうとも法律上の『執行を猶予』することはできないのであり，普通殺人の場合とは著しい対照をなすから〕，憲法14条1項に違反して無効である」と最高裁は，判示した（裁判官15人中8人の裁判官による多数意見）。

【6人の裁判官による少数意見】「日本国憲法第13条の冒頭に『すべて国民は，個人として尊重される』べきことを規定しているが，これは，個人の尊厳を尊重することをもって基本とし，すべての個人について人格価値の平等を保障することが民主主義の根本理念であり，民主主義のよって立つ基礎であるという基本的な考え方を示したものであって，同14条1項に，『すべて国民は，法の下に平等であって，人種，信条，性別，社会的身分又は門地により，政治的，経済的又は社会的関係において，差別されない』と規定しているのも，右の基本的な考え方に立ち，これと同一の趣旨を示したものと解すべきである。個人の尊厳と人格価値の平等の尊重・保障という民主主義の根本理念に照らして不合理とみられる差別的取り扱いは，すべて右条項の趣旨に違反するものとして，その効力を否定すべきものと考える」。刑法200条は，「旧憲法時代にとくに重視されたいわゆる『家（族）制度』との深い関連をもっていることを示している。ところが，日

本国憲法は，封建制度の遺制を排除し，家族生活における個人の尊厳と両性の本質的平
等を確立することを根本の建前とし（憲法24条参照），この見地に立って，民法の改正
により，『家』『戸主』『家督制度』等の制度を廃止するなど……改正を加えることに
なった。自然に基づく心情の発露としての自然的・人間的情愛は，まさしく，個人の尊
厳と人格価値の平等の原理の上に立って，個人の自覚に基づき自発的に遵守されるべき
道徳であって，決して，法律をもって強制されたり，とくに厳しい刑罰を科すことに
よって遵守させようとしたりすべきものではない。尊属殺人に関する規定は，憲法を貫
く民主主義の根本理念に抵触し，直接には憲法14条1項に違反するといわなければなら
ない」と少数意見は，述べる。

3　平和主義

　日本国憲法前文では，日本国民は，「政府の行為によって再び戦争の惨禍が
起こることのないようにすることを決意し……恒久の平和を念願し，平和を愛
する諸国民の公正と信義に信頼して，我らの安全と生存を保持しようと決意し
た」。日本国民は，「人間相互の関係を支配する崇高な理想を深く自覚する」こ
とで，「平和を維持し，専制と隷従，圧迫と偏狭を地上から永遠に除去しよう
と努力している国際社会において名誉ある地位を占めたいと思ふ」と表明し，
「国家の名誉にかけ，全力をあげてこの崇高な理想と目的を達成することを誓
ふ」と宣言する。日本国憲法9条は，この崇高な理想と目的を達成するために
戦争・武力の行使および戦力の保持を放棄した条文として理解される。この条
文に対する解釈，論点そして評価は多様であるので，その内容については憲法
専門科目によって学習していただくことにしたい。ここでは，世界における憲
法9条に関する動向（戦争放棄・軍隊不保持）や「戦争が犯罪である」ことにつ
いて述べておきたいと思う。

　（1）　憲法9条に関する世界の動向　　1946年に制定された日本国憲法
は，9条により戦争・武力の行使および戦力の保持を放棄している。2019年12
月現在，世界192か国のうち，戦争を放棄するおよび／あるいは軍隊をもたな
い平和憲法をもつ国は，3か国である。軍隊をもたない国は，700年間軍隊を
もたず戦争をしていないサンマリノ共和国をはじめ24か国に及ぶ。たとえば，

★コラム9-1　安全安心な社会福祉国家を構築するためには何が必要か

　現在，政治の世界では，各国の国民が自由主義国家（小さな政府）を選択するか社会福祉国家を選択するかということが，日本だけでなく，世界各国の課題となっている。選択の要素は，個人の人権を尊重することで主権在民を確保し，そして平和を維持するということを，自由と平等という観点から理解することにあるといえよう。

　一人ひとりは，何十億という可能性の中から，かけがえのない生命をもって奇跡的に誕生したのであるから，その生命をもった個人の自由や権利は，保護されなければならない（人権尊重）。その個人の意思や考えは，ひとしく価値あるものとして尊重され政治的・経済的および社会的関係において反映されなければならない（主権在民）。一人ひとりの個人の存在は，個人として尊重されるのであるから，物理的な数量と単にみなされるような軍隊・戦争下の集団や組織では，個人は，自己実現を達成し得ないと解されよう。自己実現は，平和な社会において達成されるのである。すなわち，そこには，個人が社会を創り社会が国を作り，したがって，国家は社会や個人の意思に従うという国家観が求められよう。社会とか国家は，個人の自己実現や幸せになるための手段およびシステムの一つである。国家のために個人がおり個人を犠牲にするようなことがあってはならない。平等観を無視した片務的な行き過ぎた（暴走する）自由は，けっして人々相互の間における安全や安心をもたらさない。一人ひとりには，自律的人格を形成し自己実現を達成する個人として，生活自立のシステムおよび手段が確保されなければならないといえよう〔自律および自立システムについては第14章「社会法の基礎」を参照〕。

　中央アメリカのコスタリカは，1949年に平和憲法を制定し常備軍を廃止した。パナマは，1994年に平和憲法を制定し，310条（制定当時305条）で軍隊の保持を現在および将来に向けて放棄している。1996年には，スペインのカナリヤ諸島のグランカナリヤ島のデルデ市に「日本国憲法9条の碑」が建立され，また，2004年には，沖縄県石垣島の石垣市に「憲法9条の碑」が建立された。

　国際関係を維持し，あるいは国際紛争を解決するための軍隊をもち戦争をする国が普通というのであるならば，日本国憲法の前文からは，日本は，平和という崇高な理想と目的を，全力をあげて達成することを誓った世界の中でも先駆の名誉ある国家ということになろう。悲惨な戦争を経験した日本の国民は，この理想が政府によって放棄されることを将来にわたって許さないと解すべきであろう。

（2）　戦争が犯罪であることについて　　戦争は，1919年の国際連盟規約，1928年の不戦条約そして国家間の個別契約によって禁止されていた。国際連盟規約，1927年の国際連盟総会宣言および不戦条約では，戦争の犯罪性が，

明言されていた。第2次世界大戦後のニュールンベルグ国際軍事裁判所は，「戦争は，本質的に悪事である。その結果は，たんに交戦国に限られるものでなく，全世界に影響する。侵略戦争を開始することは，一つの国際犯罪であるばかりでなく，最高の国際犯罪である[13]」とし，極東国際軍事（東京）裁判所は，この考え方を基礎に開廷され，また，1951年の国際連合の総会において，国際軍事裁判の原則として支持されるようになった。このルールは，新世界の構築に向けた国際法の新しいルールの適用と今後の展開を示したものとされよう。

　ニュールンベルグ国際軍事裁判憲章6条(a)および極東国際軍事（東京）裁判所憲章5条(イ)では，「侵略戦争または国際条約，協定もしくは保障に違反する戦争の計画，準備，開始もしくは遂行，または以上の行為のいずれかを達成するための共通の計画もしくは共同謀議への関与」が「平和に対する罪」と規定された。

4　違憲審査制[14]

　（1）　**違憲審査制の基本的性格**　議会制民主主義による近代国家の形成および統治システムは，「国民の意思」に正当な支配の根拠を求めるもの[15]であった。このシステムは，基本的に同一なブルジョアジー階層相互の間の利害対立を話し合いによって調整する限りでは，十分な機能を果たし得た。しかし，産業革命以後，労働者は，政治的な力を徐々に発揮しはじめて，普通選挙の実施により議会へと進出した。この結果，議会において資本家と労働者という階層（ヒエラルヒー）間の利害対立が生じ，議会において話し合いによる調整は，もはや作用し得ないものとなりつつあった。それに伴い，従来の国家を支配する正当性の根拠の維持は，困難とならざるを得なくなった[16]。かような場合は，外観的には政治的中立性を有する機関によって議会の決定を審査し正当性を補完する必要が生じる。この視点からは，国家支配の正当性を補完するシステムは，「本質的に権力支配の道具にすぎない[17]」という批判も生じよう。裁判所に担当させたこのようなシステムは，違憲審査制度といわれるのである。

　（2）　**違憲審査制の意義**　「権力支配の道具」としての性格をも有してい

る違憲審査制が世界の各国で採用されるようになったのは，議会の決定および国家による行為を憲法という最高規準に照らして審査し監視する必要があると考えられたからであろう。かような観点からは，違憲審査制を採用する意義は，つぎのような点に見出し得る。

　(a)　憲法に違反する国家行為を法的に監視しかつ審査し，憲法秩序の維持確保を実現すること。

　(b)　「人権の保障を現実に確保し，とくに議会における多数者から少数者の保護を達成すること」[18]。

　(c)　「裁判所が，議会や政府の権力行使を監視し，機関相互の作用の調整を図ること」。

以上の3点であろう[19]。

　違憲審査の権限が，裁判所に委ねられたのは，裁判所が政治的に中立であり，法をその趣旨から忠実に解釈適用する機関であり得るとの近代以来の建前による。憲法をその趣旨から「忠実に解釈・適用するのでなければ，裁判所による違憲審査は，正当性も説得力ももちえず，したがって，議会主義的統治の正当性を補完するという役割も果たし得ない。……裁判所による違憲審査をそのたてまえどおりに行わせることは……あらわな実力支配を許さないための，いわば最後の砦として，絶対に必要なことなのである[20]」。裁判所は，かような違憲審査を担当することによって「憲法の番人」たり得るのである。

　そして，また，「裁判所が現実に行っている違憲審査を，つねに監視・批判し，違憲審査はかくあるべきということ，そして，また，憲法の意味はこうなのだということを，とりわけ裁判所に対して解き続けることが必要なのである」（浦部法穂『全訂憲法学教室』353-354頁）。

　なお，「法の支配」は，法を人権保障のための道具と解し統治支配の対象を権力者に向け，具体的な紛争を国家機関として解決する裁判所に対しても及ぶ。その実行の責任は，国民にあるのである。

　1995年1月の阪神・淡路大震災に遭遇した浦部教授は，同書の「はしがき・序文」で「この国の社会が，決して，一人ひとりの人間を大事にするという仕組みにはなっていなかった」と述べて，それは「人権」を「権利」という言葉で考えているからなのであるという。「人権」を翻訳前の"Human right"の

「人間として正しいこと」という意味に解し，人々が対話し弁証（コラム2-2
を参照）する過程を通じて「正しいこと」についての「社会的コンセンサスが
形成されてはじめて，日本社会に『人権』価値が定着することとなろう」と述
べられていることは，重要である。

（**3**）　**違憲審査制の類型**　　裁判所による違憲審査制度には，アメリカ合
衆国型の付随的違憲審査制とドイツ型の抽象的違憲審査制がある。

　（**a**）　付随的違憲審査制　　アメリカ合衆国型付随的違憲審査制度は，具体
的な争訟[21)]が裁判所に提訴されて，[22)]その紛争の解決に適用される法令が憲法に適
合するか否か（合憲性についての疑い）を審査する制度である。通常の裁判所が
審査するので，これは，「司法審査型違憲審査制」とも呼ばれる。この制度で
は，訴訟の目的は，あくまで紛争の解決（個人の権利および利益の保護・救済）で
あり，その解決に際して必要なかぎりで違憲審査が行われるにすぎない。した
がって，問題の法令の違憲性・合憲性の判断は，主文で示されることはなく，
判決理由の中で示されるにすぎない。それゆえ，この制度は，私権保障の性格
を有する違憲審査制といえるであろう。

　（**b**）　抽象的違憲審査制　　ドイツ型抽象的違憲審査制度は，通常裁判所と
は別に設置された憲法裁判所において，具体的事件性を伴わずとも一般的・抽
象的に法律の合憲性を審査する制度である。特別に設けられた憲法裁判所が審
査するので，これは，「憲法裁判所型違憲審査制」と呼ばれる。この制度の目
的は，違憲の法律を排除することに主眼を置く。したがって，問題の法令の違
憲性・合憲性の判断は，主文で示されることとなる。それゆえ，この制度は，
憲法保障の性格を有する違憲審査制といえるであろう。

　なお，日本国憲法施行後まもなく，最高裁判所は，大法廷判決において，日
本の違憲審査制（憲法81条）をアメリカ合衆国型付随的違憲審査制によること
を明らかにした（CASE 9-6参照）。

　また，違憲審査権を下級裁判所に認めるか否かの問題は，日本国憲法の公布
後4年目に最高裁判所で問題となった（CASE 9-7参照）。

（**4**）　**違憲審査権の限界**　　「最高裁判所は，一切の法律，命令，規則又は
処分が憲法に適合するかしないかを決定する権限を有する終審裁判所である」
（憲法81条）。この規定は，裁判所が違憲審査権を有する根拠とされている。

CASE 9-6　警察予備隊違憲訴訟最高裁判決──付随的違憲審査制──[23]

【原　告】鈴木茂三郎

【被　告】日本国　代表者　法務大臣　木村篤太郎

【主　文】本件訴を却下する。訴訟費用は原告の負担とする。[24]

【事実の概要】原告訴訟代理人は、請求の趣旨として、「昭和26年４月１日以降被告が
なした警察予備隊の設置並びに維持に関する一切の行為（行政行為は勿論事実行為私法
上の行為の外予備隊の設置維持に関する法令規則の一切を含む……以下省略。）の無効
であることを確認する。訴訟費用は被告の負担とする」旨の判決を求め……た。

【判　示】　わが裁判所が現行の制度上与えられているのは司法権を行う権限であり、
そして司法権を発動するためには具体的な争訟事件が提起されることを必要とする。わ
が裁判所は……将来を予想して憲法及びその他の法律命令等の解釈に対し存在する疑義
論争に関し抽象的な判断を下すごとき権限を行い得るものではない。最高裁判所は法律
命令等に関し違憲審査権を有するが、この権限は、司法権の範囲内において行使される
ものであり、この点においては最高裁判所と下級裁判所との間に異なるところはないの
である（憲法76条１項参照）。〔憲法81条〕は最高裁判所が憲法に関する事件について終
審的性格を有することを規定したものであ〔る〕。

　なお最高裁判所が原告の主張するがごとき法律命令等の抽象的な無効宣言をなす権限
を有するものとするならば、何人も違憲訴訟を最高裁判所に提起することにより法律命
令等の効力を争うことが頻発し、かくして最高裁判所はすべての国権の上に位する機関
たる観を呈し三権独立し、その間に均衡を保ち、相互に侵さざる民主政治の根本原理に
背馳するにいたる恐れなしとしないのである。

　要するに、わが現行の制度下においては、特定の者の具体的な法律関係につき紛争の
存する場合においてのみ裁判所にその判断を求めることができるのであり、裁判所がか
ような具体的事件を離れて抽象的に法律命令等の合憲性を判断する権限を有するとの見
解には、憲法上及び法令上何等の根拠も存しない。原告の請求は右に述べたような具体
的な法律関係についての紛争に関するものではないことは明白である。従って本訴訟は
不適法であ〔る〕……。

　以上の理由により本件訴訟は不適法として却下すべく……主文のとおり判決する。
（以下省略）

　裁判所の違憲審査権に限界はあるのであろうかという問題について、憲法の
専門学習の参考となるよう判断規準を整理しておきたい。

　裁判所に具体的な事件について訴訟が提起されると、その国家行為に関して
合憲性が争われるときには、裁判所は、原則として、その行為の合憲性につい
て判断しなければならない。しかし、憲法の規定や構造から考えて、裁判所の
審査の枠から対象外と解されるべきものがある。

```
CASE 9-7　食糧管理法違反事件最高裁判決
25)
【事実の概要】食糧管理法違反に問われた被告人Xは，一審を八王子区裁判所，二審を
東京地方裁判所そして上告審を東京高等裁判所（原上告審）において争い，東京高等裁
判所は，自ら審理し上告を棄却した。被告人Xは，違憲立法審査権を下級審に認める
ことは不都合であり，原上告審は，最高裁判所に事件を移送すべきであったと再上告し
た。
【判　示】「裁判官が具体的訴訟事件に法令を適用して裁判するに当たり，その法令が憲
法に適合するか否かを判断することは，憲法によって裁判官に課せられた職務と職権で
あって，このことは最高裁判所の裁判官であると下級裁判所の裁判官であるとを問わな
い。憲法81条は，最高裁判所が違憲審査権を有する終審裁判所であることを明らかにし
た規定であって，下級裁判所が違憲審査権を有することを否定する趣旨をもっているも
のではない」と判示した。
```

(**a**)　司法自制論・司法消極主義。[26]
(**b**)　国会・各議院および内閣の自律に委ねられている事項について。[27]
(**c**)　立法権および行政権の自由な裁量に委ねられている事項について。[28]
　ただし，裁量権の濫用（立法の不作為）[29]や権限の踰越がある場合には，違憲
審査の対象となり得る。
(**d**)　統治行為について。[30]
(**e**)　部分社会の法理（法律上の争訟に該当せず[32]）について。[31]
(**f**)　条約について。[33]これらは，判例集にあたって整理しておきたい。

5　憲法訴訟

　憲法についての詳細は，専門課程の憲法の授業で学習するので，ここでは，
憲法訴訟の流れを概観し，専門学習の参考にしてほしい。
　（**1**）　**憲法訴訟とはどのような訴訟か**　　憲法訴訟とは，民事・刑事およ
び行政訴訟として提起された訴訟の中で，当事者が，攻撃防御の内容および方
法として，当該事件に適用される法令などの違憲性（法令が憲法規定の内容に違
反すること）を主張する訴訟をいう。したがって，通常の刑事・民事および行
政訴訟とは別にとくに憲法訴訟と呼ばれる訴訟手続があるわけではない。この
ことは，日本の裁判所の違憲審査制が通常裁判所による具体的付随的違憲審査

制である点から理解できよう（本章4-(3)違憲審査制の類型および判例を参照）。

（2）　憲法訴訟の要件　　　司法権とは，法律上の争訟を裁判する国家作用をいうと定義される。つまり具体的事件に法を適用して，これを解決する裁判所の作用を司法権というのである（憲法76条1項，裁判所法3条1項）。

（a）　通常訴訟事件の訴訟要件と争訟性の充足　　　裁判所が憲法問題の付随する訴訟を判断するには，訴訟の本体の民事・刑事および行政訴訟が有効に成立していなければならない。つまり，解決を求める本来の事件の訴訟要件と争訟性（具体的な権利義務関係の存否に関する紛争であること）の要件（裁判所法3条1項）を満たしていなければならず，これらの要件を欠く場合には，訴えは却下される。

（b）　憲法判断回避のルールに該当しないこと　　　さらに，付随的違憲審査制の下での裁判の目的は，当該事件の解決であり，国家行為の合憲・違憲の判断自体ではないから，適法な通常訴訟に付随的に憲法問題が提起されている場合であっても，事件解決に不必要な憲法判断は行わないとするルール[34]が確立している。したがって，憲法判断にいたるまでには，このルールに該当しないことが必要である。

（c）　憲法訴訟の「当事者適格」[35]を充足すること──判決を行うにふさわしい当事者は誰か。

（ⅰ）　当事者の違憲主張による利益。

（ⅱ）　当事者の違憲の主張が当該事件とどの程度直接的な関係にあるか。

（d）　成熟性の法理──事件の争訟性自体の内容がどのようなものか。

（ⅰ）　裁判による判断が必要か。

（ⅱ）　賢明な解決を行うことができる程度まで事実的基礎が存し熟しているか。

（e）　ムートネスの法理に該当しないこと[36]　　　(a)から(d)の要件に該当する場合には，憲法判断をせずに本案判決を行うが，ムートネスの法理に該当する場合には，本案判決そのものをしないことになる。このように，訴訟に対する結果が異なる。

（3）　違憲審査の規準について[37]　　　憲法訴訟においては，具体的行為の違憲性・合憲性を判断する際の基準を何に求めるかが問題となる。

（a）　二重の基準論（ダブルスタンダード）[40]

CASE 9 - 8　東京都教組事件最高裁判所判決[38]

【事実の概要】　昭和33年4月，東京都教育委員会は，公立小中学校教員に対する勤務評定を実施することにした。教職員は，これに抗議する目的で，都教組の闘争委員会の決定を受けた闘争委員長からの指令および要請に基づき，同年4月23日に一斉休暇闘争に入った。被告人らは，都教組執行委員長および執行委員として組合員に対し右指令を配布し，闘争への参加を呼びかけたことが，地方公務員法37条および61条4号により禁止されている争議行為の「あおり」行為に該当するとして起訴された。[39]

【主　文】　原判決を破棄し，被告人全員を無罪とする。

【判　示】　争議行為の態様からいって，違法性が比較的弱く，右条項にいう争議行為に該当しないものもあり得る。同様にあおり行為にもさまざまな態様があり，争議行為者不処罰の建前をとる地公法の原則からみれば，争議行為に随伴して行われる行為のごときは処罰の対象とされるべきものではない。本件における一斉休暇闘争は地公法の禁止する争議行為に該当するが，被告人らの行為は右の「通常随伴して行われる行為」にあたるから同法にいう「あおり」行為に該当しない。

　（b）　三段階審査[41]

（4）　**憲法判断の方式**

　（a）　合憲限定解釈　　違憲性の疑いがある場合に，法律規定を限定して解釈すれば違憲の問題を生じないと考えられるときは，違憲の問題を生じない限定解釈を行う。

　（b）　適用違憲　　適用違憲は，法令の規定が当該事件に適用される限りにおいて違憲という憲法判断方式をいう。

　（c）　法令違憲　　法令違憲は，法令自体を違憲とする憲法判断方式をいう。[42]

（5）　**違憲判決の効力**　　法律の規定について，最高裁判所が違憲・無効と判断した場合，その法律の規定は，当該事件に限り効力が否定されるとするのか，それとも，一般的に効力を失うとするのか。

　（a）　一般的効力説　　違憲・無効と判断された法律の規定を，一般的に無効（廃止されたのと同様になる）とする立場をいう。

　（b）　個別的効力説　　違憲・無効と判断された法律の規定は，当該事件のみに限り効力が否定されるとする立場をいう。

★コラム9-2　私人間の憲法訴訟——人権保障規定の私人間効力——

　憲法の人権保障規定は，国家あるいは公共団体と私人との間に紛争が生じた場合に適用される規範である。それでは，憲法の人権保障規定は，私人相互の間で生じた人権に関する紛争の救済に対しては，どのように適用され誰のどの範囲まで及ぶとされるべきなのだろうか。これは，人権保障規定の私人間に及ぶ効力の問題として議論される「私人間の効力論」とか「第三者効力論」と呼ばれる論点である。現在では，憲法の人権保障規定は，私人間の紛争の解決に対して直接には適用されず間接に適用すべきと解する立場と直接適用すべきと解する立場がある。

　試用期間にあった従業員の本採用を拒否した「三菱樹脂本採用拒否事件[43]」は，前者の立場を最高裁で明らかにした判決である。「日産自動車男女別定年制訴訟事件[44]」では，女性従業員の早期定年退職制度が職務遂行能力の性差別にあたるとして，女性の職場進出と職務遂行能力の適正な評価という今日的課題が焦点となった事件であった。この事件で最高裁は，私人間に及ぼす憲法の人権保障規定の効力は，日産自動車の人事に関する行為が民法90条の公序良俗違反規定に該当するという法理論に基づいて，同社の人事活動に間接的に及ぶと判決したことで，前者の立場がほぼ確立したと思われる。

1)　芦部信喜『憲法学Ⅱ人権総論』（有斐閣，1994年）56頁。
2)　R. デカルト，近世哲学の祖といわれている。"dubito, cogito ergo sum" は，「我疑う，我考えるゆえに我在り」と訳され，デカルトの唯一の学問的方法論を表したものという。
3)　宮沢俊義『法律学全集4憲法Ⅱ〔新版〕』（有斐閣，1974年）78-79頁。
4)　浦部法穂『全訂憲法学教室』（日本評論社，2000年）41頁。「人権」とは，「人間として正しいこと（Human Rights）」と定義される。
5)　宮沢俊義，前掲注3）79頁，芦部信喜・前掲注1）58-59頁。
6)　芦部信喜，前掲注1）339頁。
7)　浦部野法穂，前掲注4）44頁。
8)　最判昭44年12月24日判時577号18頁〔京都府学連事件〕。
9)　最判平12年2月29日判時1710号97頁，東高判平成10・2・9判時1629号34頁〔自己決定権と信仰による輸血拒否事件〕。
10)　最判平8年7月18日判時1599号53頁，東地判平3・6・21判時1388号3頁〔修徳高校パーマ禁止校則事件〕。
11)　最大決平25年9月4日判時2197号10頁〔非嫡出子遺産相続分差別違憲事件〕。
12)　最大判昭48年4月4日判時697号3頁〔尊属殺人重罰規定と法の下の平等事件〕。刑法旧200条の尊属殺人の規定は，死刑と無期懲役のみに限っていたことから，刑法199条と比較して著しく不平等であり，憲法14条に反すると問題になっていた。
13)　横田喜三郎『国際法改訂版』（有斐閣，1976年）256頁。
14)　違憲審査制は，「違憲立法審査制」ともいう。
15)　支配の正当性は，国民主権・主権在民といい，その支配システムは民主主義という。
16)　国家支配の正当性を議会制民主主義にもとめるシステム（国民主権）は，破綻しつつ

あるといても過言ではない。日本で行われる選挙の投票率は，全有権者の50パーセント前後であり，その約50〜60パーセントそこそこの支持率を獲得した政党が政権を担当している。つまり全有権者の25〜30パーセントによって，政治経済の方向性が決められていく現状を，私たちは，どのように理解したらよいのであろう。

17)　浦部法穂，前掲注4）353頁。

18)　実際は，現実世界の権力を有する少数者から権力の枠外にある多数者の生活・健康・環境を保護するためと，言い換えることも可能である。

19)　戸波江二『憲法新版』地方公務員の法律全集1（ぎょうせい，2000年）438頁。

20)　浦部法穂・前掲注4）353頁。

21)　日本の裁判所は，原則として一切の「法律上の争訟」を裁判する権限を有する（裁判所法3条）。法律上の争訟とは，当事者間の具体的な権利関係の存否に関する紛争であって（狭義の事件性），それが法律の適用によって終局的に解決できるものであること（法律性）をいう。

22)　具体的な紛争の提起は，付随的違憲審査制を性格づける「事件性の要件」である。

23)　最大判昭和27年10月8日民集6巻9号783頁〔日本国憲法に違反する行政処分取消請求―警察予備隊違憲訴訟―事件〕。

24)　訴訟内容が争訟性（事件性・法律性）を欠く場合には，訴えは「法律上の争訟」に該当せずとして却下される。

25)　最判大昭和25年2月1日刑集4巻2号73頁〔食料管理法違反事件〕。

26)　「司法自制論・消極主義」とは，裁判所は非民主的機関であるから，国民を代表する立法府の判断を最大限尊重すべきであるという政治的配慮から違憲審査権を自制すべきとする立場をいう。

27)　最大判昭和37年3月7日民集16巻3号445頁〔地方自治法に基づく警察予算支出禁止事件―警察法改正手続と違憲審査〕。

28)　この判決は，実体審理に入ったうえで「訴え棄却」の形式がとられる。

29)　最判昭和60年11月21日判時1177号3頁〔損害賠償請求事件―在宅投票制度廃止事件上告審―〕。

30)　「統治行為」とは，政治部門の行為のうち，高度な政治性を有する行為であって，法的判断は可能であっても，その高度な政治性という性質上，裁判所の司法審査から除外されるものをいう。この場合の判決は，実体審理に入らずに門前払いを意味する「訴え却下」の形式がとられる。

31)　「部分社会の法理」とは，国家に存する各種団体（部分社会）は，特殊な法秩序を形成しているので，当該内部の紛争には，原則として国家法秩序の法を適用すべきでなく，団体内部の規律の問題として，終局的な紛争の解決は，団体の自治に委ね司法審査の対象とならないとする法理をいう。

32)　最判昭和56年4月7日判時1001号9頁〔寄付金返還請求事件―宗教上の教義「板まんだら」に関する紛争と司法権―〕。

33)　条約は，複数当事者間で締約され，しかも当事者が複数の国である点に特殊性がある。4章2の制定法相互の間の抵触・優劣関係を参照。

34)　付随的違憲審査制のもとで，提起された訴訟に憲法問題が含まれている場合であっても憲法判断を回避できる場合があり，アメリカ合衆国の裁判では，Ashwander v. TVA

(297U.S.288) 事件でこのルールを定式化した裁判官の氏名をとって「ブランダイス・ルール」という。日本の憲法訴訟では，「憲法判断回避のルール」として適用されている。

35)　最大判昭和37年11月28日刑集16巻11号1593頁〔関税法違反未遂被告事件—違憲の争点を提起し得る当事者の適格性—〕。

36)　「ムートネスの法理」とは，憲法判断についての事実的基礎は十分に熟しているが，訴訟要件が訴訟に係属中に消滅した場合には，本体の事件に付随する憲法問題の判断をするかしないかではなく，本体の訴訟そのものの判決をしないルールをいう。

37)　本稿では法規範による判断項目について，「規準」の字をあてたが，憲法上の二重の基準は，従来より「基準」を用いているのでそれに従う。

38)　最大判昭和44年4月2日判時550号21頁〔東京都教組事件〕。

39)　地方公務員法61条4号は，地方公務員法37条1項の前段の「職員は……同盟罷業，怠業その他の争議行為をし，又は地方公共団体の機関の活動能率を低下させる怠業的行為」を「共謀し，そそのかし，若しくはあおり，又はこれらの行為を企てた者は……3年以下の懲役又は10万円以下の罰金に処す」と規定する。

40)　「二重の基準論」は，表現の自由を中心とする精神的自由と経済的自由とを区別し，精神的自由・表現の自由は，経済的自由よりも「優越的地位」を占めるとする。そして，それを規制する法の合憲性は，経済的自由を規制する合理性の基準より，厳格な審査基準によって審査されなければならない。判例は，二重の基準論を中心に進んできている。この詳細な基準は，専門で学習してほしい。

41)　この三段階審査を簡潔に説明すれば，違憲審査の対象を二重の基準の二つから三つに細分化したもので，適用される詳細な基準も，再考されている。この考え方は，米国の判例を基礎に，日本の学説で展開されている。

42)　最大判昭和48年4月4日判時697号3頁。

43)　最大判昭和48年12月12日判時724号18頁〔三菱樹脂本採用拒否事件〕。

44)　最判昭和56年3月24日判時998号3頁〔日産自動車男女差別定年制事件〕。

第10章　民法の基礎

　法律は，法律ごとに目的を有し，その目的の実現を常に目指して，それぞれの目的にそって強制力の程度そして内容の異なる達成方法を規定している。六法で独占禁止法[1]や労働組合法[2]を開いてみると，各法規範の条文の1条には，目的規定が置かれている。

　民法および刑法は，民事・刑事それぞれの分野に専属の達成内容が規定される基礎的な法律である。ところが，民法と刑法は，独占禁止法などとは異なり，法律のはじめにおいて当該法律の目的を規定していない。そこで第10章では，民事法体系の基礎法である民法を，第12章では，刑事法体系の基礎法である刑法を，それぞれとりあげて，各々の目的・内容を説明する中で，これまで学習してきた法的知識，法技術（法構造，法的三段論法，要件・効果論）が，どのように生かされているのかについて確認することとしたい。

1　序　　説

　（1）　民法の目的　　民法は，夫婦・親子などの身分関係や衣食住など生活物資の取引関係を規律する目的をもつ私法の基礎法（一般法）である。これに対して，営業に関する組織や商業経済取引に適用するため合理的かつ画一的な取り扱いを規定する法は，商法・会社法という。商法・会社法と民法の間には，「特別法は一般法に優先する」という効力適用関係がある[3]。

　（2）　民法の指導原理と三原則

　(a)　「身分から契約へ」——民法の指導原理　　私法は，個人を国家権力から解放し，基本的人権（個人意思）を尊重する思想を基に，個人に形式的な自由と平等の原理を保障して，個人の自主性自律性の確立を理想とする法の領域を確立した。法学者のメインは，人が自由に法律行為を行うことができることを「身分から契約へ」という言葉で表現した（民法1条・1条の2・91条）。こ

れは，近代市民法において当事者能力対等の原理という。当事者能力対等（個人の形式的な自由と平等）の原理は，所有権の絶対性（財産権の保障），契約自由および過失責任という三原則として具体化される。

　（b）　民法の三原則

　（i）　所有権の絶対性　　所有権の絶対性とは，物の所有者は，自らの意思のみによって，法令の制限内において，自由にその所有物の使用，収益および処分をする権利が保障されることをいう（民法206条）。

　（ii）　契約自由の原則　　契約自由の原則（民法91条）は，四段階の内容をもっている。

　（イ）　当事者選択の自由　　商品を売り買いするため，あるいは物品を貸し借りするための契約相手を選ぶ自由である（民法91条）。

　（ロ）　契約内容決定の自由　　契約内容（たとえば代金の支払いを一括払いにするか，分割払いにするか，土地や家の引渡しを何時にするかなど）を決める自由をいう（民法521条2項）。

　（ハ）　契約方式決定の自由　　契約方法や方式をどのようなものにするのか（たとえば当事者立ち合いで契約書を作ることにするか，公正証書にするかなど）を決定する自由である（民法522条2項・92条）。

　（ニ）　契約締結の自由　　当事者を選択し，契約内容そして契約方式が整い，最終的に契約を締結するか否かを決定する自由をいう（民法521条1項）。

　（iii）　過失責任の原則　　19世紀の産業革命では，蒸気機関の発明によって，動力が飛躍的に強力なものとなった。これに伴って，発生する事故は重大なものとなり，障害は重症化した。しかし，産業革命による消費社会の発展は，経済の資本主義化をもたらして，事故の防止や危険従事者に対する救済措置を十分にするのではなく，許された危険という考えによって，効率性を追求する方向へと進んだ。その結果，事故を発生させた原因と結果の関係だけでなく，危険を予測し回避する措置や教育などを行ったか否かを証明することも求められ，証明できない場合には，使用者に賠償する責任がないとする過失責任の原則が民法の三原則の一つに導入された。事故の発生に，故意・過失が認定され，因果関係が証明される場合に，損害賠償責任が生じる（民法709条）。

　（c）　定型約款規定の新設　　日本の経済取引は，従来から，契約当事者の

一方の大規模事業者主導によって構成されてきたと解するのが正しいであろう。なぜなら，他方当事者の消費者や中小個人事業者には，外観上は契約自由の４つの内容がすべて実現されているようにみえても，実質的には，契約締結の自由のみ実現されているにすぎないからである。事業者間のカルテル締結による製品・サービス価格の一律化（契約の相手方選択の不自由），銀行取引・電子機器使用取引の約款化（契約内容決定の不自由），賃貸借契約や消費貸借契約の例文化（契約方式の不自由）などといったものを具体的な代表例としてあげることができる。これらの問題の背景には，「もたざる者」（「労働者や消費者」）が「もつ者」（「使用者や生産者」）に一方的に従属せざるを得ないという力の格差が存在する。民法は，当事者の形式性・抽象性・対等性を本質とした一般法に位置づけられる法である。したがって，力の格差を背景にもつ上記の問題に対する法的解決は，社会的領域の問題として，独占禁止法，借地借家法，消費者契約法，電子消費者契約及び電子承諾通知に関する民法の特例に関する法律といった特別法が制定され，これらの社会法によって調整対処されてきたのである。

　ところで，平成29年に成立した改正民法548条の２の１項では，「定型取引（特定の者が不特定多数の者を相手方として行う取引であって，その内容の全部又は一部が画一的であることがその双方にとって合理的なもの）を行うことに合意をした者は，つぎに掲げる場合（約款を契約の内容とする旨を相手方に表示し，約款を契約内容とする旨の合意をしたとき）には，定型約款（定型取引において，契約の内容とすることを目的としてその特定の者により準備された条項の総体をいう）の個別の条項についても合意をしたものとみなす」と規定されて，約款取引が，民法によって条文化されることとなった。民法548条の２の２項では，約款条項のうち，「相手方の権利を制限し，又は相手方の義務を加重する条項であって，その定型取引の態様及びその実情並びに取引上の社会通念に照らして第１条第２項に規定する基本原則〔信義誠実の原則〕に反して相手方の利益を一方的に害すると認められるものについては，合意をしなかったものとみなす」と規定されて，かような約款条項は，契約当事者の「意思の合意」が認められず不成立と扱うことを明らかにした。約款条項が，契約の中核を構成する場合には，そもそも，締結した契約自体も，成立しない可能性が想定されるが，この点につ

いては，まだ明確ではない。そうであっても，かような規定の条文化は，問題
の早期解決を図る観点からは，一定の評価をすべきと考える。

　しかしながら，何故いま，形式性・抽象性・対等性を本質とする民法が，力
の格差を調整する社会法の領域にまで踏み込むことを必要とするのか，一般法
と特別法の関係，各法律の存在目的および適用領域（範囲と拡がり・縦と横の関
係など）そして解決すべき問題の性質から再度検討すべきと思われる（第Ⅱ部第
14章の社会法の基礎を参照）。

　（3）　**民法の三原則が生んだ資本主義経済の弊害について**　　日本の私法
領域の近代化は，身分関係においては，個人主義の不徹底が残存しつつ，財産
関係においては，個人主義の徹底が「もつ者」と「もたざる者」あるいは「生
産者」と「消費者」という階層の分化を生ぜしめた。[4]かような状況にあって資
本主義経済の発展の結果は，弱肉強食の競争の弊害を社会に出現させた。それ
は，財産の一極集中による貧困，経済取引における私的独占や経済活動への自
由な参入を許さない実質的な競争を制限する状況として現れ，あるいは，規制
緩和の名の下に，企業の身勝手な活動による生活および自然環境の破壊や公害
といった問題として現れている。

　レッセフェール的資本主義経済の弊害（外部不経済＝マイナスの外部効果）が
経済取引の延長線上にあるいはその周辺に生まれている原因は，民法の個人主
義的原理が私法関係のすべてに徹底されたものではない点にもあろう。民法は
家族制度の中に「家制度」（本章10‐3‐(3)を参照）的な法律関係を残し，それ
は経済社会において企業集団とか系列関係といった集団関係に結びついた。か
ような企業社会は，会社人間をつくりだし，家庭生活は勤務先の企業のスケ
ジュールにそってプログラムされていく。家庭生活に必要な物品は系列企業か
ら購入し，預金などの金融機関の利用も系列銀行で行うといった，自分の頭で
考えないベルトコンベアー的生活が，平成不況前までの日本社会では，当たり
前のことのようにごく普通に行われていたのである。

　人類社会は，市民革命から第1次産業革命（エネルギー・機械革命），第2次
産業革命（科学革命）を経て，現在では第3次産業革命（パソコンによるハード・
ソフト両面にわたるIT革命）から第4次産業革命（AIという人工知能形成革命）へ
と徐々に移行しようとしている。どれも，人類の豊かな社会形成による生活の

安定維持を目標としていた，あるいは目標とするのであろう……と思うが。しかし，得られた成果の裏には，戦争，飢餓，自然の激変などといった豊かな社会と生活とはかけ離れたあるいは真逆の結果が歴史上の事実として記憶されている。日本の社会生活の中では，企業スケジュールにそって生活や人生がプログラミングされてきたと述べた。

　これらは，どれも，人類社会が産業革命の成果をどのように位置づけて，何をどのように何のために使用するかという哲学的観点を鮮明にすべき社会現象であったと認識すべきであろう。ニック・ボストロムは，『スーパーインテリジェンス超絶ＡＩと人間の命運』（日本経済新聞出版社，2017年）で，ＡＩの開発状況は，現在の段階では，システムの構築およびその選択，情報（ある年代が行う「グーグル〇〇〇を注文してなど」）の収集・解析そして応用などを失敗しつつ手さぐりで進めている段階という。しかし，人工知能は，ある段階（「技術的特異点」という）のある時点で知能爆発を起こし，その時点（これを「シンギュラリティー」という）から数十倍か数万倍の加速度的な発達を遂げて，やがて人工知能が人間の生活をプログラミングするときが来るかもしれないと警告する。人類社会は，産業革命の成果に対して，人類の人類としての生存を維持するための哲学的な観点からの位置づけや方針を，真摯な姿勢で設定するときが来ていると思われる。

　（４）　民法の達成方法　　本来，経済取引社会のあり方や内容は，需要と供給によって決定されるべきものであり，その決定権者たる当事者は，生産者と消費者とされる。[5]

　企業は，民法の非近代的な側面（家制度的機構の残存する家族制度）と近代的な側面（民法の三原則）を利用して，企業本位のルールと集団（企業エゴ）を作り上げ，経済取引社会の単独の決定権者たる独占的地位を確立した。しかし，一方，個人は，家庭生活における非近代的な側面から脱しきれず，企業の論理に縛られ，個人の連帯としての一般消費者の意思の確立の認識に乏しかったといわざるを得ないであろう。それは，一般消費者が経済取引社会の決定権者としての一方当事者の地位を確かなものとなし得なかったという社会のあり方に結びついた。近代的側面と非近代的側面の混在する民法によって形成された日本の私法関係のあり方は，個人を一般消費者あるいは労働者という階層の中で

★コラム 10 - 1　社会法（特別法）による救済

　国民の付託による近代国家は，貧困の救済や社会資本の充実に向けて，公共の福祉の理念の下に，法の裁量手続によって財産の再分配や社会資本の適正な配置を行ってきた。他方，行き過ぎた近代資本主義経済取引の弊害（財産の私的側面に過剰に傾いた振り子によって生じた労働問題，取引上の弊害＝私的独占，競争の実質的制限など）の予防および是正は，国家が私法と公法の交錯する領域に位置する社会法を制定し，かつ適用し直接介入し規制することによって行われる。かような国家観を福祉国家という。借地借家法（民法の特別法），労働法・社会福祉に関する法・独占禁止法などの社会法は，各分野において，人権としての財産権の社会的側面を重視した指導原理および達成方法を有している〔第14章を参照〕。

堅く結びつける連帯規範の誕生を導き得なかった原因の一つと考えられる。

　日本の民法は，主に，家族関係や取引の当事者関係において生じた紛争を内部解決するための規範として制定されている。したがって，経済取引や労働関係において間接的に生じ，あるいは生活環境において直接生じると予想される弊害を予防する規定は，極めて少ない。実際に生じた弊害を除去・是正し，損害の補償を填補させようとする民法の規定は，たとえば，民法１条の信義誠実の原則・権利濫用の禁止規定，民法２条の個人の尊厳と本質的平等の原則（この規定は解釈指針であり直接の救済是正規定ではない），民法90条の公序良俗違反無効規定，民法197条ないし200条の占有の訴，民法202条の所有権ほかに基づく本権の訴，民法709条以下の不法行為責任に基づく損害賠償請求に関する規定である。これらの規定のうち，現在，経済取引の当事者以外の第三者で損害を被った者が，民法で是正・救済を求め得る直接的具体的規範は，709条の事後救済規定と解されている。しかし，709条の法律要件の証明は，原告が証明責任を負う厳しい因果関係論によって支配されている。また，一般的抽象的な規定と解されている民法１条および90条は，紛争解決に適用することをひかえるべきとされ，本権の訴あるいは占有の訴は，所有あるいは占有といった物的支配の要件が適用の障害となる。それゆえ，これらの規定は，環境問題や公害問題の根本的な予防や救済に，十分な法的機能を発揮してはいない。

2　民法の基本——財産編

　ここでは，民法の世界で使用される基本的な法律用語および項目そして基礎的な法理論をとりあげて，簡潔な説明を加えておきたい。

　「民法」とは，人間の社会生活および取引上の規範をいう。言い換えれば，社会生活において，権利（義務）の主体・客体・法律要件，法律効果および効力を確定する際に適用される体系化・類型化された具体的判断規準としての法規範をいう。

1　財産権——物権・債権

　民法によって具体化される権利には財産権があり，物権と債権に分類される。

　（1）　権　利　「権利」の定義には，人の意思を基礎とする説，意思では説明がつかず利益とする利益説，二つの説の考えをあわせもつ折衷説がある。しかし，これらの説のそれぞれの表現は異なっているので，三つの代表的な定義をあげることとする（尚，折衷説は，筆者が平易にまとめたものであることをお断りしておく）。

　(a)　意思説：「権利」とは，「具体化した意思の力をいう」（サヴィニー）。人が意思をもつということに，権利の実体を求める学説である。

　(b)　利益説：「権利」とは，「法的保護に値する社会生活上の諸利益をいう」（イェーリング）。

　(c)　折衷説：「権利」とは，独立に意思を有する個人が，個人と個人との間で利益をめぐって対抗し合いその利益を獲得しようとする場合に，社会において発生し貫徹される現実的意思の力をいう（川島武宜[11]）。

　（2）　物　権

　(a)　物権の定義　　「物権」とは，物に対する権利であって，人の行為を媒介せずに一定の物を直接排他的に支配して利益を受ける権利をいう。

　(b)　物権法定主義　　物権は，民法そのほかの法律によって規定されるものに限られる。これを「物権法定主義」という（民法175条）。

　（c）　一物一権主義　　「一物一権主義」とは，物権が排他性を有することから，同一の目的物には同一内容の物権（たとえば所有権）が重ねて成立することはないことをいう。

　（d）　物権の分類

　（i）　普通物権　　「普通物権」とは，財産が本来的にもつ物質的な（使用）価値に着目する権利をいい，所有権，地上権，地役権，永小作権などがある。

　（イ）　所有権の定義　　「所有権」とは，「自由にその所有物の使用，収益及び処分をする権利」をいう（民法206条）。

　言い換えれば，所有権とは，所有者が財産を他人から干渉を受けずに自由に全面的に使用し利益を上げ売買しあるいは担保に提供できる権利のことをいう。

　なお，所有権・地上権・地役権・永小作権などの実質的な占有を正当づける権利を本権という。

　（ロ）　地上権（民法265条を参照）
　（ハ）　永小作権（民法270条を参照）　　　用益物権
　（ニ）　地役権（民法280条を参照）

　なお，用益物権とは，ある財産を他人が使用し利益を上げることを目的とする物権をいう（処分権をもたない権利である）。

　（ホ）　占有権の定義　　「占有権」（民法180条）とはその物の支配自体に何も法的根拠がない場合であっても，正当な権限に基づいた占有か否かに関わらず，現にそれを支配しているという事実から，その目的物に対しての支配を権利として保護する制度である。本権を保護する権利ともいう。

　（ヘ）　入会権　　山林などを共同して使用する権利が慣習・判例によって認められた代表的な権利である。（民法263条・294条を参照）

　（ii）　担保物権　　「担保物権」とは，債権者の債権の回収を確実なものとするために，経済的（金銭）価値のある特定財産を債権者に提供して，債権の経済価値を確保するための権利制度をいう。抵当権，留置権，質権，先取特権，譲渡担保がある。

　（イ）　抵当権　　「抵当権」とは，債務者または第三者（物上保証人）が債務返済の担保に提供した物を，提供者から占有を奪うことなく使用収益を上げさ

図表 10 - 1　物権の分類

物権＝普通物権・用権物権

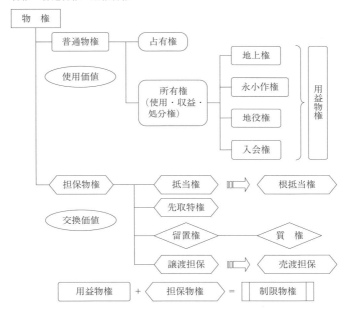

図表 10 - 2　抵当権の設定

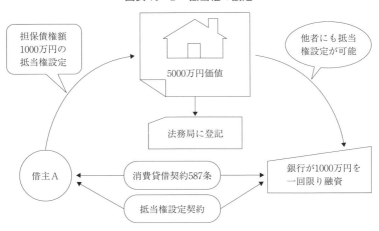

図表 10 - 3   根抵当権の設定

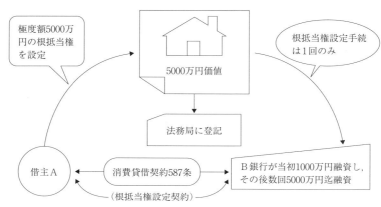

図表 10 - 4   不動産工事の先取特権

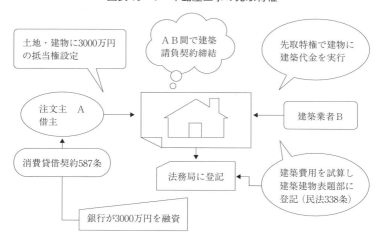

せて，債務が弁済されない場合に，債権者がその物の価額より優先的弁済を受けることのできる担保物権である（民法369条）。

　㈡　根抵当権　　「根抵当権」は，担保する債務の額が膨らむ可能性のある抵当権であり注意を要する（民法398条の２）。

　㈢　先取特権　　一般の先取特権（民法306条），動産（民法311条）および不動産賃貸（民法312条）ほか（民法317ないし324条）の先取特権は，発生した事

図表 10 - 5　　譲渡担保

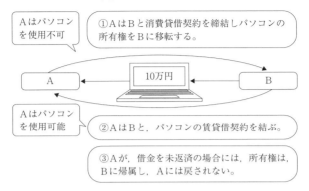

図表 10 - 6　　売渡担保（譲渡担保の一つ）

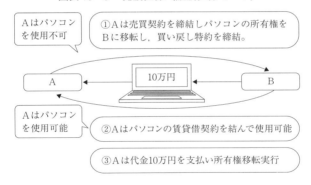

実を証明することによって取得される。

　　不動産工事の先取特権（民法325・327条）を例に説明する。

　不動産（建物）を建築する建築業者は，不動産を建築する以前に，建築費用の予算額の先取特権をこれから建てる建物の表題部に登記する（民法338条）ことによって，建築完了建物の引渡し後に代金支払債務が履行されない場合には，融資銀行の建物に対する抵当権の実行よりも優先して代金の回収のための特権を実行することができる（民法339条）。

　　(二)　譲渡担保（慣習・判例）　　「譲渡担保」とは，債権担保のために，担保物およびその所有権，あるいは担保物の所有権だけを債権者に移転して，信

用の授受の目的を達成しようとする制度をいう。

　どちらの場合も，弁済期限に10万円を弁済できない場合は，Aは，パソコンをBに返還することになる。

　なお，制限物権あるいは他物権とは，用益物権や担保物権のように，財産を一定の限られた目的のために利用する物権をいう。

　（3）　債　権　　債権は，「公序良俗に反する事項を目的とする事項」（民法90条）を除いて，「金銭に見積ることができないものであっても，その目的とすることができる」（民法399条）。

　（a）　債権の定義　　「債権」とは，一定の者（債権者という）が一定の者（債務者という）に対して，一定の行為（給付という）を行うよう請求できる権利をいう。

　（b）　債権の特徴　　債権は，人の行為を媒介して目的（たとえば土地・建物およびそれらの所有権を取得すること）の達成に助力する権利であるから，物に対しては排他性のない間接的な権利ということができる。したがって，同一人に対する同一内容の債権が重ねて成立することもあり得る。たとえば，芸能人Aが，同一時刻に，Fテレビ局の番組とTテレビ局の番組に生出演する契約を締結して，実際には同時刻に二つの番組への出演は不可能としても，民法上では有効な契約となる（この場合には，出演できなかったテレビ局のAに対する債権は消滅せず，同一性を維持しながら損害賠償請求債権に姿を変えて存続する）。

　（c）　債権の種類　　債権には，特定物債権と種類債権があり，後者は不特定物債権ともいう。

　（i）　特定物債権　　「特定物債権」とは，個々の具体的取引において，取引の対象となる物の個性や特色に着目した特定物（唯一の物）の引渡しを目的とする債権をいう（民400条）。特定物には，たとえば，東京都文京区本郷3丁目1番地に所在する30坪の土地とその上に建つ建物，時価500万円の著名な織部焼黒茶碗などの物の個性や特色による唯一の物品などがあげられる。

　（ii）　種類債権（不特定物債権）　　「種類債権」とは，一定の種類に属する一定量の物の引渡しを目的とする債権をいう（民法401条）。種類物とか不特定物には，たとえば，一枚500円の伊万里焼小皿，ペットボトル茶などのように，一定の種類に属して多品種多数存在する物品などがあげられる。

　なお，このように特定物債権と種類債権を分類する意義は，特定物を目的とした契約の締結と種類物を目的とした契約の締結との間で，権利（物権）変動の時期—たとえば所有権移転時期—の違いとして現れる点にある（本章設例10 - 5の問 - 4を参照）。

　(d)　義務—債務　　「義務」とは，権利に対応する法的拘束をいう。債権に対応する法的拘束として債務がある。

　債権者は，債権が債務者によって履行されない場合には，裁判手続によって判決を得て，債務者の財産に対して強制執行することができる。債務者は，債務が存在する限りその債務を履行しなければならないのである。このことから，「債務」とは，債務者が債権者に対して，債権の目的にそって特定の給付や行為（作為・不作為）をしなければならない負担（履行すべき義務）をいう。

　(e)　債務の種類　　債務には，「与える債務」と「為す債務」があり，この分類は，債務不履行の問題に対して強制履行する際に実益がある。

　(i)　「与える債務」とは，賃貸住宅に入居するため部屋を明け渡す債務や売買契約が成立した伊万里焼の焼物を引き渡す債務などのように，物を給付する債務をいう。

　(ii)　「為す債務」とは，芸能人が，Fテレビ局の番組に生出演する契約を締結して出演する債務（作為の債務）や日照や電波障害を起こすような建築物を建築しない債務（不作為の債務）をいう。

2　法律行為

(1)　法律行為とは

　(a)　「法律行為」とは，意思表示を要素とし，その要素である意思表示（が法律要件に該当すること）によって，当事者の意欲したところに，ある一定の法的効果を発生させようとする行為をいう。

　(b)　意思表示　　「意思表示」とは，一定の意思を形成し，その意思を表示して法律効果が発生するまでの過程をいう。意思の形成と意思表示の要素には，以下の二つがある。

　①人の意思は，心の内部において形成される。

　②形成された意思は，外部に表示されて意思表示となる。

★コラム 10 - 2　民法の基本知識

(1)　権利と権力・権威との違い

　他人に対する行為の要求は，当事者という対等な関係が存在するところでは，「権利」ということができるが，対等な当事者関係が存在しないところでは，「権力」もしくは「権威」という。

(2)　権利の主体

　「権利の主体」とは，社会生活上の諸利益を享受する人（自然人と法人）を意味する（特定の法律関係においては，権利者および義務者の双方をさす法律用語として「当事者」を使用する場合が多い）。

　(イ)　物権領域では，所有権者，地上権者などである。

　(ロ)　債権領域では，債権者としては売手，賃貸人など，債務者としては買手，賃借人などである。

(3)　権利の客体

　「権利の客体」とは，法的保護に値する社会的利益が存する対象をいい，権利の「目的物」とか「対象」と表記されることもある。権利の客体の態様は，物権関係では有形財，債権関係では他人である。

(4)　法律関係

　「法律関係」とは，人間の社会生活および経済取引において生じる権利・義務関係をいう。

　(イ)　当事者の意思表示によって生じる法律関係としては，契約がある。

　①典型契約（民法549条以下13種類）②非典型契約（上記13種類以外）

　(ロ)　当事者の意思表示に基づかないで生じる法律関係には，つぎの類型がある。①時効（民法144条）②事務管理（民法697条）③不当利得（民法703条）④不法行為（民法709条）⑤相続（民法882条）

(5)　法律要件

　「法律要件」とは，民法によって規定される法律効果の発生原因としての抽象的な一定事実（の集合）をいう。

(6)　法律効果

「法律効果」とは，法律要件に基づいた権利の発生・変更・消滅（法的結論）をいう。

(7)　法律事実と要件事実

　(イ)　「法律事実」とは，法律要件を形成する個々の具体的な事実の要素のすべてをいう。民事訴訟法上では「認定事実」ということもある。

　(ロ)　「要件事実」とは，法律効果を発生させ得る法律要件に該当する具体的事実をいい，民事訴訟法上の主要事実に相当する。

(8)　法律効力

　「法律効力」とは，法によって，法律効果の何をどの範囲にどの程度まで及ぼすことができるかをいう。効力の内容は，つぎの四つである。

　(イ)　支配権としての効力　　権利者の意思のみによって，物に対する直接的・排他的支

配を実現し及ぼし得ることをいい，所有権が代表とされる。所有者は，法令の制限内において，自由にその所有物の使用，収益および処分をする権利を有する（民法206条）

　　㈡　請求権としての効力　　権利者が義務者の行為を通して社会的利益の享受を実現し得ることをいう。①物権的請求権（本権の請求ともいう）には，妨害排除請求権・妨害予防請求権（民法202条）がある。②占有訴権には，占有保持の訴え（民法198条），占有保全の訴え（民法199条），占有回収の訴え（民法200条）がある。③債権には，不当利得返還請求権（民法703条），不法行為損害賠償請求権（民法709条），慰謝料請求権（民法710条，711条）がある。

　　㈢　形成権としての効力　　権利者の一方的な意思によって，法律関係を発生・変更・消滅させ得ることをいい，具体的には取消権・解除権などがある。

　　㈣　抗弁権としての効力　　自己に対する他人の請求権の働きを阻止することをいい，同時履行・催告・検索の各抗弁権（民法533・452・453条）が代表的である。
(9)　不動産　「不動産」とは，土地およびその定着物（建物など）をいう（民法86条1項）
(10)　動産　「動産」とは，不動産以外のものすべてをいう（民法86条2項）

　意思を形成しその意思を表示して法律効果が発生するまでの過程を分析してみると，次頁の**図表10-7**①～⑦の要素に分解できる。

　（**c**）　権利変動の原因としての意思表示——契約

　（ i ）　契約と権利の変動　　「申込み」と「承諾」という二つ以上の意思表示の合致によって成立する重要な法律行為の一つとして契約がある（民法522条1項）。当事者が売買契約を締結するということは，売買の目的物そのもの（土地・建物や焼き物など）と，そのものに存する所有権もともに売買することを意味する。したがって，契約が成立すると，契約の目的（たとえば不動産売買契約の内容）にしたがって，当事者間には債権や債務が発生し移動しやがて消滅するし，この債権債務過程を通じて，土地や建物の所有権が売手から買手に移転する。この過程を「権利の変動」という。人の意思を基礎に形成される契約は，現代社会における権利変動の最も大きな原因となるものである。

　このことから，13種類の典型契約とか有名契約と呼ばれる（同法549条以降参照）契約が成立するためには，すべての契約に共通する三つの要件の充足を要するし，なかには四つの要件の充足を要する契約もある。契約の領域は，契約自由の原則が支配的に作用するので，契約は当事者の合意のみで，13種類以外にも成立する。この契約を，非典型契約とか無名契約と呼ぶ。

図表 10-7　意思表示と法律効果

①動機：お腹がすいたので，なにか食べたいな。

②目的：食欲を満たすため，多くの中から食品を選択する。

③効果意思：選択した食品を購入する決定をする（売買効果を意欲する意思の決定）。

④表示意思：選択した食品の購入意思を表示（申込）することを決定

⑤意思表示：食品の購入申込を相手方に対して実施

⑥意思の合致：申込（購入の意思とその表示）と承諾（売る意思とその表示）の合致

⑦法律効果の発生：当該食品について売買契約が成立すると，売買契約の法律効果は，次のような権利義務関係として生じる。

　特定物あるいは特定した物（商品）の所有権が売手から買手に移転することで，売手は，商品の引き渡し義務を負うし，買手は，商品の引渡請求権を取得する。買手は購入代金の支払い義務を負う，売手は代金支払いの請求権を取得する。

　以下では，法律行為の重要な一つとしてあげられる契約をとりあげて解説する。

　(ⅱ)　契約の成立要件

　(イ)　契約が成立するための一般的成立要件には，①当事者，②目的，③意思表示がある。この三つの要素を満足（充足ともいう）することによって契約は成立する。（民法549条以下の契約の各条文を参照すること）

　(ロ)　特別な成立要件としては，消費貸借（民法587条）では，原則として目的物（たとえば金銭）の給付（6章 3-(3)消費貸借契約の構造分析を参照），使用貸借（民法593条）でも目的物の給付が必要となる。親族・相続編に関する身分行為の形成（民法739条の婚姻，民法799条の養子縁組）や解消（民法764条の離婚，民法812条の縁組解消）には，三つの要素に加えて届出も必要となる。

（2）　法律行為の要件　　法律行為の要件とは，法律行為が有効に成立し法律効果を完全に生ずるための要件をいい，成立要件と効力要件の二つに分類

★コラム 10 - 3　要物行為と要式行為

　「給付」は，目的物の提供と受け取りを内容とし，「要物行為」ともいう。

　「届出」は，役所に提出する婚姻の届出とか養子縁組の届出などであり，「要式行為」と
もいう。

される。

　(a)　成立要件　　成立要件については，**図表 10 - 8** を参照のこと。

　なお，成立要件と効力要件との関係については，成立要件がすべて満足され
ない場合には，その法律行為（契約）は，そもそも不成立であるから，法律行
為の効力要件の満足を検討するには至らない。

　(b)　効力要件　　「効力要件」とは，すでに成立した法律行為に，その法
律行為の内容に応じた効果・効力が有効に発生するための要件を総称していう。

　(i)　有効要件

　(イ)　当事者が，①権利能力（民法3条），②意思能力（民法3条の2），③行
為能力（民法4・7・11・15条）を有すること。

　①　権利能力　　「権利能力」（民法3条）とは，（現行）法によって保障さ
れた関係に参入するための能力および法的に保護された利益を享受する可能性
をいう。権利能力という法律上の概念は，「人間の資格」という側面（当事者対
等の原理）に焦点を置いて法律関係の構成要素である権利や義務の帰属主体に
そなわっているべき法的概念である。

〈権利能力を構成する四つの要素〉

　・政治上の諸権利をもち行使する能力

　・法的に承認され保護された家族関係に入る能力

　・財産権を取得し所有（使用・収益・処分）する能力

　・人格，自由，生命，身体の法的保護を請求する権利をもち行使する能力

　②　意思能力　　「意思能力」とは，自分の行為の結果を判断することの
できる精神的な能力をいう（行為の結果を認識する能力・予期する能力）。各個人
は，自己の意思に基づいてのみ，権利を取得しまたは義務を負う（私的自治・
契約自由の原則）ので，意思能力がない場合の法律行為の効力は無効である（民
法3条の2）。

図表 10 - 8　成立要件と有効要件との関係

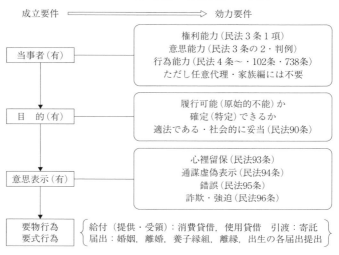

成立要件 ══════════⟹ 効力要件

当事者（有）	権利能力（民法 3 条 1 項） 意思能力（民法 3 条の 2・判例） 行為能力（民法 4 条～・102条・738条） ただし任意代理・家族編には不要
目　的（有）	履行可能（原始的不能）か 確定（特定）できるか 適法である・社会的に妥当（民法90条）
意思表示（有）	心裡留保（民法93条） 通謀虚偽表示（民法94条） 錯誤（民法95条） 詐欺・強迫（民法96条）
要物行為 要式行為	給付（提供・受領）：消費貸借，使用貸借　引渡：寄託 届出：婚姻，離婚，養子縁組，離縁，出生の各届出提出

その他の効力要件としては，効力発生要件（条件・期限）と効果帰属要件（代理制度）がある。

　　③　行為能力　　「行為能力」とは，法律行為を単独で行うことのできる能力をいう。

　なお，取引能力が不十分な者を制限能力者として後見人らを付し，制限能力者が，単独で法律行為を行った場合には，制限能力者本人や後見人らに取消権を与え，本人は，行為時の意思能力を問題とせずに，画一的に法律行為から離脱することができる。これを制限能力制度という。未成年（民法第 4 条）そして，成年後見制度が法定されている。[16]

　　㋺　法律行為の内容（目的）が，ⅰ）履行可能で[17]（判例），ⅱ）確定し得べきものであり[18]（判例），かつ，ⅲ）適法で（民法第91・92条），ⅳ）社会的に妥当なもの（民法90条）であること。

　法律行為は，その内容（動機・目的・条件）に不可能性（原始的不能），不確定（不特定）性，違法性，反社会性を有する場合には，効力が問題となる。

　①　契約意思不存在の場合には，法律行為は，不成立である[19]（判例）。
　②　売買目的物の不特定の場合は，無効である[20]（判例）。

③ 賭博金支払いのための返済金貸付契約は，無効である（判例）。[21]
④ 芸娼妓前借金契約は，無効である（判例）。[22]
⑤ 日産自動車男女差別定年制無効事件（判例）。[23]

労働法や独禁法に関する判例も多数ある。判例の集積によって，立法された法律や制定された制度はたくさんある。仮登記担保法，宅地建物取引業法などのクーリングオフ制度，消費者保護法は，その代表例である。

(ハ) 意思表示に瑕疵がないこと。

瑕疵ある意思表示とは，他人から詐欺または強迫を受けてした意思表示をいう。表示された意思と内心の効果意思は合致しているが，その意思の決定が不当な干渉を受けて自由に行われなかった場合には，意思表示を取り消すことができる。

①詐欺（民法96条1項） ②強迫（民法96条1項）

(ニ) 意思表示に欠缺がないこと

意思の欠缺（不存在）とは，表示された意思と内心の効果意思との不一致をいう。

①錯誤の場合には，意思表示を，取り消すことができる（民法95条）。

表意者に意思表示に対応する意思が欠けていること（1号），法律行為をする事情に対する認識が真実に反すること（2号）によって錯誤が生じた場合に，法律行為の目的および社会通念に照らして重要なものであるときには，意思表示した者（以下では「表意者」という）は，その意思表示を，取消すことができる。

②心裡留保による意思表示は，無効の場合がある（民法93条）。

表意者が，単独で真意ではない意思を表示した場合を心裡留保という。相手方が，その意思表示が真意ではないことを知り，又は知ることができたときには，その意思表示は，無効である。

③通謀虚偽表示による意思表示は，無効である（民法94条）。

相手方と通謀して意思を表示した場合を通謀虚偽表示といい，無効である。

図表 10-9 は，瑕疵ある意思表示と意思の欠缺の比較である。

(ii) 効力発生要件

(イ) 法律による法定要件としては，遺言者の死亡についての民法985条，

図表 10 - 9　瑕疵ある意思表示と意思の欠缺

瑕疵ある意思表示　　　　　　　　　　意思の欠缺
意思の決定過程に不当な干渉

内心の効果　　　表示された
意　思　＝　　意　思

内心の効果　　　表示された
意　思　≠　　意　思

図表 10 - 10　無効と取消しの比較

	無　　　効	取　消　し
特定人の主張の必要性	不要（当然に効力は，最初から無し）。	取消権者の取消の主張を要す（取消後効力無し）
対世的効力	全ての人が，最初から効力がないものとして扱う（当然無効）	取消すまでは，効力があるものとして扱う。（一応有効）
時間の経過による変化	無効は補正されない。	取消の効力は遡及する。取消権は，時間が経過することにより消滅する

受遺者の生存についての民法988条がある。

　（ロ）　効力発生の時期等

　①　相手方への意思表示が効力を生じる時期は，その通知が相手方に到達した時（民法97条）である。

　②　その他としては，条件（民法127条），期限（民法135条），期間（民法138条）がある。

　(iii)　効果帰属要件　　効果帰属要件としては，①代理権（民法99条以降）②処分権（民法28条・103条）③管理権（民法28条・918条・956条）について規定されている。特別要件としては，対抗要件（民法177・178条）が規定されている。

（3）　無効・取消し

（a）　無効の意義　　法律行為ないし意思表示の無効とは，何人の主張をまたずして，最初から法的効力のないものとされることをいう。

（b）　取消しの意義　　法律行為ないし意思表示を取り消し得るとは，特定人が効力を失わせることを主張することによって効力のないものとなることをいう。

　民法120条の取消しの効果は，制限行為能力，錯誤，詐欺又は強迫に基づく

行為に限られている（その他の場合は，民法10・13・32・115・424・743・803条ほか
を参照してほしい）。

（c）無効・取消しの効果　　民法121条および民法119条によれば，無効・
取消しは，意思表示または法律行為の効果が，完全には生じないと解されてい
る。しかし実際に，無効とすべき行為や取り消し得る行為に基づいて，①現実
に履行がなされてしまったときには，所有権に基づく返還請求，②収益（民法
88条2項の法定果実）があった場合には，不当利得返還（民法703条以下）の効果
が生じる。③取消しの原因が，不法行為の要件を備えているときは，損害賠償
請求の効果（民法709条以下）も生じることになる。

> **設例10-1　土地売買で詐欺にあった場合**
> 　買手にだまされて土地を売った場合に，売手が土地を取り戻すための過程を理論的に
> 説明せよ。
> 　この場合，売手が土地を売るという意思は存在したので，土地の売買契約は，一応成
> 立する。しかし，売買の意思を決定する過程に問題（瑕疵）があったので，売手は，売
> 買契約を取り消すことができる（民法96条1項）。売買の意思表示が取り消されると，
> その売買は，初めから存在しなかったものとみなされる（民法121条）。初めから売買契
> 約は存在しなかったことになるのだから，土地の所有権は，売手から買手に移転してい
> なかったことになる。したがって，所有権は，依然として売手にあることになるのだか
> ら，売手は買手に対して，所有権に基づいて，土地を実際に返還するよう請求できる。
> このような「土地の返還」という法的問題を解決するために体系化された法論理構成
> は，法のドグマといわれる（法律文化社 WEB 補論第**18**章を参照）。

3　物権変動──不動産・動産の物権変動と契約

（1）　物権変動

（a）物権変動　　「物権変動」とは，物権的法律要件を満足することで物
権にもたらされる法律効果をいうのであり，不動産および動産における権利
（たとえば所有権）の発生（設定）・変更（移動）・消滅を総称していう。

（b）物権変動の要件・効果　　物権変動にも，要件・効果の関係が働く。
民法176条を例に解説する。民法555条の売買契約も同時に比較対照してほしい。

> ①①当事者要件　②②目的要件　③③意思表示要件　④④給付要件
> 　⑦法律効果　○…当事者の一方（売手）□…相手方（買手）を表す。

〔民法176条の物権の設定および移転を分析する〕

（②）物権の設定及び移転は，（①１）当事者の（③３）意思表示のみによって，（⑦）その効力を生ずる。

法律効果⑦は，「物権の設定および移転が成立する」と理解する。

〔民法555条の売買契約の分析〕

「売買は，①当事者の一方（当事者）が，②ある財産権（目的）を，相手方に③移転することを約し（意思表示），１相手方（当事者）が，これに対して２その代金（目的）を，３支払うことを約すること（意思表示）によって，⑦その効力を生ずる。」

物権の移転をする場合の意思表示は，売買契約においては，財産権移転の意思表示と代金支払いの意思表示が該当する。

（2）物権変動と契約の関係——不動産・動産売買の例　不動産・動産を売買するとは，どのような意味・内容を含み，どのような過程を経て，それらやその所有権（物権）が，売手から買手に移転するのだろうか。

（a）民法176条と民法555条の分析検討

（ⅰ）民法176条の物権変動規定を不動産・動産の民法555条による売買契約として書き換えてみる。

物権の設定及び移転は，（不動産または動産の物権の売買契約は）当事者の意思表示のみ（売手が物権を買手に売渡すことを約束し，）（買手が売手に物権代金を支払うことを約束することのみ）によってその効力を生ずる。（によって成立する）。

（ⅱ）民法555条の売買契約規定を不動産・動産の物権変動として書き換えてみる。

売買（契約）は，　　　当事者の一方が，　ある財産権を相手方に
（不動産または動産の物権変動は）（売手が）　（物権を）　（買手に）

移転することを約し，　相手方が　これに対してその代金を
（売り渡すことを約束し）（買手が）　（売手に）　（物権代金を）

支払うことを約することによって，　その効力を生ずる。
（支払うことを約束することによって）　　　（成立する）。

（ⅰ）と（ⅱ）を比較してみると，二つの条文は，不動産や動産の移動する過程および要件・効果を，（ⅰ）は物権変動として，（ⅱ）は売買契約として規定し，同一の内

容を異なる観点から規定していることに気がついてほしい。

　（b）　我妻説（解釈論）　　土地や建物を売買するということは，そこに存す
る所有権（物権）もともに契約によって売買することを意味する。それは，所
有権が財産（土地や建物）に直接的な支配を執行する本体権利であり，債権が
その所有権の支配的作用（発生・変更・消滅・利用）を債権・債務（権利・義務）
関係として実現する援助者であると理解し得る。したがって，「物権と債権の
関係は，本体と作用との関係において結合する。ゆえに，両者を規律する法原
理は，共通とならねばならない[24]」という財産理論によって説明される。この内
容を，R. H. コースは，「財産は権利の束[25]」と表現する。鉄道を例に言い換えて
みると，「レール」が共通の原理としての契約に相当し，「電気機関車」が所有
権という本体権利に，「車両」が土地・建物そのものに相当する。債権は左右
いずれかのレールに相当し複線として存在する。

　（c）　判例による解釈　　民法176条は，「物権の設定及び移転は，当事者の
意思表示のみによって，その効力を生ずる」と規定されるが，「当事者の意思
表示のみによって」とは何を意味して，所有権は，いつ売手から買手に移転す
るのかについて，民法522条1項・401条2項から明らかにしておきたい。

　（i）　民法176条の「当事者の意思表示」とは，判例によって，売買契約に
おいては，民法555条の「当事者の一方がある財産権を相手方に移転すること
を約し」「相手方がこれに対してその代金を支払うことを約すること」に該当
すると判示されている[26]。通常では，売買契約を締結する際に「一定の価格で売
りましょう」「一定の価格で買いましょう」と表記される意思表示は，一方が
「申込み」である場合には，他方が「承諾」となる。民法522条1項によると，
「契約は，……申込みに対して相手方が承諾したときに成立する（民法522条1
項）」と規定され，この規定は，売買契約が当事者の一定価格での売却する意
思と一定の価格で買い取る意思表示という申込みと承諾の合致によって成立す
ると解される（民法555条）〔設例6-3および解説③を参照〕。

　（ii）　所有権が売手から買手に移転するための要件および移転時期は，売買
物が特定物か不特定物かによって異なる。特定物とは，個々の具体的な取引に
おいて，取引の対象の個性や特色に着目した物（たとえば土地や建物）をいい，
ほぼ代替不可能な物と一致する。特定物（土地や建物）の所有権が売手から買

手に移転するのは，売買契約が成立し（要件），その効果として，契約成立と
同時ということになる[27]（設例10-2を参照）（民法555条・176条）。不特定物（種類物
ともいう）とは，一定の種類に属し一定量の引渡しが可能な物（たとえば日用雑
貨品など）をいい，ほぼ代替可能な物と一致する。不特定物の売買では，買手
は，多品種かつ多くの量から買手の用途や数量に応じた製品を選択して特定
し，購買意欲を満足する過程を経て取引を完了する。つまり，不特定物売買の
所有権の売手から買手への移転の要件および時期は，買手が（場合によっては売
手が）不特定物を選択して特定すること（要件）を必要とし，特定した時点（民
法401条2項によると「物の給付をするのに必要な行為を完了あるいは給付すべきもの
を指定」した時点）ということになる（設例10-5の問4を参照）。

　設例10-2および設例10-5の問4を検討してみると，土地や建物などの特定
物売買と日用雑貨品などの不特定物売買とは，所有権移転の要件および時期が
異なる一方で，特定物（土地や建物）の所有権移転も不特定物（日用雑貨品など）
の所有権の移転も，どちらも実際に引渡しをするとか代金を支払うということ
も，要件として求められていない点に注意しておきたい。

　もっとも，契約自由の原則（民法91条）から，「売買代金の支払いおよび受領
を完了したときに所有権は移転する」と特約が認められる場合（民法521条2
項）には，それが完了したときに，所有権が売手から買手に移転する[28]。

設例10-2　土地・建物（特定物）売買のプロセス——具体的事例——

　①㈱川島不動産が所有権を有する土地（20坪）およびその土地の上に立つ建物（特定
物）を3000万円で売りたいと思い，新聞の折り込み広告に掲載した。②この広告を見た
木下由紀の実父雄三が，川島不動産に対して当該土地と建物（以下では当該不動産とい
う）を3000万円で購入したいと申し入れた。③川島不動産は，木下雄三に対して当該不
動産を3000万円で売渡すことを承諾した。

⑴　売買契約締結および物権（所有権）移転のプロセス

　①川島不動産が不特定多数に当該不動産の売却を新聞の折り込み広告に掲載した（申
込みの誘引という）。

　②木下雄三が川島不動産に当該不動産の購入を申込んだ（民法522，555条）。

　③川島不動産が木下雄三に売却を承諾した（民法522，555条）。

　④川島不動産と木下雄三の間で売買契約が締結されて成立した（民法522条1項・2
項，555条）。

　⑤売買契約成立の時点で，当該不動産の所有権が川島不動産から木下雄三に移転する

【所有権が売手から買手に移転するプロセスおよび時期】

所有権（自由に使用・収益・処分する排他的権利）（民法206条）。

⑤所有権が売手から買手に移転（民法176条）

④売買契約を締結し契約成立（民法555条）

㈱川島不動産 → 土地・建物引渡し債務 → ⑥ ← 土地・建物引渡し請求債権 ← 木下雄三

売買代金支払い請求債権 ← ⑦ ← 売買代金支払い債務

（民法176条）。

⑥川島不動産は土地・建物の実際の引渡し債務の履行が未履行の場合には，木下雄三は，川島不動産に当該不動産の引渡を請求する。

⑦木下雄三の売買代金支払債務が未履行の場合には，川島不動産は，木下雄三に売買代金3000万円の支払いを請求する。

(2)　売手の川島不動産所有の3000万円の当該不動産（特定物）を買手の木下雄三との間で売買するとは，契約が成立した時点（民法522条1項・2項）で，それらの物に存する物権（所有権・地上権など）が，売手から買手に移転する（民法176・555条）ことを意味する（通説・判例）。この時点で，売買契約を締結した木下雄三は，当該不動産の所有権を適法に取得する。

もっとも，契約当事者の川島不動産と木下雄三は，契約自由の原則に基づいて，売買した当該不動産の所有権の移転時期を，契約成立時ではなく，当該不動産を引き渡した時，売買代金を支払った時，移転登記をした時，売買代金の支払いと移転登記を同時に行った時など，自由に決めることができる（判例）（民法521条2項）。

これにより，川島不動産が当該不動産の実際の引渡しを履行しないときには，買手の木下雄三は売手の川島不動産に対して実際の引渡し（契約の履行）を請求することができる（履行遅滞，危険負担・履行不能，契約内容不適合による売主の担保責任については本章の **4** を参照）。

なお，川島不動産と木下雄三との間で売買契約が締結され成立した場合には，所有権の移転（民法176条）と売買代金の支払い（民法555条）は，上記プロセスによって完了する。ところが，売手の川島不動産が同一の土地建物を，第三者の上野秀樹にも二重に売買契約を締結した場合には，先買人の木下雄三は，移転登記を済まさなければ，第三者の上野秀樹に対して，自分が土地建物の所有権をもつことを主張できない（民法177条）（この論点は，次の物権変動と対抗要件を参照）。

図表 10 - 11　不動産・動産の「公示の原則」「公信の原則」の適用比較

	「公示の原則」	「公信の原則」	適用される目的
①動産	動産の占有	適用有り	取引の迅速性と安全性
②不動産	不動産の登記	適用無し	真実の権利者を保護

　（3）　物権変動と対抗要件　　ここでは，動産物権あるいは不動産物権に適用される原則を解説して，この原則が，権利の変動（物権の変動）理論に与える影響について述べる。

　(a)　取引の近代化──情報開示

　(i)　公示の原則　　「公示の原則」とは，物権の所在や内容について外見から誰にでも容易に認識することができるような手段（登記，登録，占有，標識など）を講じておくべきであるという要請をいい，動産・不動産ともに適用される。動産は，引渡し（占有）が表象にあたり，民法178条の対抗要件となる。不動産は，登記や慣習によって形成された立木についての明認方法（第**4**章 -**3** - **2** 判例法を参照）などが表象にあたり，民法177条の対抗要件となる。

　(ii)　公信の原則　　物権の存在を推測させる公示方法（動産の占有，不動産の登記）を信頼した者は，その表象が実質的な権利を伴わないときであっても，その表象を信頼したことによって保護されることを「公信の原則」という。

　(イ)　動産……公信の原則が適用される。　動産の占有（引渡し）を信用して取引をした者は，その占有が所有権を伴っていなくとも，その売買取引は保護される。

　(ロ)　不動産……公信の原則は適用されない。　不動産の登記を信用して取引をした場合であっても，その登記と実際の権利関係が不一致のときには，その登記を信頼して売買取引を締結した者は，当該不動産の取得を主張し得ない。

　(b)　不動産物権の変動と対抗要件──登記・明認方法など

　民法177条によれば，不動産に関する物権の得喪および変更は，不動産登記法その他の登記に関する法律の定めるところに従い，その登記をしなければ，第三者に対抗することができない。

　民法177条の「第三者に対抗する」「第三者に対抗することを得ず」とは，どのような内容をいうのか。例題を設定して検討する。

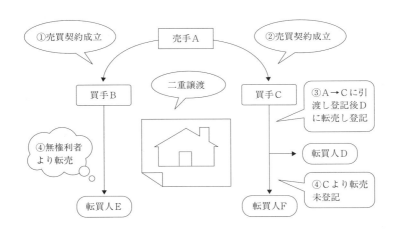

設例 10 - 3　　不動産所有権の移転と登記

①売買契約成立　売手A　②売買契約成立

買手B　二重譲渡　買手C　③A→Cに引渡し登記後Dに転売し登記

④無権利者より転売

転買人E　転買人D　④Cより転売未登記

転買人F

【問-1】　AがBに，A所有の土地と建物（X）を売り渡すことを約束して，BがAに代金3000万円を支払うことを約束して売買契約は成立した。ところが，その後に，AはCにも同じ土地と建物（X）を売り渡すことを約束して，CがAに代金4000万円を支払うことを約束して売買契約は成立した（二重譲渡）。契約成立時点で，土地と建物に存する物権（所有権）もともに，AからBあるいはCに二重に移転する（民法176条）ことになる。

　土地・建物およびその所有権が自分の所有であることをBあるいはCのどちらが主張することができ，土地と建物を自分の手中に収めることができるだろうか？

　民法177条では，「第三者に対抗する」と表現している。

【答】　Bは，Aから土地と建物の所有権移転登記を済ませていないので，第三者のC（CはAB間の売買契約においては当事者ではなく第三者に位置する）に対して，土地と建物が自分のものである（土地と建物の所有権を完全に有する）ことを主張して，Cを排除することができない。

　他方，Cも，Aから土地と建物の所有権移転登記を済ませていないので，第三者のB（BはAC間の売買契約においては当事者ではなく第三者に位置する）に対して，土地と建物が自分のものである（土地と建物の所有権を完全に有する）ことを主張して，

Ｂを排除することができない。

　この例のように，土地建物の不動産売買契約が二重に締結されても，ＡとＢ，Ａと
Ｃという当事者間では不動産売買契約が成立し，しかも，契約成立と同時に不動産の所
有権も，ＡからＢ，あるいはＡからＣへと移転する。しかし，Ｂから第三者のＣに対
しても，Ｃから第三者のＢに対しても，Ａから不動産物権の移転登記が完了されてい
なければ，自ら所有権者を主張し，第三者を排除することはできない。この内容を，民
法177条は「その登記をしなければ，第三者に対抗することができない。」と表現してい
る。

　不動産取引の重要性から取引の安全性を重視する観点にたって，Ａから土地と建物
の所有権移転登記を先に済ませた者が，土地・建物およびその第三者を排除し得る力を
備えた所有権を完全に取得し（民法177条），自らが所有権者であることを主張して，土
地・建物を実際に取得することができる。

【理由】　ＣがＢより先に土地・建物の所有権移転登記を完了すれば，Ｃは，公示性を
体現した対抗要件を獲得し，不完全な所有権を有するにすぎない第三者のＢを土地・
建物から排除する力を備えた完全な所有権を取得することになる。したがって，Ｃは，
自らが所有権者であることを主張して，土地と建物を手中に収めることができる。

【問−2】　Ｃから二重転売されたＤとＦがいた場合，どちらが土地と建物の所有権を
取得するか。

【答】　Ｃから土地と建物を転売されたＤは，土地・建物およびその所有権を取得し，
移転登記を完了すれば，対抗要件を獲得する（民法177条）から，自らが土地・建物の
所有権者であることを主張し，第三者のＦを排除することができる。仮に，ＣがＦに
も土地と建物を二重に転売したとしても，土地と建物の移転登記が未登記のＦは，不
完全な所有権を有するにすぎない第三取得者であり，所有権を主張することも，Ｄを排
除することもできない（民法177条）。

【問−3】　問−2の事実（対抗要件を具備したＤ）に加えて，Ｂより土地と建物を転売
されたＥがいた場合，Ｅは，土地と建物およびその所有権を取得し得るか。

【答】　Ｂは，すでに土地と建物については，その所有権を有さない無権利者である。Ｅ
は，無権利者Ｂから土地と建物を転売されたにすぎず，不動産取引において無権利者
から権利者を生むことはないので，ＥはＢから土地と建物およびその所有権を取得す
ることはない。

（c）　動産物権の変動と対抗要件——引渡し（占有）

　民法178条によれば，動産に関する物権の譲渡は，その動産の引渡しがなけ
れば，第三者に対抗することができない。

設例10−4　動産所有権の移転と引渡し

【問】　ＡがＢに時価100万円の古伊万里の大皿を売り渡すことを約束して，ＢがＡに

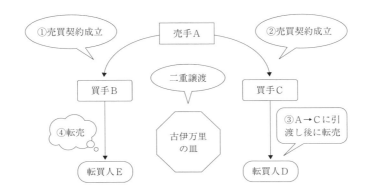

代金100万円を支払うことを約束して売買契約は成立した。

　その後に，AはCにも同じ古伊万里の大皿を売り渡すことを約束して，CがAに代金150万円を支払うことを約束して売買契約は成立した（二重譲渡）。契約成立時点で，古伊万里の大皿に存する所有権は，AからBおよびCに二重に移転する（民法176条）。BあるいはCのどちらが，古伊万里の大皿の所有権を主張することができ，大皿を実際に取得できるだろうか？

　これを民法178条は「第三者に対抗する」と表現する。

【答】　Bは，Aから古伊万里の大皿の引渡しを受けていないので，第三者のC（CはAB間の売買契約においては当事者ではなく第三者に位置する）に対して，古伊万里の大皿が自分のものである（大皿の所有権を完全に有する）ことを主張できない。

　他方，Cも，Aから古伊万里の大皿の引渡しを受けていないので，第三者のB（BはAC間の売買契約においては当事者ではなく第三者に位置する）に対して，古伊万里の大皿が自分のものである（大皿の所有権を完全に有する）ことを主張できない。

　市場取引競争（契約）の自由の観点から，Aから古伊万里の大皿の引渡しを先に受けた者が，古伊万里の大皿を占有し大皿の所有権を完全に取得することになる（民法178条）。

【理由】　Cは，大皿の引渡しを受けて占有を継続することで，対抗要件（不完全な権利者を排除する力）を獲得し，公示性と公信性の両方を備える。大皿を占有するCを信じたDは，占有の公示性および公信性から転売後に所有権を獲得し，引渡し後に大皿の対抗要件を備えた所有権を完全に取得する。他方，Bから大皿を転売されたが引渡されていないEは，大皿の所有権を主張できない。

4　契約の効力——問題解決へのプロセス

（1）　契約の効力　　売買契約について，有効に成立した契約が，履行さ

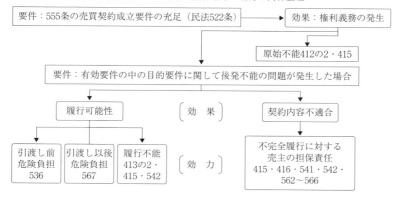

図表 10-12　契約の要件・効果・効力の関係

民法大改正に対応した要件効果・効力の関係整理

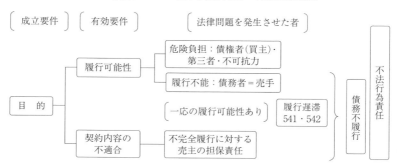

図表 10-13　契約で生じる問題への法的対処

契約を締結することで生じる法律問題への法的対処過程

れず，履行されたが不完全であったり瑕疵があったり，履行が遅れたという法
律要件が備わった場合に，発生した契約の効果として当事者の目的を達成する
ため，あるいは，それに代わるべくどのような効果を当事者に及ぼし得るのか
（契約の効力）について，民法の規定および体系化された条文相互の論理構成
【法の Dogma】を契約の要件・効果そして効力の観点から整理したのが**図
表 10-12**である。

　有効に成立した契約が当事者の意欲した法律効果を達成し得ないとき，ある
いはその法律効果の程度が十分でないときには，当該契約は，危険負担・債務

不履行・契約内容不適合の売主担保責任という契約効力（拡張）の問題とし
て，さらに不法行為等の法律問題として**図表10−13**のように解決される。

　（2）　債務不履行・危険負担・契約内容不適合の売主担保責任　　ここで
は，下記設問を設定して，その設問を前提として，危険負担・履行不能，履行
遅滞，契約内容不適合の売主担保責任の問題を解決するためのプロセス（法の
解釈・適用）を検討する。

設例10−5　契約の効力発生の具体例
【問−1】　特定物（土地・建物）売買の場合—履行不能と危険負担
①Ａさんが所有権を有する土地および建物（特定物）を3000万円で売りたいと思い，
新聞の折り込み広告に掲載した。②この広告を見たＢさんが，2020年5月1日Ａさん
に対して当該土地・建物を3000万円で購入したいと申し入れた。③Ａさんは，同日
に，Ｂさんに対して当該土地・建物を3000万円で売り渡すことを承諾した。④土地・建
物の移転登記および引渡しと代金の支払いは，1か月後の同日に行うことで同意し売買
契約は成立した。⑤建物の所有権は，2020年5月1日にＡからＢに移転した。⑥とこ
ろが，契約が成立した当日夜に，建物は，焼失してしまった。
　この場合に，買手のＢさんは，Ａさんに対して，何を法的根拠に，どのような内容
の請求をすることができるか。
【答】
(1)　特定物および権利について売買契約の締結および発生した問題の整理
　①　Ａが不特定多数に土地・建物の売却を新聞の折り込み広告に掲載した（申込の
　誘引という）。
　②　ＢがＡに土地・建物の購入を申し込んだ（民法521，555条）。
　③　ＡがＢに売却を承諾した（民法522，555条）。
　④　ＡとＢの間で売買契約が締結されて成立した（民法522条1項・2項，555条）。
　⑤　売買契約成立時点で，土地・建物の所有権がＡからＢに移転した（民法176
　条）。
　⑥　売買契約当日の夜に，建物が焼失した。
　ＢはＡにどのような請求をなし得るか。
以上の設問を図式化すると，次頁図のようになる。
(2)　履行不能と危険負担——問題解決のかぎ
　売買契約（双務契約）の目的物が滅失あるいは損傷した場合に，売買契約で生じた問
題を解決するためには，滅失損傷の原因が誰（債権者，債務者，第三者）の何（注意義
務違反，不可抗力）にあるか，滅失損傷したのは引渡し前かそれとも引渡し後か，目的
物が特定した物かという点が，判断ポイントになる。
　（i）　履行不能に基づく損害賠償請求

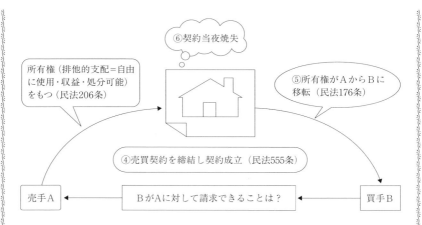

　建物焼失の原因と責任が売手（債務者）にある場合には，売手の債務者Ａは，善良なる管理者の注意保管義務に違反する（民法400条）ので，買手のＢは，債務不履行のうち履行不能の問題として解決することになる（民法415，416，543条）。

　(イ)　建物がすでに焼失しているのであるから，ＢはＡに対して，土地の代金2000万円を支払って，建物相当額1000万円の損害賠償を請求することができる（民法415，416条）。Ａが土地を引き渡し，損害額の支払を履行するならば，Ｂは，土地代金2000万円に建物の売買代金相当額1000万円を加えた3000万円をＡに支払う債務（弁済）を履行しなければならない。

　(ロ)　売買契約の目的物である建物は既に存在しないので，建物の売買契約の履行は不能であるから，Ｂは居住の目的をもはや達成できない。従って，（イ）のように二重手間をかけるよりも，債権者Ａ（買手）は，すべての契約を解除して代金支払い債務も遡って初めからなかったことにして，新たな土地と建物を探すべきである（民法540・543条）。

　(ii)　危険負担

　債務を履行できなくなった原因あるいは責任が，第三者や自然災害などの不可抗力に，あるいは買手（債権者）の注意義務違反にある場合には，当事者は，危険負担の問題として解決することになる（民法536条）。

　(a)　売買目的物の引渡し前にその目的物が滅失損傷した場合

　(イ)　売買契約の成立によって売手Ａから買手Ｂに所有権が移転した建物（民法555，176条）が，引渡し前に，第三者あるいは不可抗力で焼失したとき，債権者（買手Ｂ）は，反対給付の履行（売買代金の支払い）を拒否できる（民法536条１項）。それ故，その焼失によって失われた財産の損害は，債務者（売手Ａ）が負担すると解される。

　(ロ)　他方，債権者（買手など）の責任に帰すべき事由によって，建物が滅失・損傷

し債務の履行が不能になったときには，債権者は，反対給付（代金支払い）の履行を拒否できず，債務者（売手など）は，反対給付を請求することができる（民法536条2項）。

　（b）　売買目的物の引渡し後にその目的物が滅失損傷した場合

　（イ）　売手Ａが買手Ｂに建物を引き渡した後に，当該建物が，第三者や不可抗力によって，滅失・損傷したときには，買手は，履行の追完・代金減額あるいは損害賠償の請求，契約の解除をすることができないし，代金の支払いも拒否できない（民法567条1項）。

　（ロ）　売手が契約内容に適合する建物を履行として買手に提供したにもかかわらず，買手が履行を受けず，又は受けることができない場合も，（イ）と同様となる（民法567条2項）。

> （注）危険の移転は，原則として，目的物の引渡しされたとき（受領遅滞の場合には履行提供時）とされているが，売手の責めに帰すべき事由によって，建物が滅失・損傷した場合には，危険は移転しない。また種類物は，契約内容不適合の目的物を引き渡しても特定されないので，民法567条は，種類物売買には適用されない。

【問－2】　契約の履行遅滞―履行の請求または解除

　問－1の事実①～⑤に加えて，⑥2020年6月1日に土地建物の実際の引渡しが行われなかった（民法412条の「履行遅滞」という）事実がある場合，ＢはＡに引渡しを請求できる。それ以外に，Ｂは，どのような手段をとり得るか。

【答】　（i）　履行の請求

　不動産（Ａ所有の3000万円の土地および建物）をＡ・Ｂ間で売買するとは，契約が成立した時点で，特約がない限り，それらの物に存する物権（所有権・地上権など）が，ＡからＢに移転する（民法176，555条）ことを意味する（通説・判例）[31]。この時点で，ＡＢの当事者間では，Ｂは，不動産の所有権を適法に取得する。したがって，もし，Ａが不動産の実際の引渡しを履行しないときには，ＢはＡに対して実際の引渡しを請求することができる。

　同日に土地建物の売買代金支払いの履行が行われなかった場合には，ＡはＢに売買代金3000万円の支払いを請求できる。

　（ii）　解除

　債務者が，故意・過失によって債務の履行を怠ってしまった場合（「履行遅滞」という）には，債権者は，相当の期間を定めて債務の履行を催告して，債務者が期間内に履行しないときには，契約を解除することができる（民法541条）。

　催告に不相当な期間を定めた場合には，具体的な契約の種類や内容および取引状況などを考慮して客観的に相当と判断される期間が経過した時点で，解除権が，発生する[32]。

　なお，不確定期限があるときは，その期限の到来した後に履行の請求を受けたとき又はその期限の到来したことを知ったときのいずれも早いときから（民法412条2項），契約で履行期限を定めない債務は，履行の請求を受けたときから履行遅滞となる（民法

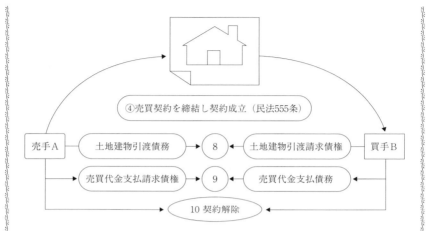

412条3項）とされるから，債権者が，履行の請求をしてはじめて履行遅滞となる場合には，無駄に期間を経過し費用を浪費するだけとなりかねない。そこで，判例は，「2020年7月15日までに債務を履行していただきたい。この期日までに債務が履行されなかった場合には，本通知をもって契約を解除したものとする」という文面で請求と催告を1度ですることも可能と解している。[33]

　なお，無催告解除ができる場合として，債務の全部の履行が不能である（民法542条1項1号），債務者が債務の全部の履行を拒絶する意思を明確に表示したとき（同項2号），債務の一部の履行だけでは，あるいは特定日時や一定の期間内に債務の履行〔これを定期行為といい，たとえばクリスマスイブに食べるケーキや結婚式に着用するウェディング・ドレスの製造・納品など〕をしなければ，契約の目的を達成し得なくなる場合（同項3号・4号），履行を催告しても履行される見込みがないことが明らかであるとき（同項5号）などは，債権者は，催告せずに契約を解除することができる。

【問-3】　売主の担保責任—契約内容に不適合な売買目的について買手の請求内容—

　事実①〜④は，〔問-1〕と同様である。⑤1か月後に代金の支払いと同時に売手のAがBに引渡した土地の移転登記簿上の一部には，第三者Cの地上権が設定されており，また，⑥移転登記後に引き渡された建物には，雨漏りする箇所が認められた。買手のBは，土地の一部にCの地上権が設定された当該土地，また，雨漏りする箇所が認められた建物について，Aに対して，どのような法律問題として何を根拠にいかような内容を請求し得るか。

【答】　売買（双務）契約が成立して引き渡された財産や権利が契約内容に適合しない場合には，特定物・不特定物を問わずに（「特定物」というドグマからの解放），契約内容不適合の売主担保責任の問題として，買手は，売手に対して，つぎの内容を請求でき，売手は，その履行責任を負う。

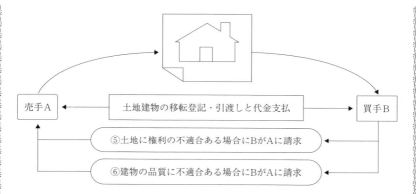

条文の順序にしたがって，まず，建物について説明する。

（i）契約内容に不適合な移転権利について買手の請求内容

⑤売手が買手に移転した権利が契約内容に適合しない（たとえば，土地の所有権に抵当権をはじめとする制限物権が設定されていた）場合には，買手は，売手に対して追完請求（民法562条），代金減額請求（民法563条），損害賠償の請求・契約の解除（民法564条）をすることができる（民法565条）。請求期間は，５年間あるいは10年間である（民法166条１項１号・２号）

（ii）契約内容に不適合な売買建物について買手の請求内容

⑥売手から買手に引渡（移転）された目的物が契約内容の種類・品質に適合しない場合には，買手は，売手に対して，不適合を知ったときから１年以内にその旨を通知したときに限って，民法562条乃至564条で規定される請求権を売手に対して行使し得る（民法566条）。

すなわち，買手は，建物の修繕・保全，代替物の引渡しによる履行の追完を請求することができる。屋根に雨漏り箇所が発生している建物は，人の居住に適合するように品質修繕の対象となり得る目的物であるから，建物の雨漏りを知ったときから１年以内に限って追完請求が認められる（民法562条）。

買手が売手に，相当の期間を定めて履行の追完を催告したにもかかわらず，売手が履行を追完しないときは，代金の減額を請求することができる（563条１項）。履行の追完が不能である（民法563条２項１号），売手が履行の追完を拒絶する意思を明確に表示したとき（同項２号），特定日時や一定の期間内に履行しなければ，契約の目的を達成し得なくなる場合で，売手が追完をせずに時期を経過したとき（同項３号），履行を催告しても履行の追完を受ける見込みがないことが明らかであるとき（同項４号）などは，買手は，売手に対して，直ちに減額を請求することができる。さらに，損害賠償の請求（民法415条）ならびに契約を解除することもできる（民法541・542条）。

改正前の民法では，売買の目的物が土地や建物といった特定物で，土地に地上権が設定されている，建物の屋根に雨漏り箇所が発生している場合などは，瑕疵担保

責任として扱われ，売買の目的物が種類物の場合の不完全履行責任とは，請求内容に違いがあった。今回の民法改正によって，売買の目的物が「特定物か・不特定物か」というドグマから解放されて，特定物も不特定物も，どちらも，かような問題については，すべて，契約内容不適合の売主担保責任として解決されることとなった。従来は，この建物という特定物は，特徴のある唯一のものであるから，他の建物との代替給付を請求することはできないと解され，購入者は，契約を解除するか，損害賠償を請求することができるだけであった。ゆえに，資金繰りの苦しい不動産業者などは，賠償請求に応じられない場合があって，購入者の損害は，著しいものとなり大きな社会問題となっていた。[34]

【問－4】　種類物（動産）売買の場合—特定と所有権移転

　①Ａ社が多くの伊万里焼の焼き物（種類物）を売りたいと思い，新聞の折り込み広告に展示会の開催を掲載した。②この広告を見たＢさんが，会場に出向き，多品種多数ある中から，10枚2万円の伊万里焼き小皿セットの購入をＡ社に申し込んだ。③Ａ社は，Ｂさんに対して伊万里焼き小皿セットを2020年6月30日にＢ宅に持参して，同日に代金引換によって決済をすることで売買を承諾した。

　ＡＢ間の売買契約において，目的物の所有権が移転するのはいつか。

【答】

（1）前提知識

　同種の多数ある動産（種類物＝不特定物）の所有権は，持参・取立あるいは送付などの方法で，種類物が特定したときに移転することになる。

　伊万里焼展示即売会開催の場合には，伊万里焼という同種のかつ多数の品物が展示されて販売される。つまり展示される多数の焼き物は，種類物（不特定物）として扱われるので，通常では，買手が，購入する焼き物を選択して特定させなければならない。

（2）売買契約締結および物権（所有権）移転のプロセス

　①Ａ社は，不特定多数人に多くの伊万里焼の焼き物（種類物）を売りたいと思い，新聞の折り込み広告に展示会の開催を掲載した（申込の誘引という）。

　②この広告を見たＢさんが，開場に出向き，多品種多数ある中から，10枚2万円の伊万里焼き小皿セットの購入をＡ社に申し込んだ。

　③Ａ社は，Ｂさんに対して伊万里焼き小皿セットを一定期日にＢ宅に持参して，同日に代金引換によって決済をすることで売買を承諾した（民法555条）。

　④これで，Ａ社とＢの間で売買契約が成立した（民法555条）。

　⑤しかしこの伊万里焼小皿セットは，種類物であるので，売買契約が成立した時点でその所有権がＡ社からＢに移転することはない。

　⑥なぜなら，種類物の売買契約は，特定した時点（民法401条2項）で，所有権が売手から買手に移転するとされる（民法176条）から，この場合には，Ａ社が小皿セットをＢ宅に持参した時点で特定し，所有権が売り手から買い手に移転することにな

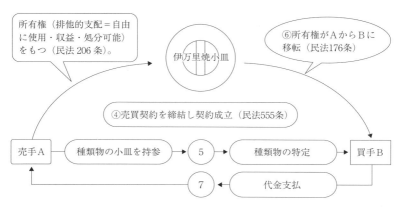

35)
る。
⑦小皿の売買代金支払い。

【問−5】　履行不能

　問−4の事実に加えて，④2020年6月30日に，B宅に伊万里焼小皿セットが届く約束であったが，製造販売業者のA社に不手際があって，Bに当該小皿セットを納品することができず，再生産も行われないということになった。代替物もすべて売り切れて提供が不能である場合に，BはAに対して，どのような問題として，何を根拠に，いかなる請求をすることができるか。

【答】　小皿セットの売買は，本来は，同種の多数ある種類物（動産）の売買契約と解される。当該小皿セットの納品も同種の目的物の代替納品も不能である場合の原因と責任が債務者（売手）の善良なる管理者の注意義務違反に起因する（民法400条）ので，本件は，債務不履行のうち後発的履行不能の問題として解決することになる（民法415・416条）。そこで，債権者の買手は，債務者の売手に対して，納品されなかったことによって生じた損害の賠償を請求することができる。

【問−6】　履行遅滞

　問−4の事実に加えて，④2020年6月30日に，B宅に伊万里焼小皿セットが届かなかったが，A社には当該小皿セットが在庫しているとする。

　この場合に，BはA社に対して，どのような問題として，何を根拠に，いかなる請求をすることができるか。

【答】　債務の履行について確定期限があるときは，その期限が到来したときから，債務者（売手）は，債務不履行責任のうちの履行遅滞の責任を負うことになる（民法412条1項）。債務の履行について不確定期限があるときは，その期限の到来した後に履行の請求を受けたとき又はその期限の到来したことを知ったときのいずれか早いときから（民法412条2項），契約で履行期限を定めない債務は，履行の請求を受けたときから履

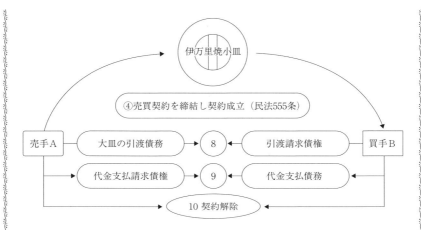

行遅滞となり，債務者（売手）は，履行遅滞の責任を負うことになる（民法412条3項）。本件の場合には，A社は，2012年6月30日に，B宅に伊万里焼小皿セットが届かなかった時点で，履行遅滞となる。

　　(i)　⑧A社は，Bに伊万里焼小皿セットを引渡す債務を負担する。A社が期日に不履行だった場合には，Bは，A社に小皿セットの引渡を請求することができる。

　　(ii)　⑨Bは，伊万里焼小皿セットの売買代金2万円の支払い債務をA社に負担する。Bが期日に不履行だった場合には，A社は，Bに売買代金2万円の支払いを請求することができる。

　　(iii)　⑩売手のA社（債務者）が，故意・過失によって納品を怠ってしまった場合（「履行遅滞」という）には，買手のB（債権者）は，相当の期間を定めて債務の履行を催告して，債務者が期間内に納品（履行）しないときには，契約を解除することができる（民法541条）。また債権者の買手は，債務者の売手に対して，納品されなかったことによって生じた損害の賠償を請求することができる（民法415.416条）。

【問－7】　契約内容不適合の売主担保責任（種類物では不完全履行ともいう）
　2012年6月30日に，売手のA社は，買手のB宅において2万円の伊万里焼小皿1セット（10枚）を引き渡した（この時点で種類物の10枚1セットの小皿は特定した；民法401条2項）。買手のBは，代金の2万円をA社に支払った。⑪Bは，家族全員が集まった当日夜に，リビングにおいて皿の梱包を開封した。しばらく眺めていたところ，Bの夫が，10枚のうち5枚に薄くヒビが入っていること（契約内容に不適合な品質）に気づいた。買手のBは，このヒビが入った5枚の皿を含む伊万里焼セット（10枚1セット）について，売手のA社に，どのような問題として，何を根拠に，いかなる請求をすることができるか。
【答】　本件におけるヒビ割れた小皿の売買は，同種の多数ある種類物（不特定である動

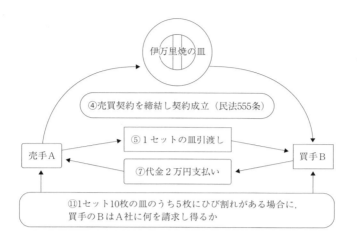

産）の売買契約で生じた目的物の品質不適合の問題ということになる。

（i）学説：今回の民法改正前では，特定物や引き渡されて特定した種類物について隠れた欠陥が発見された場合には，民法では，旧570条の瑕疵担保責任が適用されると解されていた。したがって，完全物の給付義務は，ほとんどなされずに，契約解除か損害賠償請求（旧民法566条）だけが許されるだけということにならざるを得ない。そこで，学説は，かような場合には，民法415条の不完全履行を適用すべきと解する。

（ii）判例：給付された種類物（不特定物）は，引渡し時に特定した物となる。最高裁判所は，この引き渡された時点で，受けとった者（債権者）が「瑕疵の存在を認識した上で，これを履行として認容し，債務者に対し，いわゆる瑕疵担保責任を問うなどの事情が存すれば格別，然らざる限り，債権者は受領後もなお，取替ないし追完の方法による完全な給付の請求をなす権利を有し，従ってまた，その不完全な給付が債務者の責めに帰すべき事由に基づくときは，債務不履行の一場合として，損害賠償請求権および契約解除権をも有する者と解すべきである」と判示した（瑕疵担保責任に関して最判昭和36年12月15日民集15巻11号2852頁）。

（iii）そこで，今回改正された民法では，種類物売買では，目的物を引き渡しても，目的物が契約内容（完全な目的物の提供）に適合しない場合には，原則として種類物は「特定」していないと解することで，民法567条の危険移転の条文は，種類物売買には，適用されない。売手から買手に引渡（移転）された種類物が契約内容に適合しない場合には，買手は，売手に対して，種類または品質に関しては不適合を知ったときから1年以内にその旨を通知したときに限って（民法566条），数量の不足に関しては，不足を知りその旨を通知して民法562条乃至564条で規定される請求権を売手に対して行使し得る。

（iv）引き渡された目的物が本件のようなヒビ割れた小皿セットである場合に，種類，品質又は数量に関して「完全な目的物の提供」という契約内容に適合しない場合に

は，買手Ｂは，目的物の修繕・保全，代替物または不足分の引渡しによる履行の追完を売手のＡ社に請求することができる（民法562条）。買手Ｂが売手Ａ社に，相当の期間を定めて履行の追完（完全な小皿セットの納品あるいは小皿５枚の交換）を催告したにもかかわらず，売手が履行を追完しないときは，小皿５枚分の代金の減額を請求することができる（563条１項）。履行の追完が不能である（民法563条２項１号），売手が履行の追完を拒絶する意思を明確に表示したとき（同項２号），特定日時や一定の期間内に履行しなければ，契約の目的を達成し得なくなる場合で，売手が追完をせずに時期を経過したとき（同項３号），履行を催告しても履行の追完を受ける見込みがないことが明らかであるとき（同項４号）などは，買手Ｂは，売手Ａ社に対して，直ちに減額を請求することができる。さらに，損害賠償の請求（民法415条）ならびに契約を解除することもできる（民法541・542条）。

※時価100万円以上の古伊万里焼展示即売会の場合には，古伊万里焼という数少ない特定の焼き物が展示されて販売される。つまり展示される焼き物は，特定物として扱われるので，通常では，買手が焼き物の購入を意思表示し，売手が申し入れを承諾したことで，特定物売買の売買契約は成立する。しかし，種類，品質または数量に関して「完全な目的物の提供」という契約内容に適合しない場合には，買手は，目的物の修繕・保全，代替物又は不足分の引渡しによる履行の追完を売手のＡ社に請求することができる（民法562条）。今回の民法改正によって，売買の目的物が「特定物か・不特定物か」というドグマから解放されて，特定物も不特定物も，どちらも，かような問題については，すべて，契約内容不適合の売主担保責任として解決されることとなった。

（3）　**弁済と受領遅滞**　予め打ち合わせてあった納品日2020年６月30日に，伊万里焼製造販売Ａ社の担当者が，２万円の伊万里焼小皿10枚入り１セットを納品するために買手のＢ宅に持参したが，買手のＢもＢ宅の家人も不在だったので，納品に出向いたことと，会社宛てに連絡をいただきたい旨の通知を置いて帰社した。ところが一週間経過しても一向に連絡がなかった。この場合に，売手のＡ社は買手のＢに対して，買手のＢは売手のＡ社に対して，どのような責任を負うことになるのか。

（a）　**弁済**　弁済とは，債務の内容である給付を実現するための債務者その他の者の行為をいう。Ａ社が２万円の伊万里焼小皿１セットをＢに納品するためには，持参した同品をＢあるいはＢ宅の家人によって受け取ってもらわなけ

ればならない。このように，売手のA社が，債務の内容（本旨）である2万円の伊万里焼小皿1セットをBに納品するために必要な準備をして出向き，買手Bの協力（受け取り）を求めることを弁済の提供という（民法493条）。ところが，買手のBが不在であったために，受け取ってもらうことはできなかった。このように，債務を実行するために2万円の伊万里焼小皿1セットの現実の弁済提供がなされた場合には，A社は，弁済提供の以後に債務の履行をしないことによって生ずべき責任を免れることになる（民法492条）。つまり，A社には，債務不履行責任は生じないということになる。

(b)　受領遅滞　債権者の協力がなければ完了し得ない給付について，債権者の為すべき行為を弁済の受領という。受領遅滞とは，債権者が弁済の受領を拒みまたはすることができない場合に生じる効果をいう（民法413条1項）。受領遅滞は，債務不履行責任の一類型の履行遅滞とは別個の制度として発展したもので，すでに代金の2万円を支払った債権者の買手Bは，権利を有するだけで義務を負うものではないから，購買物を受領しなくとも債務不履行責任を負わないという前提で，法律によって別個に定められた債権者（買手）の責任と解されている。したがって，債権者（買手）の責めに帰すべき事由も損害賠償義務を負わせることも観念的にはできないと解されるから，債務者の売手A社には，契約の解除も損害賠償請求も認められない。

そこで，債権者の買手Bが受領を遅滞したことによって発生する効果は，弁済に要した費用および保管費用（履行費用）の増額を，買手Bが負担するという範囲に限らざるを得ない（民法413条2項）。しかし，当事者双方の責めに帰すことができない事由によって債務の履行そのものが不能になったときには，債権者の買手Bの責めに帰すべき事由によって履行が不能となったものとみなされる（民法413条の2の2項）結果として，買手のBは，契約を解除することはできない（民法543条）し，反対給付の履行（売手A社に対する代金の支払い）を拒絶することもできない（民法536条2項）。

(c)　受領遅滞のほかの理由による解決　　売り手のA社とBとの間で締結された契約は，2万円の伊万里焼小皿1セットの売買契約である。売買契約は，契約の当事者（売手と買手）間で債権・債務が相互に生じる双務契約である。本問で，買手のBが，契約締結の際には代金の2万円を支払っていない場

合，A社の担当者が会社宛てに連絡をいただきたい旨の通知を置いて帰社した後も，連絡がないということは，代金の支払いも履行されていないと考えられる。売手A社は，買手Bの受領遅滞を理由とすることなく，代金の支払いを催告した後に，買手Bの売買代金2万円の不払い（債務不履行）を理由として，契約を解除することができる（民法541条）。

5　融資，連帯保証と（根）抵当権設定のプロセス

　木下由紀の実父木下雄三は，㈱川島不動産より同社所有の5000万円の土地と建物（東京都文京区湯島3丁目1番地所在）を購入するために，預金2000万円と三東銀行より借り入れる3000万円で支払うこととして2020年6月30日に売買契約を締結した（民法555条）。三東銀行は，木下雄三が購入する不動産に極度額5000万円の根抵当権を設定すること（民法398条の2）と，木下雄三の実父である木下直樹に連帯保証人（民法446条）になって同人所有の8000万円相当の不動産に抵当権を設定することを条件に雄三に対する融資を決定し2020年7月15日に連帯保証契約書を直樹と交わして，同年7月30日10時00分に3000万円を三東

図表 10 - 14

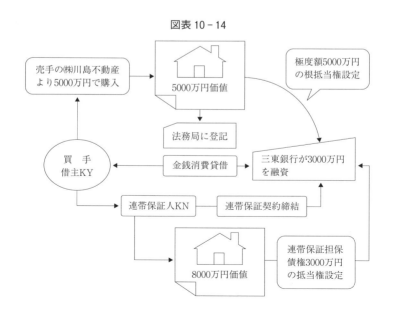

銀行大手町本店融資窓口において木下雄三に手渡した。不動産の受け渡しおよび代金の支払いは，2020年7月30日正午に不動産所在地にて行われた。

【課　題】

　1）　金銭消費貸借契約の成立要件は，当事者，目的，意思表示のほかに何を必要としたのかについて確認すること。

　2）　抵当権と根抵当権の異同（担保額ほか）を条文で確認すること。

　3）　単純な保証契約と連帯保証契約との間の異同（民法454条）を，催告の抗弁（同法452条）検索の抗弁（同法453条）の観点から確認すること。

（1）　消費貸借契約──金銭消費貸借　　消費貸借契約とは，借用した物品を借主自身で消費した後に，原則として，借主が，契約終了時点で，同種，同品質そして同量の物品（たとえば育児用品などの日用品）を代替物として貸主に返還することを約束して，貸主から物品の提供を受けて，借主がその物を受け取ることによって成立する契約をいう（民法587条）。消費貸借契約の目的対象になるのは，「物品」に限られるわけではなく，重要な目的対象として，金銭をあげることができる。たとえば，銀行から一定額の金銭を融資してもらい，融資額に利息を付けて返済する（民法589条）契約が典型的な例である。金銭消費貸借契約の成立要件は，原則として，当事者・目的・意思表示そして給付（物品の提供・受領＝要物行為）が必要とされ，この金銭消費貸借契約は，三東銀行大手町本店融資窓口において木下雄三に融資相当額の3000万円の提供が行われ，木下雄三が3000万円を受け取った時点（2020年7月30日）で成立するというのが2020年3月31日までは原則であった（民法587条）。

　ところで，最近では，地球規模で行われる経済取引の迅速化・電子決済化などが進んだことで，消費貸借契約の締結の合意と目的対象物である金銭の給付との間にタイムラグ（時間差）を生じて，同時に行われないという事態が発生している（銀行通帳・印鑑の交付，手形の交付そして電子システムの利用による資金決済など）。この状況から，銀行融資の分野では，金銭消費貸借契約の成立要件の一つである金銭給付（提供と受け取り）の要物性を緩和する要請が切実となっていた。そこで，改正民法では，2020年4月1日より，消費貸借契約を，書面（契約書その他）で，貸主が金銭その他の物を引き渡すことを約束し，借主が受け取ったものと種類，品質及び数量の同じ物をもって返還することを書面に

よって約束した場合には，その時点で成立するものとし（民法587条の2の1項），その物の給付（提供と受け取り）を不要とする諾成的消費貸借契約を規定した。かような書面による諾成的消費貸借契約が成立した場合において，実際に銀行からの融資金額が給付されるまでに資金が不要になったときには，金銭の給付前に契約を解除することができるものとして（民法587条の2の2項），借主の契約による拘束からの解放規定を設けて，法の公平性を保障している。

　（2）　保証契約と抵当権（担保権）の設定　　この契約を締結する際に，木下雄三の父親木下直樹は，雄三の弁済債務を保証するために，三東銀行との間で連帯保証契約を締結し連帯保証契約書を交わして，木下直樹所有の土地に抵当権を設定するため登記を済ませた。

　（a）　保証契約　　保証契約には，債務を単純保証（民法446条）する場合と連帯保証（民法454条）する場合がある。保証契約は，書面を作成して締結しなければ，成立しない（民法446条2項）。⇒成立要件は，当事者，目的，意思表示そして書面作成（交付を含む）である。

　①　単純保証契約：保証人は，債務者が銀行から融資された3000万円の返済債務を履行しない場合に，返済する責任を負うが，保証人は，民法452条の催告の抗弁権および民法453条の検索の抗弁権を有する。

　②　連帯保証契約：連帯保証人は，債務者とともに同時に債務を負担するから，民法452条の催告の抗弁権，民法453条の検索の抗弁権を有しない（民法454条）。

　③　貸金等根保証契約（民法465条の2）：金銭貸借または手形割引債務についての保証人が，保証額全部に係る極度額を限度として履行責任を負う保証契約をいう。

　イ　この根保証契約は，書面を作成して締結しなければ，成立しない（民法465条の2第3項）。ロ　元本の確定期限は，5年または3年である（民法465条の3）。ハ　主たる債務の元本は，確定期限以前でも，元本確定事由が生じると確定する（同法465条の4）。

　（b）　抵当権（担保権）の設定

　①　抵当権：債務者あるいは保証人が，特定の債務返済（特定債権保全）のために，土地や建物を担保として提供し登記することによって設定する担保

★コラム10-4　根保証と根抵当権

　保証債務は，債務が一度弁済されると保証債務額もその分だけ削減される。その後に債権者が新たに金銭の貸出しをしても保証債務は，これに応じて再び拡大することはない。「根保証」は，一定期間の多くの債務を保証するものであり，一度弁済によって保証債務額が削減されても，期間内に新たに金銭の貸出しが行われると，これに応じて保証債務額が再び拡大する。この差異は，抵当権の被担保債権額と根抵当権の極度額の差異に対応し，質権の一類型として「根質」がある。※「根」が付く法律関係は，「根が深い」ので気をつけろ！

権を抵当権といい，特定の被担保債権が消滅すれば，その抵当権も消滅する。同一の取引関係において，新たに発生する債権を担保するために，消滅した抵当権を流用することはできない（民法369条）。

　　②　根抵当権：根抵当権は，一定の種類の取引によって生じる増減変動する不特定・多数の債権を予め定めた一定の限度額まで保全する担保権をいう。したがって，その被担保債権が消滅しても，担保としての抵当権は消滅しない（民法398条の２）。

民法演習問題財産編

　つぎの文章を読んで各問いに答えなさい。

I　大岡不動産㈱は，同社が東京都文京区本郷２丁目５番地に所有する20坪の宅地と同地に立つ建物を3500万円で売りたいと思い，新聞の折り込み広告に掲載して買手を募集した。この広告をみた間宮重蔵は，大岡不動産㈱に対して当該宅地と建物を3500万円で購入したいと申し込んだ。大岡不動産㈱は，当該宅地と建物を3500万円で売り渡すことを2020年４月20日に承諾し，当事者は，同日契約を締結した。契約の際に，宅地・建物の移転登記および引渡しと代金の支払いは，2020年５月20日に行うことに決まった。

問1　この契約の①典型契約の名称②該当する民法の条文および③契約が成立した年月日を答えなさい。

　　①＿＿＿＿＿＿＿　②　民法　　　　条　③　　年　　月　　日

問2　この契約が有効に成立するための①当事者と②目的に関する有効要件を答え

なさい。

　①当事者（ⅰ　　　　　　　　　ⅱ　　　　　　　　ⅲ　　　　　　　）

　②目　的（ⅰ　　　　　　　　　ⅱ　　　　　　　）

　　　　　（ⅲ　　　　　　　　　ⅳ　　　　　　　）

問3　文京区本郷2丁目5番地の土地および宅地の所有権が大岡不動産㈱から間宮重蔵に①移転した年月日および②民法の根拠条文を答えなさい。

　①＿＿＿年＿＿月＿＿日　②　民法＿＿＿＿条

Ⅱ　2020年4月16日に，間宮重蔵は預金している成金銀行に対して3500万円およびその利息を返還することを約束して(イ)契約書を作成し，2020年5月16日に，同人の成金銀行口座に3500万円が振込まれた。この契約を締結する際に，間宮重蔵の母親の間宮多恵子は，重蔵の返還債務を保証するために，(ロ)契約を締結し，多恵子が新宿区本町3丁目1番地に所有する(ハ)50坪の土地に担保を設定するため登記を済ませた。

問4　(イ)で成立した①典型契約の名称②該当する民法の条文および③成立した年月日を答えなさい。

　①＿＿＿＿＿＿＿＿　②　民法＿＿＿条　③　＿＿年＿＿月＿＿日

問5　(ロ)で締結した契約の名称を答えなさい。　＿＿＿＿＿＿＿＿＿＿＿

問6　(ロ)の保証債務を単純保証する場合と連帯保証する場合の違いを①民法の条文を示して②二つ述べなさい。

　①　民法＿＿＿条　　②＿＿＿＿＿＿＿＿＿＿＿＿＿＿＿＿＿＿＿

＿＿＿＿＿＿＿＿＿＿＿＿＿＿＿＿＿＿＿＿＿＿＿＿＿＿＿＿＿＿＿＿＿

問7　(ハ)で設定した①担保の名称および②該当する民法の条文を答えなさい。

　①＿＿＿＿＿＿＿　②　民法＿＿＿条

問8　売り出された東京都文京区本郷2丁目5番地の宅地と建物は，鑑定機関が優良物件に認定したとして，大岡不動産㈱が偽って売り出したものであった。実は，1年半もの間売れ残り，手入れが行われていないもので，とても居住に適した優良物件とはいえないものであった。間宮重蔵は，①民法何条に基づき，当該取引に対して②いかような対処をなし得るか述べなさい。

　①　民法＿＿＿条　　②＿＿＿＿＿＿＿＿＿＿＿＿＿＿＿＿＿＿＿

Ⅲ　大岡不動産㈱と間宮重蔵の間で同社所有の土地とその上に立つ建物の売買（3500万円）契約が締結された2020年4月20日の同夜に，同地に立っていた建物（特定物）が，大岡不動産㈱の従業員の煙草の火の不始末によって焼失してしまった場合について，下記問に答えなさい。

問9　間宮重蔵は，大岡不動産㈱に対して，①履行不能・危険負担のいずれを根拠として，②民法何条と何条に基づき，③どのような請求をなし得るのかを二つ述べなさい。

　①＿＿＿＿＿＿＿＿＿＿＿　②　民法　　　　条と　　　　条

　③＿＿＿＿＿＿＿＿＿＿＿＿＿＿＿＿＿＿＿＿＿＿＿＿＿＿

Ⅳ　売買契約の手続が順調に進行し，2020年5月20日に宅地・建物の移転登記および引渡しと代金の支払いが完了した。ところが，(イ)宅地の一部には，第三者の長谷川忠吾名義の地上権が設定されており，(ロ)引き渡された建物の屋根には，雨漏りする箇所が認められた。

問10　(イ)の下線部について，間宮重蔵は，大岡不動産㈱に対して，①何を根拠として，②民法何条に基づき，③どのような請求をなし得るかを述べなさい。

　①＿＿＿＿＿＿＿＿＿＿＿　②　民法　　　　条

　③＿＿＿＿＿＿＿＿＿＿＿＿＿＿＿＿＿＿＿＿＿＿＿＿＿＿

問11　(ロ)の下線部について，間宮重蔵は，大岡不動産㈱に対して，①何を根拠として，②民法何条に基づき，③どのような請求をなし得るかを述べなさい。

　①＿＿＿＿＿＿＿＿＿＿＿　②　民法　　　　条

　③＿＿＿＿＿＿＿＿＿＿＿＿＿＿＿＿＿＿＿＿＿＿＿＿＿＿

【解答例は，法律文化社ホームページ WEB 補論掲載のテキスト民法演習財産編を参照】

3　民法の基本——家族編

　民法基礎編において学んだ「身分から契約へ」，近代市民法の原理（当事者能力の対等），三大原則（所有権の絶対性，契約自由，過失責任）および契約自由の原則の四段階の内容（契約当事者選択の自由，契約内容決定の自由，契約方式決定の自

由，契約締結の自由）を近代市民法の特色として理解したうえで，家族法―親族・相続編―を学習することにしよう。

1 総 説

（1） 身分関係の成立要件

　(a) 実質的要件：(i)当事者，(ii)目的，(iii)意思表示

　(b) 形式的要件：(iv)要式行為（民法739条の婚姻の届出，民法764条の離婚の届出など）

（2） 婚姻障害規定   民法731条から737条までの規定は，婚姻障害要件といい，法律行為（契約）の「有効要件」に相当する。

　なお，一定の法律要件（法律によって設定された事実）が満たされることで，契約や身分行為が成立し，一定の法的な効果が生じる法理論構成を，要件・効果論という。

（3） 家族とは   日本の家族については，大日本帝国憲法の下で制定された旧民法における家族と日本国憲法の下で昭和22年に大改正された現行民法における家族とは，家族を構成する思想的背景および制度において大きく異なる。ここでは，家族構成の思想的バックボーンの違いに焦点を合わせて，現代家族のありかたを述べておきたい。[36]

　(a) 旧憲法下のアグナチオ的家族（家制度）   旧民法下の家族は，家制度によって支持されていた。家制度とは，父系の「家」の存続・発展を最優先とする思想的背景（アグナチオの観念）の下，戸主という身分的地位をもつ者を頂点に，他の者との間で形成されるピラミッド的な支配・従属関係によって支えられた封建的色彩および団体的規制の強いもので，中央集権的国家体制の実現を強力に推進するための国家の手段として，末端の国家組織に位置づけられる構造単位をいう。したがって，「家」制度の戸主の下には，同一の氏を称する家族がいくつも存在し（旧民法746条）戸籍簿に登載されていた（旧戸籍法18条・19条）。個人の意思や自由は無視され，家族の身分に対する戸主の同意権（旧民法750条ほか），妻を無能力にする規範（旧民法799条・801条），成年に達した子の身分行為に対する父母の同意（旧民法772条ほか）などが，法定されていた。祭祀に関する権利の承継（民法897条）は，現行民法の一般財産の相続による承継

図表10‑15　親族・親等図表（略図）

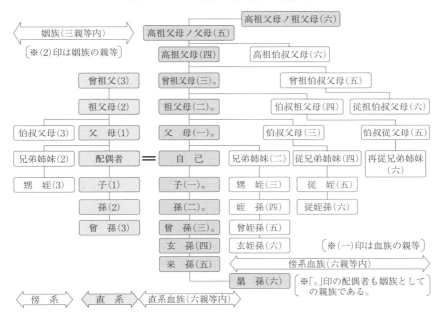

の例外とされており，「家制度」の色彩を強く残した代表例とされている。

　(b)　日本国憲法下のコグナチオ的家族（家庭）　　第2次世界大戦（太平洋戦争）後に，民主主義国家を樹立するための国家政策として，日本国憲法の制定，民法の改正が行われた。日本国憲法は，基本的人権の尊重（個人の尊厳と男女の平等）を憲法原理（日本国憲法13・14条）とし，この原理を基礎として，家族構造の改革が民法改正によって実施された（民法2条）。個人の意思を尊重するということが個人の自由と独立を確保することであれば，「男女平等」だけでなく，人間相互は，権利義務の主体として家族関係においても社会関係においても，当然平等であるべきということを意味する。そこで，現行民法は，「両性の合意のみによって成立」した（憲法24条1項）夫婦とその間で生まれた未成年・未婚の子という血縁近親者によって形成される家族構造（コグナチオの観念）を基本とする。したがって，家族関係を表す戸籍は，夫婦と未婚の子だけが掲載され二代限りのものとなる（これを「三代戸籍はなし」という）。これ

図表 10 - 16　婚姻の形態

		婚姻（継続）の意思	届　出	共同生活（同居）
法律婚	狭義の法律婚	○	○	○
	外　縁	(×)	○	×
事実婚	内　縁	○	×	○
非婚	婚姻の予約	○	×	×
	同　棲	×	×	○

（○は必要，×は不要）

らは，家族関係を解決するための，重要な理念となり得るものと解される。

2　親　族

（1）　親　族

（a）　親族の定義　　親族とは，法律によって，一定範囲の血縁関係および婚姻・養子縁組関係にある者相互の間に認められた家族上の法律関係をいう。（民法725条）

（b）　姻族関係の終了手続を要する場合　　一方の配偶者と相手方配偶者の三親等内の親族との間には，婚姻届出と同時に姻族関係が生じ，離婚によって，姻族関係は当然に終了する（民法728条１項）。配偶者と死別した場合に，姻族関係を終了するためには，生存配偶者は，姻族関係終了の届出をする必要がある（同法728条２項）。

（2）　婚　姻（憲法24条１項参照）

（a）　婚姻の定義：人間の種の保存という本能に基づく男女間の永続的な性的結合関係のうち，社会的に承認されている関係をいう。

（b）　婚姻の意思とは，当事者が，精神的肉体的結合関係を伴う実質的な夫婦関係を成立させる意思[37]をいう。

（c）　婚姻の成立要件は，本章 *3*-*1*-（1）を参照すること。

図表 10-17　婚姻の成立

民法742条 1 号と739条 1 項を整理することによって，婚姻の成立要件を示すとつぎのようになる。

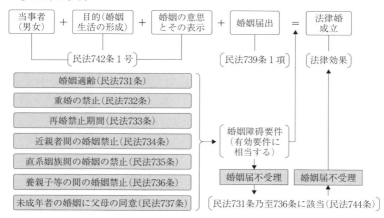

※民法737条は，2022年 3 月31日まで適用され，同年 4 月 1 日に廃止される。

（d）　民法739条の「婚姻」は，法律婚を規定しており，「届け出ることによって……効力を生ずる」の意味は，「届け出ることによって……成立する」の意味である。

（e）　婚姻の障碍要件　婚姻が有効に成立するために必要とされる要件をいう。図表 10-17で示された要件（民法731～737条）を満たさないときは，婚姻届は受理されない（民法740条）が，受理されたとしても取り消しを請求することができる（民法744～746条）。

　　婚姻障碍要件としての再婚禁止期間（民法733条）については，適用されない例外が 2 項において規定されている。

　　 1 号：女が前婚の解消または取消のときに懐胎していなかった場合（医師によって記入作成された証明書の提出が必要である）。

　　 2 号：女が前婚の解消または取消の後に出産した場合。

（3）　婚姻の効果

（a）　夫婦は，同居し相互に協力扶助する義務がある（民法752条）。この義務は，「一つのパンを分け合う」生活保持の性格をもつ扶養義務に属する。未

成年の子は，父母の親権に服するのであるから（民法818条），同様に，親と未成熟子との間の親子関係において，親権者の子の監護及び教育する義務（民法820条）も，生活保持の性格をもつ扶養義務に属する。

　一方，民法877条の直系血族（親と未成熟子との間の親子関係は除く）・兄弟姉妹そして三親等内の親族間で生じる扶養義務は，「有り余ったパンを分ける」生活扶助の性格をもつ。

　（b）　夫婦は，同じ氏を称する義務がある（民法750条）。

　（c）　未成年者は，婚姻によって成年とみなされる（民法753条）。

　※民法753条の成年擬制は，2022年3月31日まで適用され，同年4月1日に廃止される。[38]

　（d）　夫婦は，互いに守操義務がある（民法770条1項1号）。

　（e）　被相続人の配偶者は，常に相続権を有する（民法890条1項）。

　（f）　姻族関係が発生する（民法725条）。

（4）　夫婦の財産に関する制度

　（a）　民法は，夫婦別産制（民法762条1項）を基本とし，いずれに属するか明らかでない財産を夫婦の共有財産と推定する（民法762条2項）。

　（b）　日常の家事に関する債務については，夫婦は連帯して責任を負う（民法761条）。

（5）　離　婚

　（a）　離婚の定義：離婚とは，夫婦の生存中に当事者の意思に基づいて婚姻（法律婚）を解消させることをいう。

　（b）　離婚の成立要件：

　（ⅰ）　離婚の意思：離婚の意思は，形式的な離婚（離婚の届出）の意思で足りると解されており，実質的な婚姻解消の意思を要しないとする。[39]

　⇒婚姻成立要件として必要とされる婚姻意思との違いを確認しておこう。

　（ⅱ）　離婚の届出（民法764条）

　（c）　離婚の類型　　離婚の手続きには，四段階がある。まず協議を行い，協議離婚が成立しないときは，調停前置主義によって，家庭裁判所に調停離婚を申し立て，つぎに，審判離婚そして裁判離婚の順序で進む。

　（ⅰ）　協議離婚（民法763条）

★コラム10-5　有責配偶者からの離婚請求
　(i)　「有責配偶者からの離婚請求」とは，自らの責めに帰すべき事由によって，婚姻破綻を招いた者が，離婚を請求することをいう（民法770条1項5号）。
　(ii)　最高裁昭和62年9月2日大法廷判決[40]によって示された認定規準
① 夫婦の別居期間（夫婦の年齢および同居期間との対比において相当の期間）を考慮する。現在の判例においての最短期間は，7年半である。[41]
② 未成熟子の存否。
③ 離婚を請求された配偶者が，離婚によって精神的・社会的・経済的にきわめて過酷な状況におかれるなど，離婚の請求を認容することが著しく社会正義に反するといえるような特段の事情の存否。
④ 別居後に形成された生活関係（請求された配偶者，内縁の相手方，それらの子の生活状況）の斟酌。
⑤ 経済的給付（財産分与・慰謝料・養育費など）の手段の確保。[42]

(ii)　調停離婚（家事事件手続法244・257・268条ほか）⇒調停前置主義という。

(iii)　審判離婚（家事事件手続法244・284条ほか）

(iv)　裁判離婚（民法770条）

(d)　離婚の効果

(i)　夫婦のどちらが離婚後の子の監護権をもつか（民法766条）

(ii)　夫婦のどちらが離婚後の子の親権者となるか（民法819条1項2項）

(iii)　離婚による復氏（民法767条）

(iv)　離婚による財産の分与（民法768条）

(v)　姻族関係が終了する（民法728条1項）。

(vi)　元配偶者の相続人にはならない（民法890条反対解釈）。

（6）　親子――法律上の子供の類型

(a)　母と子の親子関係は，分娩の事実によって発生し成立する[43]（判例）。

(b)　嫡出子（民法772条）

　嫡出子とは，民法772条1項の要件（婚姻関係にある父母から生れた夫の子であること）を充足し，同条2項の要件（夫婦の婚姻中に妻が懐胎したと推定されること）に該当する子をいう。

(c)　非嫡出（嫡出でない）子　　婚姻関係にない男女間で生れた子をいう。いわゆる婚外子のことである。父親が自らの子として認知することで，父

★コラム10-6　人工授精子の実子（嫡出子）としての認定

　(1)　人工授精の定義　　「人工授精」には，AIH（Artificial Insemination by Husband，夫の精子により授精させる「配偶者間人工授精」）と AID（Artificial Insemination by Donors，夫以外の男性の精子により授精させる「非配偶者間人工授精」）がある。

　(i)　AIH による出産
　①夫婦間において，科学の力をつかって妻の体内で授精を行って出産する場合。
　②夫婦間において体外受精を行って，受精卵を妻の体内に着床させて出産する場合。
　(ii)　夫婦間において体外授精を行って，受精卵を第三者の女性の子宮腔に着床させて出産させる場合を「代理出産という」。
　(iii)　夫婦の夫の精子をもって，第三者の女性を妊娠させ出産させる場合を「代理母」という。
　(iv)　夫の死亡後に保存精液による人工授精が行われ出産した場合。
　(2)　法律婚にある夫婦が，人工授精を行って出産した子を実子（嫡出子）と認定できるのは，上の場合のいずれと考えるべきであろうか。
　(3)　AID によって出産した子は，どのような法的身分となるのか。

と子の親子関係が生じる（民法779条）。

　(d)　準正子　　準正子とは，認知された非嫡出子が，父母の婚姻によって嫡出子の身分を取得した場合（民法789条1項＝婚姻準正）や，婚姻中に父母が認知して嫡出子の身分を取得した子（民法789条2項＝認知準正）をいう。

　(e)　養子　　養子とは，養子縁組の日から，養親の嫡出子たる身分を取得する子をいう（民法809条）。

　(f)　普通養子と特別養子　　特別養子は，普通養子の法律要件および効果と異なる点（民法817条の2ないし817条の9）があるので，確認しておきたい。

(7)　後見・保佐・補助の制度

　(a)　行為能力を有しない未成年者には，未成年後見人（民法5条・838条）を付し，精神上の障害により行為能力を欠く常況にある成年者には，成年後見人（民法7条・843条）を付す（後見制度）。

　(b)　精神上の障害により行為能力が著しく不十分な成年者には，保佐人（民法11条・12条・876条）を付す（保佐制度）。

　(c)　精神上の障害により行為能力が不十分な成年者には，補助人（民法15条・16条・876条の6）を付す（補助制度）。

図表 10 - 18　相続人・相続順位・法定相続分

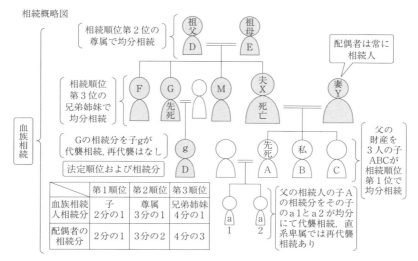

3　相　続

（1）　相続人および相続順位

（a）　人が死亡することによって，相続（財産の承継）は開始される（民法882条）。

（b）　配偶者の相続権および相続順位　　配偶者は，常に相続人となり，相続人として子，直系尊属，兄弟姉妹がある場合には同順位とする（民法890条）。

（c）　相続人となる順序はつぎのとおりである。

（i）　子供（胎児も含む）が第1順位（民法887条・886条）

もっとも，子のAが，親（被相続人）の甲が死亡する以前に死亡していたときは，死亡した子の子供a1（親からみれば孫に該当する）が，Aを代襲して甲の財産を相続する（民法887条2項）。子供のa1も甲が死亡する以前に死亡していたとき，a1に子供のa3がいたときには，a3が甲の財産を再代襲相続する（民法887条3項）。

（ii）　直系尊属は第2順位（民法889条1項1号）

（iii）　兄弟姉妹は第3順位（民法889条1項2号）

（2）　相続分——法定相続分

（**a**）　子および配偶者が相続人であるときは，子の相続分および配偶者の相続分は，各2分の1とする（民法900条1号）。子……が数人あるときは，各自の相続分は，相等しいものとする（均分相続という）。

（**b**）　直系尊属および配偶者が相続人であるときは，直系尊属の相続分は3分の1とし，配偶者の相続分は，3分の2とする（民法900条2号）。直系尊属……が数人あるときは，各自の相続分は，相等しいものとする（民法900条4号）。

（**c**）　死亡者（被相続人）の兄弟姉妹および配偶者が相続人であるときは，その兄弟姉妹の相続分は4分の1とし，配偶者の相続分は，4分の3とする（民法900条3号）。

（**d**）　死亡者（被相続人）に兄弟姉妹が数人あるときは，各自の相続分は，相等しいものとする。父母の一方のみを同じくする死亡者（被相続人）の半血の兄弟姉妹は，父母の双方を同じくする（全血の）兄弟姉妹の相続分の2分の1とする。（民法900条4号）。

（**e**）　直系卑属の代襲相続人の相続分は，被相続人の相続分と同じであり，直系卑属の代襲相続人が数人あるときは，直系尊属が受けるべき相続分について，民法900条の規定に従って相続分を決める（民法901条）。

（**f**）　特別受益者の相続分　　共同相続人中に，相続開始前に婚姻若しくは養子縁組のため若しくは生計の資本として被相続人から財産の贈与を受けた場合，被相続人が相続開始のときにおいて有した財産の価額に，贈与の価額を加えたものを相続財産とみなす（民法903条）。

（**g**）　特別受益の持ち戻し計算の推定免除（例外規定）　　婚姻期間が20年以上の夫婦の間で，死亡した配偶者（被相続人）は，生存配偶者（相続人）にその居住に提供する建物・敷地を遺贈または贈与したとき，生存配偶者の相続分の計算をする際に，生存配偶者（相続人）の相続分額から当該建物・敷地に相当する金額（特別受益）を差し引かない（持ち戻し計算の免除の）意思を表示したものと推定するとされている（民法903条4項）。この相続人である生存配偶者の相続分を計算する際には，現存する相続財産に特別受益として遺贈・贈与された建物・敷地に相当する金額を加算せずに相続財産額を確定し，配偶者の具体的な相続分額から当該建物・敷地に相当する金額を差し引かない（持ち戻し計

設例 10 - 6 　相続人と相続分・相続額（演習 1 ）

　亡くなった夫 X が残した相続財産（遺産）の総額は，1200万円であった。配偶者 Y，子供 3 人（準正子 A・嫡出子 B・養子 C），父親 D と母親 E がいる場合，相続人・相続分および相続額を検討せよ。

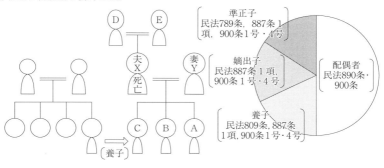

設例 10 - 7 　代襲・再代襲相続（演習 2 ）

　夫が1200万円の遺産を残して死亡した。本来の相続人としては，配偶者，子 A そして子 B であるが，A は，既に 1 年前に二人の子 a1 と a2 を残して死亡していた。a2 も二人の子 a3 と a4 が誕生した後の 2 年前に死亡している。本件の場合の相続人・相続分および相続額を答えなさい。

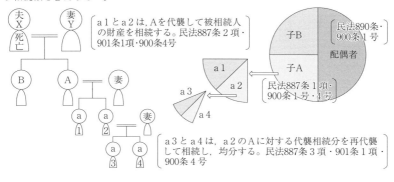

算を免除する）こと（民法903条4項）により，配偶者が実質的な相続財産額をより多く取得できるように配慮されている。

　（h）　相続人の寄与分　　共同相続人中に，被相続人の事業に関する労務の提供または財産上の給付，被相続人の療養看護等により，被相続人の財産の維持または増加について特別に寄与した者があるときは，共同相続人が協議して決めたその寄与者の寄与分を相続財産から控除して，残りを相続財産とみなして，民法によって算定した相続分に，その寄与分を加えた額をもって，寄与者の相続分とする[44]（民法904条の2）。

　このように，寄与者は，相続人であることを原則とする。ところが，被相続人の事業に関する労務の提供または財産上の給付，被相続人の療養看護によって，被相続人の財産の維持または増加について貢献した者が相続人の配偶者である場合には，その貢献は誰の寄与分として評価されることになるのだろうか。相続人が行うべき被相続人の事業に関する労務の提供または財産上の給付，療養看護について，相続人の配偶者が相続人の履行補助者として相続人に代わり努め貢献したと評価される場合（この法律構成を「履行補助者の理論」という）には，相続人の配偶者の貢献は，相続人の寄与分として認められ加算され得る[45]。

　（i）　被相続人の親族（相続人の配偶者など）による特別の寄与　　相続人の配偶者（たとえば妻）が実際の寄与行為を行った場合に，履行補助者の理論による法律構成によって，相続人の寄与行為として評価することも可能とされるが，認められるためのハードルが高い実情にある。

　そこで，無償で療養看護その他の労務の提供をしたことにより被相続人の財産の維持・増加に貢献した特別寄与者に，被相続人の相続開始後に，特別寄与料の請求を相続人に請求することができるとした制度が，特別寄与制度である〔平成30年法改正によって新設された制度である〕。高齢化社会において，療養看護あるいは介護は，保険制度によって対応されてきているが，療養・介護施設やシステムを利用できる基準は，徐々に高くなり使用することが困難になってきている。任意施設などを利用するためには，多くの費用を負担しなければならない。負担できない場合には，離職した家族による介護の従事が余儀なくされ，しかも，少子化傾向を反映して，数人の共同相続人のうちの特定家庭の

相続人以外の妻などの親族に負担が偏る傾向にあるからである。

　相続人，相続を放棄した者，相続欠格者または相続人から廃除された者以外の被相続人の親族（たとえば相続人の妻など）が，被相続人に対して無償で療養看護その他の労務の提供をしたことにより，被相続人の財産の維持または増加について特別の寄与をした場合には，特別寄与者は，相続が開始された後に，相続人に対して寄与に応じた額の金銭（これを「特別寄与料」という）を支払うよう請求することができる（民法1050条1項）。特別寄与制度は，寄与分制度とは異なり，特別寄与者に特別寄与が認められるための要件として，「被相続人の事業に関する労務の提供又は財産上の給付」が求められていない点に制度としての特徴がある。

　特別の寄与制度による特別の寄与も，特別の寄与者と共同相続人との協議によって決定され，協議が整わない場合や協議ができない場合には，家庭裁判所の審判によって決定される（民法1050条3項）。

　（3）　遺産分割

　（a）　相続財産は，共同相続人が共同相続する（民法898条）。

　（b）　遺産の分割は，一切の事情を考慮して行う（民法906条）。

　（4）　相続の承認および放棄　　相続人は，相続の開始があったことを知ったときから3カ月以内に，相続を承認または放棄しなければならない（民法915条）。相続人は，単純承認したときは，無限に被相続人の権利義務を承継する。つまり，相続財産には，プラスの財産＝権利とマイナスの財産＝借金返済などの義務の両方が含まれる（民法920条）。複数の相続人は，共同してのみ相続財産の限定承認をすることができる（民法923条）。相続を放棄した者は，その相続に関して，初めから相続人とならなかったものとみなす（民法939条）。

　なお，相続人不存在の場合には以下のように処理される。まず，相続人が不明である場合は，相続財産は，法人とする（民法951条）。そして，法人とした相続財産についての管理人は，法定手続によって，相続人捜索の公告（民法958条）を行い，相続人が現れない場合には，弁済等の精算を行う（民法957条2項）。相続人不存在の場合には，家庭裁判所は，被相続人と生計を同じくしていた者，被相続人の療養看護に努めた者など被相続人と特別の縁故のあった者の請求によって，残存すべき相続財産の全部または一部を与えることができる

（民法958条の３）。処分されなかった相続財産は，国庫に帰属する（民法959条）。

（5）　配偶者の居住権

①　配偶者短期居住権：一方の配偶者が亡くなると，相続が開始される（民法882条）。生存配偶者（相続人）は，相続開始時に，亡くなった配偶者に属していた建物に無償で居住していたときには，相続人間で遺産分割が行われて建物の帰属が確定する日まで，あるいは相続開始から６箇月経過する日までの，いずれか遅い日までの短期間内，無償で居住を継続することができる（民法1037条１項１号）。

②　配偶者（長期）居住権：配偶者短期居住権は，建物を明け渡すまでの猶予期間を生存配偶者に保障するための権利という意味合いがあるが，配偶者（長期）居住権（民法1028条）は，生存配偶者に住み慣れた我が家に住み続けるための権利を保障する点に重きを置く。相続開始のときに，被相続人の財産に属した建物に居住していた生存配偶者は，遺産の分割によって配偶者居住権を取得することとされたとき，あるいは配偶者居住権が遺贈の目的とされたとき，住み続けてきた建物の使用及び収益をする権利（民法1028条１項１号・２号）すなわち建物に生涯にわたりあるいは一定の期間（民法1030条），居住することを可能とする居住権を取得する。

配偶者が，遺産分割協議によって配偶者居住権を取得する形態としては，建物の使用権を配偶者が取得し，建物の所有権を子が取得するということもあり得る。この使用権は，設定による一身専属権であるから，原則として居住権者の死亡によって当然に消滅する（民法1030条）。したがって，その後には，建物の所有権のみが存在することとなり，子は，所有権者として自由に使用収益処分することが可能となる（民法206条）。

配偶者居住権が被相続人から配偶者に遺贈されて，かつ配偶者間の婚姻期間が20年以上の場合には，民法903条第１項の特別受益者の持ち戻し計算から除外され得る（民法903条４項）ので，配偶者が建物の長期居住権と敷地権を所有権によって取得することが可能である。その後に配偶者が死亡した場合には，再び，当該建物と敷地（所有権）は，原則とおりに相続の対象財産となる。

配偶者居住権は，登記をすることで第三者に対する対抗要件を備えることが可能であり（民法1031条１項），配偶者居住権者は，居住建物の所有者の承諾を

図表 10 - 19　配偶者居住権の類型

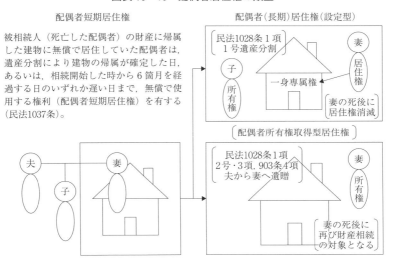

得ることにより，居住する建物を第三者に使用あるいは収益をさせることができる（民法1032条３項）。

（**6**）　**遺　言**　15歳に達した者は，遺言をすることができる（民法961条）。

（**a**）　遺言の形式（民法960・967条）。

（ｉ）　自筆証書遺言（民法968条）

自筆証書遺言の成立に必要な要件（民法968条）はつぎのとおりである。

①全文を自書する。②日附を自書する。③氏名を自書する。④押印する（印を押す）。

ただし，自筆証書と一体のものとして添付する相続財産目録については，自筆ではなくパソコンなどの各種機器を使用して作成されたものであっても許される。この方法をとる場合には，遺言者は，作成した財産目録の毎ページに署名し押印しなければならない（民法968条２項）。

ところで，遺言は，隠匿・破棄あるいは偽造されたりする可能性があることから，遺言者は，指定法務局に自ら出頭して（法務局における遺言書の保管等に関する法律４条６項，以下では「保管法」という）遺言書保管官に対して自筆遺言

書の保管を申請することができる（保管法4条1項）。ただし，相続の紛争を防止する必要があると認められる一定の年限を経過すると，遺言書は廃棄され，記録ファイルも消去されることになる（保管法6条5項・7条3項）ので留意が必要である。

　(ⅱ)　公正証書遺言（民法969条）

　(ⅲ)　秘密証書遺言（民法970条）

　(b)　遺言内容

　(ⅰ)　遺言によって，認知をすることができる（民法781条2項）。

　(ⅱ)　財産の全部または一部を処分することができる（民法964条）。

　(ⅲ)　遺言執行者を指定することができる（民法1006条）。

　ただし，遺留分に関する規定（民法1042条ほか）に違反することができない（民法964条）。

　(c)　遺言の効力発生　　遺言は，遺言者の死亡のときから効力を生ずる（民法985条）。

　(d)　遺言の放棄　　受遺者は，遺言による遺贈をいつでも放棄することができ（民法986条1項），遺贈の放棄は，遺言者の死亡時に遡って効力を生ずる（民法986条2項）。

　(7)　遺留分　　遺留分とは，遺産の一定割合額を特定の相続人に留保しようとする制度である。

　(a)　遺留分の帰属とその割合（民法1042条）

　(ⅰ)　被相続人の兄弟姉妹には，遺留分はなし（民法1042条本文）。

　(ⅱ)　直系尊属のみが相続人である場合は，被相続人の財産の3分の1である（民法1042条1号）。

　(ⅲ)　(ⅰ)および(ⅱ)以外の場合には，被相続人の財産の2分の1である（民法1042条2号）。

　(b)　遺留分の放棄　　相続が開始される以前において，遺留分を放棄するためには，家庭裁判所の許可を受けなければならない（民法1049条1項）。

民法演習問題家族編

I　つぎの文章をよく読んで各問に答えなさい。

　佐藤勇樹は，鈴木貴子に対して，結婚を，2019年 4 月 2 日（火）に申し込み，鈴木貴子は，佐藤勇樹に対して，結婚を，同日に快諾した。二人の結婚式および披露宴は，2020年 6 月14日（日）に挙行された。二人は，2020年 6 月22日（月）に新居住所地の役所に婚姻届を提出した。

問 1　日本国憲法では，「婚姻は，両性の合意のみに基いて成立……」すると規定されている。これは，日本国憲法の何条で規定されているか。
　　日本国憲法＿＿＿＿条
問 2　二人の婚姻が法律上成立したのは，何年の何月何日か。
　　＿＿＿＿＿年＿＿＿＿月＿＿＿＿日
問 3　婚姻の成立する要件を四つ答えなさい。
　　(1)＿＿＿＿＿　(2)＿＿＿＿＿　(3)＿＿＿＿＿　(4)＿＿＿＿＿
問 4　婚姻障碍事由について，民法の条文を明らかにして，その内容を二つ答えなさい。
　　①民法＿＿＿＿＿条＿＿＿＿＿
　　②民法＿＿＿＿＿条＿＿＿＿＿
問 5　法律要件を充足することで，契約が成立し，契約に一定の効果が生じる法理論構成を何というか答えなさい。　＿＿＿＿―＿＿＿＿論

II　つぎの文章をよく読んで各問に答えなさい。

　妻が婚姻中に懐胎した子（民法772条）を(1)＿＿＿＿＿子という。父または母が認知した子（民法779条）を(2)＿＿＿＿＿子という。(3)準正子（民法789条）および(4)養子（民法809条）は，(1)の子の身分を取得する。夫婦親子関係や親族関係にある者は，扶養義務を負うとされる。(5)夫婦親子関係に生じる扶養義務（民法752条・820条・877条）は，「パンを分け合う」扶養とされ，(6)親族関係に生じる扶養義務（民法730条・877条）は，「有り余ったパンを分け合う」扶養とされる。

問6　下線部の(1)と(2)に該当する法律用語を記入しなさい。

(1)＿＿＿＿＿＿＿＿＿　(2)＿＿＿＿＿＿＿＿＿

問7　下線部の(3)準正子について，民法の条項を明らかにして説明しなさい。

民法　　条　　項＿＿＿＿＿＿＿＿＿＿＿＿＿＿＿＿＿＿＿＿＿＿＿＿

＿＿＿＿＿＿＿＿＿＿＿＿＿＿＿＿＿＿＿＿＿＿＿＿＿＿＿＿＿＿＿＿＿＿

問8　下線部(4)特別養子が普通養子の法律要件および効果と異なる点を，民法の条文を明らかにして，二つ答えなさい。

民法　　　　　条の　　：＿＿＿＿＿＿＿＿＿＿＿＿＿＿＿＿＿＿＿

民法　　　　　条の　　：＿＿＿＿＿＿＿＿＿＿＿＿＿＿＿＿＿＿＿

問9　(5)と(6)の義務をそれぞれ何というか，答えなさい。

(5)＿＿＿＿＿＿＿＿＿＿＿の義務　(6)＿＿＿＿＿＿＿＿＿＿＿の義務

Ⅲ　つぎの問に答えなさい。

問10　離婚手続を四つ答えなさい。

(1)＿＿＿＿＿＿　(2)＿＿＿＿＿＿　(3)＿＿＿＿＿＿　(4)＿＿＿＿＿＿

問11　姻族関係を終了するために手続を要するのは，①配偶者が死亡したとき，②配偶者と離婚したとき，いずれか番号で答えて民法の条項を明らかにしなさい。＿＿＿＿＿＿：民法　　　　条　　　項＿＿＿＿＿

Ⅳ　つぎは，相続が開始されたある家族の状況を記載したものです。よく読んで各問に答えなさい。

　2020年5月1日に夫甲が死亡した。(1)甲の家族としては，配偶者妻の乙，甲と乙との間で誕生した準正子A，嫡出子BおよびC，養子D，そして甲の両親EとFが認められたが，嫡出子Cは，すでに2018年に死亡していた。Cには，嫡出子C1とC2がいる。確認された甲の相続財産は，土地・家屋，株式，預貯金等の合計金1億8000万円だった。(2)2020年7月18日に，甲の財産の相続について話し合うことになった。その際に，父親の(3)遺言が弁護士の手によって開封された。それによると，甲とGとの間には，子Hの存在が記されており遺言認知されていた。

問12　(1)の時点で認定される甲の相続人を記号で記入し，その相続人が得る相続財産の金額を示しなさい。

① _____ ： _____ 万円　② _____ ： _____ 万円　③ _____ ： _____ 万円
④ _____ ： _____ 万円　⑤ _____ ： _____ 万円　⑥ _____ ： _____ 万円

問13　(2)の時点で確認される甲の相続人のうち，A，C1およびHが得る相続財産の金額を示しなさい。

① _____ ： _____ 万円　② _____ ： _____ 万円　③ _____ ： _____ 万円

問14　①被相続人甲の死亡以前に死亡したCに代わって，C1およびC2が相続する場合。②被相続人甲の死亡以前にC2も死亡しており，C2に子C3がある場合には，C3がC2に代わって財産を相続することになる。それぞれの相続を何というか答えなさい。

①_____　②_____

問15　(3)の普通遺言の形式を3つ述べなさい。

①_____　②_____　③_____

問16　自筆によって作成された遺言の成立に必要な4つの要件および民法の条項を書きなさい。

①_____　②_____　③_____
④_____　⑤民法 _____ 条 _____ 項 _____

問17　配偶者および直系卑属が被相続人の相続財産に占める遺留分の割合は，いかほどか。

_____ 分の _____

問18　夫の甲と妻の乙（配偶者）は，既に30年間の法律婚を維持してきている場合に，妻の乙が住居を確保し安心して生活を持続するために，生前および遺産分割時にとることのできる対策行為は何か。民法の条文を指摘して答えなさい。

_____

_____

_____

【解答例は，法律文化社 WEB 補論掲載のテキスト民法演習問題家族編を参照】

有責配偶者からの離婚の是非

──法的三段論法の要件・効果論から利益（の比較）衡量論への発展問題──

X（夫）とY（妻）の間には，Aという軽度の障害をもつ子供が，生まれた

（なお，数年後に完治している）。その1年後には，XとYとの間にBという子が産まれ，Xは，Bばかりをかわいがり，ことさらにAおよびYに辛く当たるようになった。Aの将来に不安を覚えたYは，Aの小学校入学と同時に，Aを連れてXとは別居状態になった。Xは，会社を経営し，資産も有していたが，別居したYに対しては，Aの養育費だけを渡し続け，生活費を渡さなかった。その為，Yは，パートなどで生活費を稼いでいた。その間に，Aは，窃盗などの非行を繰り返し一時行方不明になるなどした。このような事態のため，Yは，心労が重なり，医師より「抑うつ症の疑いがあり」と診断され，生活費を稼ぐのも苦しい状況になりつつあったところ，Xより15年間の別居を理由に離婚請求がなされた。XとYの離婚は認められるか。

1　結論

原告X（夫）からの離婚の請求は，認められない。

原告X（夫）からの離婚の請求は，認められる。

〔留意〕本問での結論は，どちらも可能である。重要なのは，結論に至るプロセスである。

2　理由

（1）**「有責配偶者からの離婚」とは**　　「離婚」とは，夫婦の生存中に当事者の意思に基づいて婚姻（法律婚）を解消することをいう（民法763・770条）。裁判上で「有責配偶者からの離婚」を請求するとは，自らの責めに帰すべき事由によって婚姻破綻を招いた者から「その他婚姻を継続しがたい事由があるとき」を法的根拠として離婚を請求することをいう（民法770条1項5号）。

　本件において，YがAを連れてXと別居状態にならざるを得なかった原因は，子Aが軽度の障害をもって生まれたことを遠因として，原告Xが，ことさら子A及び妻Y（Aの母親）に，精神的な面だけなのか肉体的な側面も含むのかは明らかではないが辛くあたったことにある。別居後，夫Xが妻Yに対して生活費を渡さなかったので，夫婦間の溝は，時間の経過によってむしろ深くなったと思われる。以上から，婚姻による夫婦同居および生活保持（民法752

条）は，遂行維持されていないと解され，その原因は，原告の夫 X に求め得ると解される。ゆえに，本件の離婚請求は，有責配偶者 X からの離婚請求に該当する。

（2）　破綻主義による有責配偶者からの離婚要件　　破綻主義とは，配偶者に責任・過失があってもなくても，現に婚姻の実態がなく（別居・卓床分離の状態が継続されて），もはや婚姻生活が破綻して，婚姻の目的および効果を達成することができなくなったことにより，離婚を認める立場をいう。その離婚要件（判断規準）は，判例や学説によって形成され，昭和62年最高裁大法廷判決（下記(i)～(iv)の要件）および平成２年最高裁判決（下記(v)の要件）によって具体的に示されている。

　　(i)　夫婦の別居期間（夫婦の年齢および同居期間との対比において相当の期間）を考慮する。現在の判例においての最短期間は，30歳代から40歳代前半の夫婦において７年半である。

　　(ii)　未成熟子の存否。

　　(iii)　離婚を請求された配偶者が，離婚によって精神的・社会的・経済的にきわめて苛酷な状況におかれるなど，離婚の請求を認容することが著しく社会正義に反するといえるような特段の事情の存否。

　　(iv)　別居後に形成された生活関係（請求された配偶者，内縁の相手方，それらの子の生活状況）の斟酌（前記(iii)）より独立した要件―判断規準―とした。

　　(v)　経済的給付（財産分与・慰謝料・養育費・生活費など）の手段の確保。

（3）　法の適用　　有責配偶者から提起された離婚請求の離婚の是非は，判例や学説によって形成されてきている具体的な要件・判断プロセスを適用して，認定された事実がどの要件を充足するかによって，判断されることになる。

　　本問で，離婚の是非を左右する要件は，(iii)(iv)そして(v)である。とくに平成２年最高裁によって付加された(v)の要件は，(iii)(iv)の要件を補完する重要な要件に位置づけられている。上記した５つの要件のうちで１つでも離婚を請求された配偶者に不利に該当する場合には離婚を認めないとする立場が，破綻主義の消極説であり，要件のほとんどを充足することで離婚

を認める立場を破綻主義の積極説という。他の要件によって代償・補充補
完が可能であるか否かを斟酌して離婚を認めるか否かを総合的に判断する
立場が，破綻主義の積極的補完説である。最近の裁判所は，積極説あるい
は積極的補完説によって判断する傾向にある。

①　有責配偶者Ｘの離婚要件の充足

（ⅰ）　夫婦の別居期間　　本問の夫婦の年齢および同居期間との対比におい
て別居期間を考慮すると，夫婦の年齢が40歳代後半から50歳代前半で，別居期
間15年と比較すると，同居期間は10年未満と推定される。現在の判例におい
て，夫婦が30歳代から40歳代前半においての別居期間の最短期間は，7年半で
あるところから，夫婦の年齢および期間を考慮すると，十分に離婚認定の別居
期間を充足すると判断され得る。

（ⅱ）　未成熟子の存否　　子どものＡおよびＢの年齢は，すでに20歳をす
ぎ，二人とも成年に達している（民法4条）。成年とは，法律（民法あるいは刑
法）上の責任を負担させることができるか否かを年齢によって示したものであ
る。子のＡが窃盗などの非行を繰り返し一時行方不明になるなどしたという
事実は，社会生活において，自らの行為についての判断を誤ったということに
過ぎない。したがって，これらの事実をもって，子のＡを，一般的な社会生
活を当然に送るための能力を欠いた未成熟子とすることは，相当でない。

（ⅲ）　離婚を請求された配偶者の精神的・社会的・経済的にきわめて苛酷な
状況の存否　　Ａを連れて別居せざるを得なかったＹは，パートなどで生活
費を賄っていたが，Ａの非行等により心労が重なって，「抑うつ症の疑いがあ
り」と診断され，生活費を稼ぐのも苦しい状況になりつつあった。夫のＸに
よって生活費が負担されないままでは，Ｙの生活状況は切迫すると予想され
る。夫婦間で生じる扶養の義務は，「一つのパンを分け合う」生活保持の性格
（民法752条）をもつ。生活保持の義務がＸによって放棄されてきた事実から，
Ｙにとっては，経済上の苛酷な状況が離婚後に生じると推定され得る。

しかし，婚姻が破綻して長期間を経過し，修復改善が難しい現状で，すでに
形骸化した婚姻をそのまま維持することは，ＸおよびＹにとって，精神的・
社会的形式（婚姻）関係の束縛から解放されない事態に民法が手を貸すことに

もなりかねず，本来あるべき婚姻秩序を崩壊させるおそれを招くことにもなりかねない。

　(iv)　別居後に形成された生活関係（請求された配偶者，それらの子の生活状況）の斟酌　　夫婦間で生じる扶養の義務は，「一つのパンを分け合う」生活保持の性格（民法752条）をもつ。他方，親と成年した子との間の扶養の義務は，「余ったパンを分ける」生活扶助の性格をもつものである。したがって，子のAにYの生活費まで拠出させることは，本来Xが負担すべき生活保持の義務を，子のAに転化することになる。窃盗などの非行を繰り返し一時行方不明になった子のAの生活状況が，本人の努力によって改善されているとしても，Yの生活費の拠出を若年のAにもとめることは，Aにとって大きな負担とならざるを得ないと解される。また，子のAの非行が止み改善されたとしても，一人で心を痛めてきたYの心労による症状は，今後，適切な治療を継続でき容易に治癒されるかどうかによって左右されることになろう。

　(v)　経済的給付（財産分与・慰謝料・養育費など）の手段の確保　　夫婦の別居後に，Aが窃盗などの非行を繰り返すなどしたために，Yは，心労が重なり生活費の確保が難しくなりつつある。かような事態が生じても，夫Xが妻Yに対して生活費をいっこうに支出しないことにより，夫婦間の溝は，時間の経過とともにより深くなったと思われる。本件では，経済的給付，それをどのように確保するかについても，具体的に示されてはいない。

　②　要件の充足による離婚の判断

　有責配偶者の離婚請求に関して，本問では，(i)夫婦の別居期間は離婚要件に該当するだけの期間を充足し，(ii)未成熟子が存在しないという要件も充足する。

　③　離婚を認めない場合の法的結論

　5つの要件のうちで1つでも離婚を請求された配偶者に不利に該当する場合には，離婚を認めないとする消極説によれば，本問では，(iv)妻Yの心労による抑うつ症，子のAの非行などから，別居後に形成された精神的・経済的生活状況は，良好であったと推定し得ず，離婚後に，早急に改善されると期待することは，困難と考えられる。また，(v)具体的な経済的給付（財産分与・慰謝料・養育費・生活費など）が明示されておらず，それらの手段の確保も現時点では十分でなく，本問の有責配偶者Xからの離婚は，認められるべきではない

と解される。

3　要件・効果論による法的結論についての疑問

（1）　問題の視点──妥当性への疑問　婚姻が破綻して長期間を経過し，修復改善が難しい現状で，すでに形骸化した婚姻をそのまま維持することは，ＸおよびＹにとって，精神的・社会的形式（婚姻）関係の束縛から解放されない事態に民法が手を貸すことにもなりかねず，本来あるべき個人の社会生活そのものと婚姻秩序をも崩壊させるおそれを招くことにもなりかねないと思われる。

　夫婦間で生じる扶養の義務は，「一つのパンを分け合う」生活保持の性格（民法752条）をもつ。子のＡにＹの生活費まで拠出させることは，本来Ｘが負担すべき生活保持の義務を，子のＡに転化することになる。Ｙの生活費の拠出を若年のＡにもとめることは，Ａにとって大きな負担とならざるを得ないと解される。本問では，(iv)妻Ｙの心労による抑うつ症，子のＡの非行などから，別居後に形成された精神的・経済的生活状況は，良好であったと推定し得ず，(iii)離婚を請求された配偶者の精神的・社会的・経済的に不利な状況が既に発生しつつあり，離婚を否定して形骸化した婚姻生活を継続するよう求めることでは，かような現状を改善することは見込まれないだけでなく，今後には，さらに悪化すると推定し得る。

（2）　要件・効果論から利益〔の比較〕衡量へ　法的三段論法の要件・効果論によって，単純に導き出される「離婚を認めない」とする結論を回答とすると，形骸化した婚姻関係の継続による人生の犠牲という状況を生ぜしめ，妻のＹにとっても，夫のＸにとっても，また子のＡにとっても，決して今後の人生設計について好ましい結論とはならないであろう。このように，要件・効果論という基本過程を実践して得られる法的結論（法律効果）では，本問のように法的結論の妥当性に懸念が生じる場合があり得る（要件・効果論から利益〔の比較〕衡量論へ）。

　そこで，「人が社会生活を営むとは，どういうことなのか」あるいは「Ｘ・Ｙ・ＡおよびＢの幸福追求の現実化のための生活環境の確保」という視点（すなわち離婚することで得失する利益と破綻した婚姻を継続することで得失する利益の比較衡量〔論〕）から，法的結論の妥当性を再度検討する必要がある。かような視

点は，何故に，最高裁判所は，平成２年の判決において離婚要件として，(v)経済的給付（財産分与・慰謝料・養育費など）の手段の具体的提示および確保を付加するようになったのかについて，深く考察することをわれわれに求める。

> 　裁判所による判決が集積され，新しい論点が提起されたり，新しい要件が付加されたりしたということは，それまでの事件に対する解決の視点や判断規準では，対処できないか不足する事態が生じてきているということを意味する。

　（3）　利益（の比較）衡量論による検討——離婚を認める　　有責配偶者からの離婚請求の離婚要件すべてが充足されていなくても，他の要件によって代償・補完が可能である場合には，離婚を認め得ると判断する立場が，破綻主義の積極的補完説である。

　本問では，(iv)妻Ｙの心労による抑うつ症，子のＡの非行などから，別居後に形成された精神的・経済的生活状況は，良好であったと推定し得ず，(iii)離婚を請求された配偶者の精神的・社会的・経済的に不利な状況が今後に発生すると推定し得る。

　しかし，Ｘが会社を経営し資産も有している状況下において，Ｙの精神的治療環境が十分に確保され，代償・補完できるだけの(v)経済的給付の内容（財産分与・慰謝料・養育費など）がＸによって具体的に明示され，誰にも犠牲を強いることなく，その具体的な手段も確保される場合で，総合的に判断して，離婚を請求された配偶者の今後の生活が成り立ち得ると判断されるのであるならば，本問の有責配偶者Ｘからの離婚は，認められてもよいと解される。

1)　六法とは，憲法・民法・刑法・商法・民事訴訟法・刑事訴訟法の六つの基本法をいい，これを語源として，法令を収録した書籍収録集を「六法」と呼称するようになった。

2)　独占禁止法は，「私的独占の禁止及び公正取引の確保に関する法律」の通称をいう。独禁法は，それの略称である。

3)　我妻栄『新訂民法総則（民法講義Ⅰ）』（岩波書店，1964年）1-6頁。

4)　我妻栄・前掲注3)　7-12頁。

5)　アダム・スミスは，経済取引のあり方や内容は，需要と供給という「見えざる手」の予定調和の理論によって決定されると述べた。

6)　労働法という法律は存在せず，労働関係調整法，労働基準法，労働組合法の労働三法を総称していう場合がある。

7)　社会福祉に関する法には，社会福祉法，健康保健法，雇用保険法そして生活保護法などを含む。六法の社会法の欄を参照のこと。

8)　我妻栄・前掲注3)　11頁。

9)　原島重義「わが国における権利論の推移」法の科学4，（日本評論社，1976年）60-100頁，「競争秩序と民法」久留米法学30号（1997年）49-52頁を参照。

10)　社会法については，14章を参照のこと。

11)　川島武宜『民法講義第一巻序説』（岩波書店，1963年）46-47頁。

12)　エーアリッヒ著，川島武宜・三藤正訳『権利能力論』改訂版（岩波書店，1975年）15頁。

13)　前掲注12)　2頁。

14)　前掲注12)　16頁。

15)　大判明治38年5月11日大審院民録11巻706頁。

16)　成年後見制度の主体は，被後見人，被補佐人，被補助人（民法8条・12条・16条）という。

17)　大判大正8年11月19日民録25輯2172頁。

18)　大判大正5年3月14日民録22輯360頁，最判昭和31年3月30日民集10巻3号242頁。

19)　最判昭和57年2月17日判時1049号55頁。

20)　最判昭和57年6月17日判時1054号85頁。

21)　大判昭和13年3月30日民集17巻578頁。

22)　最判昭和30年10月7日民集9巻11号1616頁。

23)　最判昭和56年3月24日判時998号3頁。

24)　我妻栄『近代法における債権の優越的地位』（有斐閣，1970年）314頁。

25)　R. H. コース "The Firm, The Market, and The Law" 宮沢・後藤・藤垣訳『企業・市場・法』（東洋経済新報，1992年）13頁。

26)　大判大正2年10月25日民録19巻857頁。

27)　最判昭和33年6月20日民集12巻10号1585頁。

28)　最判昭和35年3月22日民集14巻4号501頁，最判昭和38年5月31日民集17巻4号588頁

29)　前掲注26・27)　判例参照。

30)　前掲注28)　判例参照。

31)　大判大正2年10月25日民録19巻857頁，最判昭和33年6月20日民集12巻10号1585頁。

32)　大判昭和2年2月2日大審院民集6巻133頁。

33)　大判大正6年6月27日民録23巻1153頁。

34)　耐震構造計算書偽装問題を契機に，「特定住宅瑕疵担保責任の履行の確保等に関する法律」（平成19年5月30日法律第66号）が制定されて，「住宅の品質確保の促進等に関する法律」で規定された建設業者及び宅地建物取引業者が負う新築住宅で生じる瑕疵担保（修理補繕も含む）責任の履行を10年間確保することになった。業者の資力を確保するために，資金の供託や保険制度の利用が図られている。また，業者側では，「アフター

サービス基準」等を設けて，修理の保証を図っている。購入予定者は，これらの点について，取引業者と特約しておくことがのぞましい。

35)　最判昭和35年6月24日民集14巻8号1528頁。最高裁は，「不特定物の売買においては（特段の事情がない限り）原則として目的物が特定したとき（民法401条2項参照）に，買主に移転するものと解すべきである」とした。

36)　石川利夫『家族法講義〔上〕』（評論社，1975年）34-47頁。

37)　最判昭和44年10月31日民集23巻10号1894頁。

38)　2022年4月1日より，成人年齢が18歳となり（民法4条），同時に，婚姻適齢が男女ともに18歳とされることで（民法731条），成人年齢と婚姻適齢が統一された。これによって，民法753条の婚姻による成年擬制の条文は，削除されることとなった。

39)　大判昭和16年2月3日民集20巻1号70頁，最判昭和57年3月26日判時1041号66頁。

40)　最大判昭和62年9月2日民集41巻6号1423頁。

41)　最判平成2年11月8日判時1370号55頁。

42)　前掲注41）判例参照。

43)　最判昭和37年4月27日民集16巻7号1247頁。

44)　前橋家裁高崎支部決昭和61年7月14日家月38巻12号84頁。

45)　東家裁審判平成12年3月8日家月52巻8号35頁，東高決平成22年9月13日家月63巻6号82頁。

46)　相続人に対して請求の対象となる特別寄与料としては，特別寄与者が被相続人の療養看護に支出した実費費用（施設利用料，療養看護に要する日用品および設備の購入費・使用料，交通費，立替納入した保険料，保険料では賄いきれない差額費用など），そして提供した労務に相当する実費などで，社会生活水準を基礎とした標準的な額を中心に，個別状況を加味して算出した総額ということとなろう（民法1050条3項）。

第11章　ビジネス法の基礎

　売買契約をはじめとする日常的な取引は，個人相互の間よりも，むしろ個人と企業との間で，あるいは企業相互の間において頻繁に行われている。資金の出資者が1人の企業を個人企業といい，出資者が2人以上による企業を共同企業という。この章では，共同企業の中でも，営利法人に属する会社の中で，とくに株式会社をとりあげて，その設立，機関およびその役割と責任そして企業による社会規範遵守について解説し，つぎに金銭支払方法以外（有価証券・手形・小切手・電子債権）によるビジネス取引の概要について解説することとしたい。

1　会社の設立

　会社とは，一般的には「共同事業形態をもち人の集合によって形成される（社団）営利を目的とした自然人以外の権利義務の主体となるもの（法人）」をいう（民法33条，会社法3条・2条1号）。
　(1)　会社の類別要素　会社は，会社がどのような責任（有限か無限か）をだれに対して負担（直接か間接か）するのかによって類別される。
　(a)　無限責任と有限責任　無限責任とは，会社が負担すべき債務について，資金を出資した社員が個人財産をもって限度なしに責任を負う場合をいい，一定の限度内のみ責任を負う場合を有限責任という。
　(b)　直接責任と間接責任　直接責任とは，社員が会社の債権者に対して直接に債務を弁済する責任を負う場合をいう。間接責任とは，社員は会社に対する出資義務を負うにすぎず，会社がその出資金の範囲でのみ会社の債権者に債務を弁済する責任を負う場合をいう。
　(2)　会社の種類　会社には，合名会社，合資会社および合同会社そして株式会社がある。前者の三つの会社は，社員の地位を持分ということから，総称して持分会社といわれる（会社法575条）。株式会社の構成員を株主とい

図表 11‑1　企業の分類

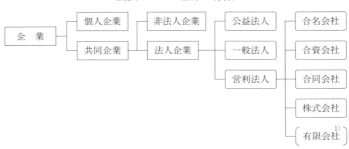

い，この株主の地位は，株式といわれる（会社法105条1項）。

　(a)　持分会社は，機関に関する詳細な事項が規定されておらず，会社の内部関係や会社のありかた（たとえば組織や定款の変更など）については，社員全員の一致で決定されることとされる（会社法637条）。

　(b)　合名会社とは，社員が会社債権者に対して直接かつ無限責任を連帯して負う会社をいう（会社法576条2項・580条1項）。

　(c)　合資会社とは，会社債権者に対して連帯して直接責任を負う有限責任社員および同様の無限責任社員とによって二元的に組織された会社をいう（会社法576条3項・580条2項）。

　(d)　合同会社とは，社員が会社に対して一定の限度で出資責任を負うだけで，会社債権者に対しては直接の責任を負わない（間接有限責任）会社をいう（会社法576条4項）。また，合同会社は，法人税と所得税の二重課税を回避する目的で導入された会社といわれ，課税は個人所得にのみ行われる。

　(e)　株式会社とは，株式制度を有し，その株式を所有する株主が株式の引受価額に応じた出資責任を負う（会社法104条）だけで，会社債権者に対しては直接の責任を負わない（間接有限責任）会社であり，機関の構成が詳細に規定され，資本制度を設けて財産の充実と維持が特に重要視される会社をいう。

（3）　会社設立の要件および手続

　(a)　すべての会社の設立に共通する不可欠な要件　　会社を設立するためには，四つの要件をすべて充足する必要がある。

　(i)　定款（会社の基本規則）を作成すること（会社法26条・575条）。

(ⅱ)　会社を構成する社員（株式会社では株主）を確定すること（会社法25条・34条・63条・578条）。

(ⅲ)　会社成立後の業務の執行機関を決定すること（会社法590条・591条・295条）。

(ⅳ)　設立登記をすること（会社法49条・579条）。

　持分会社は，(ⅰ)と(ⅳ)の手続をすれば成立するが，株式会社は，さらに会社財産の確保と業務の執行機関を定めるなど独自の手続を必要とする。

　(b)　株式会社の設立に必要な独自の要件および手続

　(ⅰ)　株式引受けに応じた出資の履行　　株式とは，株式会社の社員たる地位をいう。株式は，均等の大きさに細かく分けられており（会社法109条1項），株式の所有数に応じて株主の地位が大きくなるという特徴がある。株式会社は，会社の設立時に発起人が発行株式の全部を引き受けて出資する発起設立（会社法25条1項1号・34条）と，1株以上を発起人が引き受けて（会社法25条1項2号・2項）残りについて引受人を募集し（会社法57条），設立時募集株式の引受人が引受額の全額を払い込んで出資する募集設立がある（会社法63条・64条）。

　(ⅱ)　株式会社の財産の確保　　株式会社は，株式の引受けによって払い込まれた出資金が会社債務の弁済資金となるため（有限責任），出資金を確実に確保するために，払込みは現実に金銭によって行うことを要し，[2] 払い込む場所を銀行などの金融機関としなければならない（会社法34条2項・63条1項）。募集設立の場合には，払込金の保管証明書の交付を銀行に請求することができる（会社法64条1項）とされている。また，現物出資の場合には，定款に所定の項目を記載し，裁判所に検査役の選任を請求して，調査を受けなければならない（会社法28条1号・33条）。これらの手続を確実に行うことで，[3] 出資された金銭や現物出資財産は，会社の所有に属する財産として確保されることになる（資本充実・維持の原則）。

　(ⅲ)　株式会社の機関の決定　　会社は，自然人とは異なり，自ら意思を決定し行為を行うことはできない。会社の意思の決定や行為は，会社組織において一定の地位にある自然人やこれらの合議体（これらを「機関」という）を通じて行われると解されている。株式会社の機関としては，株主総会，取締役，代表取締役，取締役会，監査役，監査役会，三委員会（指名・監査・報酬），執行

役，代表執行役，会計参与そして会計監査人があり，つぎの2では下記機関
設計パターンで表示する機関について解説することとしたい。
　（iv）　総会の招集・法定決議事項の決議・設立事項の報告　　株式会社は，
発起設立の場合には，以上の要件を充足し機関選択および役員選任手続を行う
ことによって設立され，募集設立の場合には，さらに創立総会を招集し（会社
法65条1項）法定決議事項を決議し設立に関する事項を報告しなければならな
い（会社法66条・87条）。株式会社は，これらの手続を過不足なく行うことに
よって設立され，設立登記を済ませることで成立する（会社法49条）。

2　株式会社の機関およびその役割と責任（ガバナンス）

　（1）　株式会社機関の決定　　株式会社は，株主総会を最高決定機関とし
てもち，実際の業務に関する機関のありかたは，取締役会を設置するか否か，
取締役会を設置する場合であっても，さらに監査委員会などを設置する会社と
しない会社といった多くのパターンが想定される。
　（a）　株式会社の機関設計パターン
　（i）　取締役会を設置しない株式会社
　①機関＝株主総会＋取締役　②機関＝株主総会＋取締役＋監査役　③機関
＝株主総会＋取締役＋監査役＋会計監査人
　（ii）　取締役会を設置する株式会社
　①　機関＝株主総会＋取締役会＋会計参与　②機関＝株主総会＋取締役会
＋監査役　③機関＝株主総会＋取締役会＋監査役＋会計監査人　④機関＝
株主総会＋取締役会＋監査役会　⑤機関＝株主総会＋取締役会＋監査役会
＋会計監査人
　（b）　各機関の役割と責任　　この設計型株式会社の各機関の役割および責
任を解説する。
　（i）　株主総会：株主総会は，組織，運営，管理そして会社に関する一切の
事項を決議する万能性ある最高意思決定責任機関として位置づけられる（会社
法295条1項）。
　（ii）　取締役：取締役は，外部の者との契約を締結するなど対外的業務につ

いて会社を代表するとされるが，代表取締役を定めることもできる（会社法349条）し，取締役が2人以上いる場合には，過半数をもって業務を決定しなければならない（会社法348条1項・2項）とされている。会社法は，取締役の間に業務の決定および執行に対する緊張関係をつくり相互牽制によって単独による業務の暴走を抑止するなどの責任を取締役相互にもたせることをねらいとする。

　（iii）　取締役会：取締役会は，会社の業務の執行を決定するために設置される合議体の機関である（会社法362条2項1号）。したがって，株主総会の決議事項は，法令および定款によって定められた事項に限られる（会社法295条2項）。取締役会設置会社（会社法2条7号）では，業務の執行は，取締役の中から選定された代表取締役（会社法362条3項）あるいは必要に応じて選定された業務担当取締役のみが行う（会社法363条）。これは，取締役相互の間の業務決定責任および業務執行に対する牽制を強化するねらいからとられる。

　（iv）　監査役：取締役が相互に牽制する関係にあるとしても，それには限界がある。そこで，会社法は，監査機関として監査役を用意し，取締役の業務執行を監査させ（会社法381条），不正行為などについては取締役（会）に報告し（会社法382条），株主総会に提出する議案・書類などを調査し，法令違反などがあると認めるときには，株主総会に報告しなければならない（会社法384条）。取締役会設置会社は，原則として監査役を置かなければならない（会社法327条2項）。

　（v）　監査役会：監査役会は，3名以上の監査役で組織される監査機関をいう。そのうち半数以上を社外監査役（会社法2条16号）とするとともに常勤の監査役を選定しなければならない（会社法335条3項・390条3項）。監査役は職務執行に生じた疑問については，職務分担を超えて監査を実施し，監査会に報告する義務が課せられる（会社法390条2項3号・4項）。監査役会は，各監査役が作成した監査報告に基づいて監査報告を作成する（会社法施行規則130条1項）。監査役会の決議は，監査役の過半数をもって行われる（会社法393条1項）。議事録に異議をとどめなかった監査役は，賛成したものと推定される（会社法393条2項ないし4項）ので，各監査役の監査報告と議決は，大きな責任を伴う。

　（vi）　会計監査人：大会社（会社法2条6号）は，監査役会および会計監査人

を置かなければならない（会社法328条）。1960年代の粉飾決算による大型倒産が発生したことを契機に，会社法は，公認会計士または監査法人という会計の専門家に計算書類およびその付属書類などの監査を行わせ，会計監査報告書を作成しなければならないとする（会社法396条1項）。会計監査人の独立性および継続性が維持されること（会社法338条2項・344条1項）で，会計監査人は，会計に関する求報告権限（会社法396条2項）および業務財産に関する調査権限（会社法396条3項）を行使して，取締役や執行役の職務執行に不正行為などの事実を発見したときには，当該事実を監査役，監査役会あるいは監査委員会に遅滞なく報告しなければならない（会社法397条）。定時株主総会において，会計監査人の出席を求める決議があったときは，総会に出席して意見を述べなければならない（会社法398条2項）。

　　(vii)　会計参与：会計参与は，取締役と共同して計算書類およびその付属明細書などを作成し会計参与報告書を作成する（会社法374条1項）。取締役会や株主総会に出席し意見を述べることが求められる場合が法定されている（会社法375条ないし377条）。

　　(c)　委員会制度　　委員会設置会社とは，指名・監査・報酬の三委員会を置く株式会社をいう。これは，トップ権限の集中を回避するアメリカ合衆国会社法のガバナンス制度を模倣して導入された制度である。委員会設置会社において，業務の執行者は，取締役会で選任された執行役によって行われ（会社法418条），取締役は，業務執行者に対する監督を行う者として位置づけられる（会社法415条・416条1項2号）。三委員会は，3名以上の取締役によって設置が義務づけられ，各委員会は，委員会を構成する人数の過半数を社外取締役によって構成される（会社法400条）。各委員会の権限などは，会社法404条ないし409条において法定されている。

　（2）　内部統制システムについて　　株式会社における取締役の職務執行（業務の有効性や効率性，財務報告の信頼性，事業活動に係る社会規範の遵守そして資産の保全）の適正を確保するために必要とされる体制（内部統制システム）の整備に係る決定をする場合には，その決定は，取締役の過半数または取締役会の決議によらなければならない（会社法348条2項・3項4号・362条4項6号・416条1項1号）。大会社は利害関係者が多く，委員会設置会社は，執行役の権限が広

くなるため，これらの会社には，内部統制システム（ガバナンス）に係る決議が義務づけられた（会社法348条4項・362条5項・416条2項）。整備が要求される取締役・監査役などについて主な内容は，下記である（会社法施行規則98条1項）。

①当該株式会社の使用人の職務の執行が法定および定款に適合することを確保するための体制。

②取締役の職務の執行に係る情報の保存および管理に関する体制。

③損失の危険の管理に関する規程その他の体制。

④取締役の職務の執行が効率的に行われることを確保するための体制。

⑤監査役または監査委員の監査が独立して実効的に行われることを確保するための体制。

3　社会規範の遵守による企業倫理秩序の構築および維持
　　──コンプライアンス

（1）　コンプライアンス　　コンプライアンス（Compliance）を英和辞典で調べてみると，Compliance には，「要求・希望などに従うこと，承諾・応諾，愛想のよさ，追従・盲従・迎合，人のよさ・親切」という意味がある。不祥事を起こした企業などの記者会見で Compliance が使用される場合には，「法令遵守」という意味である。法令遵守という意味は，本来は責任を伴うものとして重く受け止められるべきものであるが，Compliance という横文字でいうとなぜか軽い響きを感じざるを得ないのは，私だけであろうか。

　最近，頻繁に起きる事例としては，日影による中高層建築物の高さ，建築物の形態内容（容積率，建ぺい率，北側・隣地斜線による建築物各部分の高さ）によって，一定の限度を超える建築物を建築する際に各種の要件や制限を課される場合に，その限度をわずかに超えない範囲で建物の建築を強行しようとする傾向が顕著になってきている。たとえば，建築床面積の制限が設けられ，制限に達すれば要件や制限が課され説明会の開催が必要要件とされ，他方，その制限に僅かに及ばなければ要件も・制限も課されずかつ説明会などの開催も不要とされる。この僅かに限度を超えない部分は，企業にとって経費支出の増大を回避

することに資することになるが，人々の自由や安心を保障するものとはならない。

　コンプライアンスを単に「法令遵守」という意味だけに解するならば，法令に従ってさえいれば，他人の自由や権利を侵害しないという一方的な思い込みが生じる。そこでは，法によって保護しようとする目的（法の精神）を無視した方法論が，企業のいかなる活動さえも正当化する危険を生じさせる。

　（2）　コンプライアンスに込められる本来の意味　　ここでは，コンプライアンスに込められる本来の意味を明らかにしておきたい。コンプライアンスとは，法令遵守という意味だけでなく，法が究極的に目的とする保護法益すなわち「法の精神」を実現すべく社会規範を遵守することによって，企業倫理秩序の構築および維持を意味すると解すべきであろう。その源泉は，フランスの『人および市民の権利宣言（「人権宣言」と通称される）』第4条の「自由は，他人を害しないすべてをなし得ることに存する」にあると考えられる。自由・平等を権利として体現した所有権は，人権宣言第4条の「他人を害しない」枠内においての権利の行使という限界を伴うのである。

　（3）　コンプライアンスの実行と実効性　　第2章2-2「法と道徳」では，道徳とは，「社会生活上一定の行為を自主的に行うあるいは行わない行動上の自律的規範である（準則）」と理解した。他方，「法は道徳の最低限」という格言は，人々の自由と安全を確保するために，個人の意思に関係なく，自律的規範の一部を国家の強制力を伴う他律的規範とせざるを得ないことを表現したものである。

　しかしながら，禁止や命令といった強制のすべてを法規範によって規定することは，猜疑心に満ち硬直した社会を形成することにつながり，社会生活は緊張に満ちたものとならざるを得ない。したがって，法規範による強制は，最小最低限度にとどめるべきである。そうだからといって，このことを奇貨として，コンプライアンスを単に「法令遵守」という意味だけに解して自己満足によるエセ社会貢献を許してよいというものではなかろう。かように解する企業に対しては，自由と安全が保障される社会の形成に貢献し得ないすでに倫理秩序の崩壊した企業として，社会生活上の当事者の地位が認められないと評価されることが，近い将来くるとしてもやむを得ない。

　コンプライアンスは，企業が今後の日本社会の形成に貢献する方向性を示す重要なキーワードである。企業で働くすべての人々（とくに経営陣）は，法の精神を社会貢献によって実現するという企業倫理秩序の構築および維持に大きな責任を伴うものとして受け止めて，内部統制システム（ガバナンス）によって実効性をはからなければならない。

　コンプライアンスの目指すのは，法の精神の実現であり，ガバナンスは，コンプライアンスの実効性を確保することを使命とするものと理解すべきであろう。

＊4〜7の有価証券，手形・小切手，電子債権については法律文化社ホームページ（https://www.hou-bun.com/）の教科書関連情報コーナーを参照。

1) 有限会社とは，株式会社と同様に社員の直接無責任の原則（社員の有限責任という）を採用しながら，その組織の運営を株式会社よりも簡単な形態を認めた会社をいう。現在では，有限会社が2005年に廃止されたことで，新たに設立することはできない。
2) 大判昭和2年3月14日新聞2676号11頁。
3) 払い込まれた金額が定款に定められた設立出資財産の価額または最低額に達しない場合は，設立無効原因となると解されている。
4) 創立総会が開催されない場合には，株式会社は設立無効になると解される。
5) 大判昭和11年5月26日商事判例集合本〔追録1〕58頁。創立総会が開催された場合であっても，法定決議事項の決議または報告事項の報告を書く場合には，株式会社の設立は無効となると解されている。
6) 会社設立登記は，設立の効力を発生させるための創設的な効力をもつと解される。
7) 対内的業務とは，貸借対照表，各事業年度の計算書類，事業報告並びにこれらの付属明細書の作成や5年間の本店備え置きなど（会社法435条1項，442条1項1号）といった外部の者と直接関係しない業務をいう。

第**12**章　刑法の基礎

　第10章のはじめで，法律には，各法律が有する目的を達成するため，独自の執行方法があることを述べた。ここでは，交通事故を例に，刑事事件として取り扱われる場合に適用される刑法をみてみることにしよう。

1　刑法総説 1

（1）　犯罪と刑法

　例題からはじめよう。Aは，勤務する甲社の営業課長Bからの営業連絡で携帯電話をかけながら会社の営業車を運転していた。Bは，Aが運転中であったことを承知のうえで，Aの申し出た停車も電話のかけかえも許さず，Aが通話に気をとられざるを得ない執拗な要求を繰り返した。通話に気をとられて，Aは，十字路の赤信号を見過ごして直進し，左側から青信号で優先道路を直進してきたC運転の自転車を交差点内においてCとともに跳ね飛ばし，Cに左足骨折および全身強打打撲で全治3カ月間の重傷を負わせたものである。AおよびBはどのような責任を負うか。

　結論から述べよう。Aは，業務上過失傷害罪（刑法211条）に問われる。上司のBは，Aの注意義務を減退させAに信号見過ごしによる交通事故を引き起こさせた原因をつくったことを理由として，上記犯罪の幇助罪が適用されることになろう（刑法62条）。また，AもBも，民事上の損害賠償（民法709・710条）を請求され，甲社は，場合によって使用者責任（民法715条）を追求されることになるであろう。営業車を運転していたAは，運転免許取消しなどの行政的制裁が課せられるであろう。

　このように，犯罪が生じると，犯罪者や犯罪を幇助しあるいは教唆した者に対する刑事処罰，犯罪によって失われた法益を回復するための民事救済，そして行為者に対する行政的制裁の各々が，単独であるいは重複して行われること

になる。しかし，刑法の本質的な法益保護の性格は，違法な行為を国家権力の刑罰行使による威嚇という形式をもって抑止しようとする，最も強力な法的規制手段である。したがって，他の民事的な予防・救済や行政的制裁によって，各種の法益が保護されるのであるならば，刑法の行使による刑罰の執行は，控えられるべきで，行使しなければならないときに行使し執行されるべきである。この法則は，刑法補充性の原則という。ここでは，刑法を中心として刑事法の基礎を説明する。

（**2**）　**刑法の目的**　　刑法は，法によって保護される個人の利益を明らかにし（刑法の法益保護機能），何が犯罪となるか（犯罪の構成要件）を定め，犯罪に対する規範的な評価（刑罰）の種類と量（法律効果）を明らかにし（刑法の評価機能），処罰の限界（刑罰の決定機能）を明確にすることで，恣意的な刑罰の判断および執行によって国民（犯罪者を含む）の基本的人権が奪われないように保障し（刑法の人権保障機能）[2]，もって社会秩序の維持・発展を図ることを目的とする実体法である。刑法の評価機能および決定機能が働くことは，犯罪の発生を抑止し予防することに結びつく（刑法の犯罪抑止・予防機能）。刑法の法益保護機能および人権保障機能[3]は，社会構成員の間の相互の関係を安定化する機能を有する（社会秩序維持・発展機能）。刑法の目的は，刑法自身のもつこれらの機能が過不足なく働くことによって達成される。

（**3**）　**刑法の指導原理**　　憲法の基本的人権の尊重（憲法11条ないし13条）は，憲法31条の罪刑法定主義を刑法規範によって体系的に具体化[4]することで保障される。つまり，罪刑法定主義は，基本的人権の保障を確実なものとする重要な機能を果たす。

　フォイエルバッハの言う「法律なければ犯罪無し」「法律なければ刑罰無し」という公式は，罪刑法定主義をあらわすものと解されている。憲法31条は，刑事手続の面から規定したものであるが，犯罪定型および処罰規定の必要性と根拠の適正，犯罪と刑罰の均衡が図られること，そして制定過程も適正に行われることも要求すると解される。慣習法による犯罪の肯定も刑罰の執行も許されない。憲法39条は事後立法による処罰を禁止して，罪刑法定主義の隙間を許さない。憲法73条6号は，命令による罰則規定の制定が国民主権の実現として制定された法律の委任を必要とすることを宣言し，政治・行政機関による恣意的

な刑罰の制定および執行を防止する，つまり国家権力の違法な行使を防止しか
つそれから国民を護る趣旨である。罪刑法定主義の原則は，刑罰法規のもつ基
本的人権の保障機能から，刑罰法規厳格解釈の原則を導く。ゆえに，罪刑法定
主義は，刑事被告人に不利な刑罰法規の緩やかな解釈を許さず，類推解釈を禁
止する。

　犯罪の認定および刑罰の軽重の判断は，犯罪の結果（法益侵害の程度）だけで
なく結果発生に至る犯罪行為の過程（態様・程度）や犯罪者の人格（形成過程含
む）を斟酌して行われる。この判断姿勢は，「自ら非難に価する行為によって
生じさせた結果の範囲を超えて刑罰を科せられることはない」とする責任主義
を基礎とする。「責任なければ刑罰無し」という公式は，刑法38条1項の「罪
を犯す意思がない行為は，罰しない」という責任主義の原則規定において具体
化されている。改正刑法草案の48条1項は，「刑は，犯人の責任に応じて量定
しなければならない」とし，2項は「刑の適用にあたっては，犯人の年齢，性
格，経歴及び環境，犯罪の動機，方法，結果及び社会的影響，犯罪後における
犯人の態度その他の事情を考慮し，犯罪の抑制及び犯人の改善更生に役立つこ
とを目的としなければならない」と規定する。この規定は，罪刑法定主義と責
任主義を宣言したものと解されており，責任主義は，罪刑法定主義とともに重
要な刑法の指導原理に位置づけられている。

　（4）　刑罰の種類　　刑罰を科すことによる法益保護手段は，威嚇という
性格を伴う最も強制力の強い形式をもった社会規制手段であるから，命令によ
る刑罰の制定は法律の委任を必要とし，刑罰適用および執行は刑法補充性の原
則が要請される。この原則の下で，刑法の刑罰の種類と執行過程について説明
しよう。

　刑法において刑罰は，主刑として死刑，懲役，禁錮，罰金，拘留および科料
があり，付加刑として没収がある（刑法9条）。これらの刑罰の内容は，刑法11
条以下において規定されている。刑法16条の「拘留」と刑事訴訟法60条以下の
「勾留」とは，内容が異なるので注意したい。前者は，刑罰として留置場に留
置する意味の「拘留」（刑法16条）である。後者は，捜査段階で被疑者を逮捕し
取り調べるため長期間（最長28日間）継続して拘引するときの起訴前の勾留（刑
事訴訟法205条ないし208条の2）と起訴後に被告人の逃亡と証拠隠滅の防止を主

たる目的として勾留する起訴後の勾留（刑事訴訟法60条）がある。起訴後の勾留は，判決が言い渡される以前の勾留なので，未決拘禁とか未決勾留ともいう。

2 刑法総説2

（**1**） **犯罪成立要件**（罪刑法定主義理論）**の体系**　ここでは，刑法を学習する際に重要な基礎用語を説明しつつ，犯罪を認定する過程について**図表12-1**を参考に解説することにしよう。

　ある事件において実行された行為を刑法上の犯罪と認定するには，当該行為が，刑法で規定される犯罪の構成要件に該当し，違法性かつ有責性を充足したこと（行為と責任の同時存在）を立証しなければならない。

　（**a**）**犯罪と行為**　「犯罪」とは，刑法の条文に規定された構成要件に該当し，違法性かつ有責性を充足する実行行為をいう。事件で行われた「行為」[12]は，人格の主体的現実化たる身体の動静でなければならない。毎年春になると，冬眠から目覚めた熊に襲われて人が怪我をしたとマスコミ報道されるが，この場合，熊は人格を有し得ないので，熊は殺人未遂罪にも傷害罪にも問われないのである。刑法が問題とする行為は，人の人格の発露としての（あるいは意思によって支配可能な社会的意味のある）作為・不作為である。[13]

　（**b**）**構成要件該当性**　人格の主体的現実化としての行為は，刑法で違法・有責の行為類型として規定された構成要件に該当するものでなければならない。[14]その判断は，行為が実行行為であるか否かを規準とする。[15]つまり，その行為は，刑法規範（個々の条文）で規定されたその犯罪の結果をもたらす現実的な危険性を有する行為として判断されるか否かという規準によるのである。[16]自動車によって跳ね飛ばされて発生した人の死亡について，殺人の構成要件的故意のある場合は，[17]刑法199条の殺人罪（故意犯）が，構成要件的過失のある場合は，事故の態様により，刑法208条の2の危険運転致死罪または刑法211条の業務上過失致死罪（過失犯）の犯罪構成要件が適用される。

　（**c**）**違法性——違法性阻却事由**　つぎに，その実行行為が違法性を有するか否か，[18]つまり社会倫理秩序としての法秩序に反するか否かを判断する過程に進む。構成要件は，違法行為の定型であるから，犯罪の構成要件に該当する

図表 12 - 1　犯罪成立判断過程

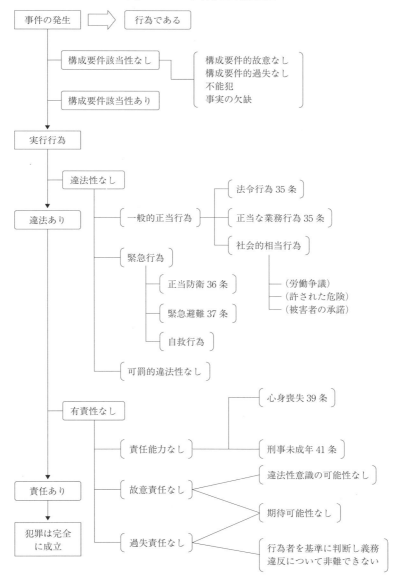

行為は，違法性を有すると推定される。したがって，違法性についての判断過程とは，その行為を行為として客観的に判断し，その行為が，一般的正当行為，緊急行為，可罰的違法性なしなどの多種多様の違法性阻却事由[19]（刑法35・36・37条）に該当するか否かを検討する過程をいうのである。たとえば，その行為が傷害罪の構成要件に該当するとしても，その行為が正当な業務行為（刑法35条）としての医療行為に該当する場合には，その行為は，「はじめから違法ではない[20]」とされるのである。

　(d)　有責性　　第3段階は，構成要件に該当し違法性を有する行為を行為者と結びつけて，その行為についての非難（責任）[21]――「～してはならないのに～してしまった」「～すべきであったのに～しなかった」という評価――を行為者に帰すことができるか否かを個別具体的に判断する過程である。非難を帰すことができる場合とは，まず，行為者が行為の是非を弁別しかつこれに従って意思決定し行動を制御する能力（責任能力）を有する場合である。責任能力を有するにもかかわらず，犯罪に該当する事実を表象し意欲あるいは認容しつつ[22]犯罪行為を実行した直接的な反規範的人格態度が行為者に認められる場合である。つぎに，犯罪に該当する事実を表象するも認容せずに，故意なき行為者がその行為による結果を予見し結果の発生を回避するための通常要求される注意義務を行わなかったため結果が発生したという，間接的な反規範的人格態度が行為者に認められる場合である。前者は故意犯，後者は過失犯である。このような責任能力を有していても，刑法的な非難を加えることを妥当としない場合がある。未成年者の場合は，人格形成の可塑性に富むという理由から，日本では，重大犯罪を除いては，少年法が適用されるとする法政策が採られる[23]。

　非難を帰すことができない場合とは，行為者が行為の是非を弁別し得ずかつこれに従って意思決定し行動を制御する能力を有しない場合であり（刑法39条1項の心神喪失および耗弱・41条の14歳未満の未成年），また，行為者に故意責任（刑法38条）[24]も過失責任も問うことができない場合も該当する。これを責任阻却事由という。

　故意が否定される場合として，錯誤の場合がある。錯誤には，事実の錯誤と法律の錯誤がある。事実の錯誤は，行為者の表象・認容していた事実の内容と実際に生じた事実の内容とが一致しない場合に，その発生した事実について故

意の成立を認めることができるかという構成要件該当性に関する問題である。

　他方，行為者が民法を誤解し，長年にわたり他人の土地・建物を自己の財産と思い込み居住しており，行為者が自己の行為を違法（住居不法侵入）であると意識しない場合がある。これは，行為者に故意責任を認めることができるか否かという責任要素としての違法性の意識を欠いた（法律の錯誤の）場合の問題である。単に形式的な法律の知・不知および誤解にとどまっている場合には，刑法38条３項により行為者の非難可能性を否定することはできないが，さらに実質的な違法性の意識まで欠くに至った場合には，責任が阻却されるかどうかという問題として考えなければならない。「錯誤」のように法律用語が同一であっても，法律問題としては，まったく異なる場合がある。問題の所在が

設例 12-2　バスの運転乗務員に過失は認められるか

　健康で生活管理の良好な本件バスの運転乗務員は，制限速度60キロメートルの県道を，速度20キロメートルで運転走行中に突発的な急性脳障害を発症し意識不明の運転不能状態に陥った。乗り合わせた乗客は，乗務員の異常に気づきサイドブレーキを引いた。停車寸前にバスの左前面サイドは電柱に衝突し，バスは，自損事故を起こした。電柱に衝突した衝撃で，バスの乗客20人のうち２人が全治５日間の軽傷を被った。この運転乗務員の罪責を検討してみよう。

　本件では，犯罪の故意は認められず，一見して脳障害の発症→事故発生→傷害発生という関係が単純に認められそうである。[25] しかし，過失犯罪は，危険な実行行為があり結果との間に因果関係が認められるだけでは成立せず，過失―結果の予見と結果の回避義務違反―がなければならない。その過失は，運転の操作に関しての過失（たとえば脇見運転・制限速度を超過した速度による運転など直接的な過失）だけでなく故障および整備不良など車両に関するものも事故の態様によって含まれるであろう。本件では，当該バスの運転乗務員の病気の発症が，乗務員自身の運転操作に関する過失に該当するといえるかどうかが問題となる。運転乗務員には，脳障害を発症する以前の生活や定期検診において，かような兆候がまったく認められなかった。よって，同人には病気の発症・意識不明という事態を予見することが不可能か極めて困難であったと判断し得る。かような前兆のない突発的な脳障害の発症による意識不明の状況は，不可抗力によって運転操作をし得ない状況に至ったものと同様であり，酒酔い運転の如く運転をしてはならない状況にありながら，飲酒し自ら危険を招く状況をつくり事故を起こした場合とは同列に判断すべきではなく，運転操作に関する過失とはいい得ない。そもそも事故発生の要素である突発的な脳障害発症・意識不明による運転操作不可能な状況の発生を，一般人の立場から判断して，事前に予見し得る可能性は，まったくないか，極めて低く，乗務員に事故を回避する運転注意義務を課すことはできないであろう。よって，本件は，業務上過失致傷罪の実行行為性そのものを欠くと判断するのが相当であろう[26]と思われる。

結果発生の予見可能性ではなく，結果回避の可能性が重要であるとする立場は，脳障害によって意識を失った乗務員に，人格の主体としての運転操作を行い，衝突を回避し傷害を防止するための運転注意義務を課すことは，まったく不可能と判断することとなろう。傷害の程度が全治5日間の軽傷でとどまった点を考慮し，本件運転乗務員に運転注意義務違反についての非難を認定し得ず，責任を追及し得ないという結論になるであろう。

★コラム 12-1　刑事訴訟手続

①　捜査観の異同　「捜査は，被疑者にとって最も暗い谷間である」といわれ，起訴されれば一般的には有罪ではないかと疑われざるを得ないのであり，たとえ嫌疑が晴れたとしてもその人の人権や名誉は，容易に回復できない現実がある。したがって，被疑者を逮捕・勾留し身柄を拘束するなどの強制処分手続は，犯罪に対する客観的な嫌疑がなければならない（刑事訴訟法199条・200条）。

太平洋戦争後に明らかになった冤罪事件は，30件以上あるとされ，そのうちの20件は無罪判決が言い渡されている。捜査機関は，捜査の進行および早期犯人逮捕のため基本的人権を軽視する傾向があるといわれ，刑事訴訟理論と実務との間には，捜査についての考え方に乖離があるという。

それは，事件捜査についての捜査観および捜査機関のあり方についての違いとして現れる。捜査観には，大日本帝国憲法における旧刑事訴訟法下の糾問的捜査観，日本国憲法における現行刑事訴訟法下の弾劾的捜査観そして捜査独自性説が存在する。3つの違いは，無罪推定法理の有無とそれによる捜査機関の制度的構造の点にある。（図表 12-2 参照）

(イ)　糾問的捜査観　糾問的捜査観は，被疑者を捜査の客体として物体化し，捜査機関による被疑者の取調べ過程で自白を求め未発覚の余罪を追求することを捜査の機軸とする構造をもつ。そのための手段として，捜査機関には固有の権限として一定の強制処分権限が与えられるとするのが，糾問的捜査観である。

(ロ)　弾劾的捜査観と捜査独自性説　弾劾的捜査観は，捜査を公判準備のための手続過程として把握し，被疑者も捜査機関と並行して捜査の主体とする。捜査段階における被疑者の法的地位を，捜査の客体とみるか捜査の主体とみるかという点に，糾問的捜査観と弾劾的捜査観の違いがある。弾劾的捜査観は，刑事手続が適正・公正な下で遂行されるべきとするデュー・プロセスの理念を実現し，被疑者および被告人の権利が確実に保障されることを重視する立場である。このデュー・プロセスは，無辜の者が誤って処罰される危険を減少させる（無辜の不処罰の）制度として実現されることによって，より確実なものとなり得るであろう。かような立場が，捜査独自性説である。捜査独自性説は，検察官を，弾劾的捜査観のように被疑者に対峙する他方当事者としてではなく，被疑者側の防御的捜査活動を法的に保障すべき機関および捜査機関に対する監視機関とし，被疑事実の存否の認定を行い，起訴・不起訴を捜査の終了段階で確実に決定する機関として再構築する制度を立法課題として提示する。（捜査手続の進行につき，図表 12-3・図表 12-4 を参照）

図表 12 - 2　捜査観

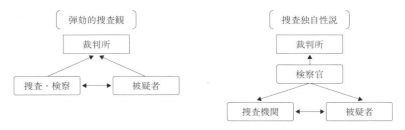

②　刑事訴訟手続の体系　　刑事訴訟手続は，刑事事件の少年事件に関する手続と通常手続きがある。

図表 12 - 3　少年事件手続

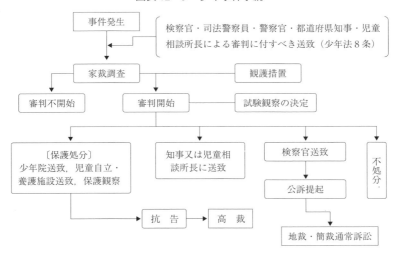

どこにあるかということの重要性を示す一例であろう。

（**2**）　**刑法の学習ポイント**　　刑事事件で行われた行為は，構成要件的故意あるいはその過失が認定され，特定の犯罪の構成要件該当性を充足することで犯罪の実行行為と認定される。この実行行為は，違法性を有すると推定されるから，違法性阻却事由を認めることができなければ，その犯罪行為は違法性を充足するものとして確定する。さらに，違法な犯罪（実行）行為は，主観的要素としての責任性（責任能力・故意・過失）を充足することで，犯罪として成

図表 12 - 4　通常の刑事訴訟手続

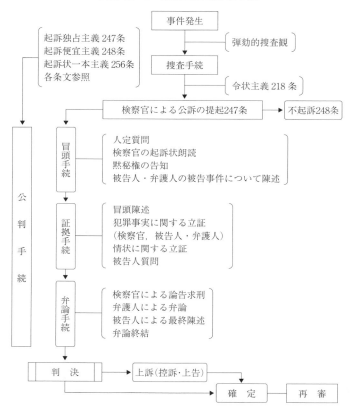

立する。犯罪は，かような過程の判断を経て成立する。

　構成要件該当性においては，行為に関する問題と当事者に関する問題が各種
あり，違法性においては，違法性阻却事由の類型ごとの問題，責任において
は，責任能力・責任要素としての故意および過失（結果予見義務と結果回避義
務），さらに行為者が違法性の意識や期待可能性を欠く場合の責任阻却の問題
がある。これらの問題を理解するには，問題の所在が構成要件該当性・違法
性・有責性のいずれにあるのか，問題の原因が刑法原理の何に由来するのか
（罪刑法定主義，責任主義，それとも他の原理か）という観点から検討することをこ
ころがけてほしい。

1)　法益とは，法律の保護の対象となる利益をいう。犯罪は，この法益の有する概念を基礎として分類体系化される。個人的法益に対する罪，社会的法益に対する罪そして国家的法益に対する罪の3つに分類される体系が通説である。この分類ごとに具体的な犯罪が決定される。

2)　F.リストがいう「刑法は犯人にとってのマグナ・カルタである」の意味は，このような意味として解される。

3)　刑法の法益自身のもつ機能は，刑法解釈の重要な規準を提供する。さらに，それは，犯罪を結果の側面だけでなく行為の側面からも判断すべく，行為の態様の違法性の有無を要求する重要なファクターとしての機能を有する。犯罪を結果の側面から判断する立場を「結果の無価値」といい，犯罪を行為の態様の社会的不当性の側面から判断する立場を「行為の無価値」という。犯罪の認定や刑罰の判断は，現在ではこの両側面から行われている。

4)　刑法犯罪の立証は，構成要件該当性，違法性，有責性という三段階の認定によって行われる。詳細は，専門課程で解説される。本書の(5)犯罪成立要件の体系(6)刑法の学習ポイントでは，専門課程において何をどのように学習するか，そのパイロット的役割を果たそうと思う。

5)　刑事被告人は，有罪の判決が確定するまでは，「無罪と推定される」のである。

6)　刑法38条の1項は，口語体に改められたが，かつてはカタカナの旧仮名遣いで「罪ヲ犯ス意ナキ行為ハ之ヲ罰セズ」とされていた。

7)　改正刑法草案は，1974年に法制審議会総会によって決定されたが，46年経過した現在も，国会に上程されていない。

8)　捜査とは，刑事事件について公訴の提起・追行準備のため（捜査の目的），犯人および証拠を発見・収集・保全するため（捜査の内容）の捜査機関の活動をいう。

9)　被疑者とは，検察官によって公訴が提起される以前の段階の捜査手続過程の犯罪の嫌疑を受ける者をいう。

10)　被疑者や被告人などを一定の場所に強制的に引致するための裁判や執行をいう（刑事訴訟法58・59条）。

11)　被告人とは，検察官によって公訴を提起されたものをいう。

12)　人格と性格との判別が困難なことから，「行為」とは，「意思によって支配可能な社会的意味のある身体の外部的動静をいう」と定義する説もある。

13)　「作為」が人格の主体的現実化たる身体の動静とされる限り，行為には，積極的な作為も，消極的な不作為も含む。「不作為」とは，期待された作為をしないことである。

14)　「構成要件」とは，違法かつ有責な行為の類型をいう。個々の罪の構成要件は，刑事上の違法かつ有責な行為の法的犯罪類型を形成するので「犯罪定型」ともいう。

15)　「実行行為」とは，構成要件的結果をもたらす現実的危険性のある行為をいう。

16)　これを，「構成要件該当性」という。その行為が犯罪の結果をもたらす現実的危険性のある場合を「構成要件該当性あり」といい，ない場合を「構成要件該当性なし」という。

17)　「構成要件的故意」とは，構成要件的要素である事実および結果を表象し意欲・認容した場合をいう。「構成要件的過失」とは，同上の事実および結果を表象したが認容しなかった場合で，結果発生を回避する注意義務に反する行為が認められる場合をいう。

この二つの要素は，人の命を保護法益とする故意犯の殺人罪と過失犯の過失致死罪という犯罪類型を個別化する根拠（主観的要素）となり，さらに刑事裁判に際しての犯罪定型を特定しその罪刑の軽重を選択する際の機能性を有する。

18)　「違法性」とは，社会倫理秩序たる全体の法秩序に反することをいう。

19)　違法性阻却事由は，社会において具体的な諸々の態様として存在するので，条文の中に定型的に規定することはむずかしい。社会的な相当行為としては医療行為，高速鉄道運転行為などがあり，違法性を否定する要素（を含む行為）は，非定型とされる。

20)　違法性阻却事由は，構成要件該当性自体を否定する事由ではない点を注意しなければならない。

21)　「責任＝有責性」とは，反規範的人格に対する非難ないし非難の可能性をいう。刑法は，罪刑法定主義と責任主義の二大原理に支えられており，有責性は，責任主義の「責任なければ刑罰なし」を具体化したものである。

22)　表象し意欲した場合を「故意」といい，表象し認容した場合を「未必の故意」という。

23)　未成年者がおこした犯罪の傾向は，犯罪行為の悪質化と，殺人，強盗などの重大な犯罪の増加に現れる。未成年の犯罪にどのような方針をもって対応するかという問題は，刑法，刑事訴訟法，刑事政策で学習する。参考に図表12-3少年事件手続において未成年犯罪の手続系統を図示した。

24)　故意・過失については，構成要件的要素としてのそれと，責任要素としてのそれがある。前者は，構成要件に該当する事実の表象・意欲・認容を有することが犯罪定型の根拠と軽重選択の要件となり，欠くときは故意犯の構成要件該当性そのものがない，ということを意味する。後者は，犯罪事実の表象・意欲・認容があれば犯罪の構成要件に該当することになるが，行為者に故意・過失責任の要素としての違法性の意識や期待可能性を欠くときは，故意責任あるいは過失責任が阻却される，ということを意味する。

25)　このように，その原因があればその結果が生じるという条件関係が存在する関係のことを，「因果関係」という。

26)　大谷實『新版刑法講義総論』（成文堂，2000年）213頁。大阪高裁判昭和54年4月17日刑事裁判月報11巻4号281頁。被告人が「自己の身体に疲労を感じ周囲全体が異常に明るく見え進路前方が異常にまぶしく見える状態となった」としても，「直ちに運転を中止」しなければならないようなウィリス環血流不全による一過性脳虚血発作を発症し「正常な運転が出来ないおそれのある状態となった」との認識，予見可能性は出て来ない以上，右のような認識，予見（可能性）を前提とする運転中止義務を被告人に認め業務上の注意義務を課した原判決は，事実を誤認し，注意義務の存否の判断を誤ったものである。よって，裁判所は犯罪の証明がないとして原審の業務上過失致傷罪を破棄し，被告人に，無罪を言い渡した。

27)　一審で有罪判決があり控訴審で無罪判決のあったもの，有罪判決が確定し刑期中に再審にて無罪判決されたもの，刑期を終えた後に再審請求で無罪判決を受けたものなど，様々である。逮捕され無罪判決をうけるまでの期間は，気の遠くなるような長期間を要している。

28)　石川才顕『刑事訴訟法講義』（日本評論社，1975年）18頁，90-98頁。捜査独自性説は，京都地方検察庁出身の元検察官の石川才顕教授が，実務で生じた問題を基に理論構築したものである。

第13章　行政法の基礎

　行政法の内容について，ここでは，民法や社会法など日常生活と関係する部分に絞って解説することにしよう。

1　総　　説

　（1）　近代憲法における行政の使命　　行政法とは，文字どおりに行政に関する法であり，行政の組織とか作用を規律の対象としている[1]。まず，「行政」とは何かを説明しよう。

　アダム・スミスは著書「諸国民の富」において，国家は，外交および警察権を行使することによって，国民の安全と社会秩序を確保することを使命とすると述べた。国家のあり方についてのこのアダム・スミスの考えは，夜警国家論といわれている。国家の使命は，国民が夜でも安全に生活を送ることができる社会をつくり，外国との交渉を進める基礎を築くことにある。これは，19世紀の経済および社会の発展の基礎となり得る。その基礎の上に，「見えざる手」が原動力となって，経済社会の発展がもたらされることを，アダム・スミスは説いたのである。

　ところが，20世紀になると，財産権の保障と資本主義経済が結びついて，市民社会の階層分化が進み貧困などの社会・経済における弊害が顕著になった。国家は，外交と警察という二つの分野を越えて，経済・社会に対して政策をもって積極的に取り組まざるを得ない状況となった。1930年代のニューディール政策，1960年代の「偉大な社会」，1990年代から高齢化社会に対応した福祉政策など，国家が介入する分野は広がり，「小さな政府」[2]が目標とされながら，その果たす使命への期待はますます大きくなってきている。

　その期待を一つの国家機関に集中することは，権力の濫用による市民社会の不平等および人権の侵害を招く危険性がある。フランス革命は，この懐疑の点

を実際に体験した反省から，市民社会の確立のため国家権力の分立制を導入したのである。国家権力を立法・司法・行政という三権に分立する制度は，近代憲法の下で成立した近代憲法のもつ特色である。³⁾

（**2**）　**行政の定義**　　行政とは，「司法でもなく立法でもない一切の国家作用である⁴⁾」と消極的な定義でとどまっている説は，行政がどのような内容をどの範囲において行うかといった行政の特色を明らかにしてはいない。田中二郎教授は，「近代国家における行政は，法の下に法の規制を受けながら，現実に国家目的の積極的実現をめざして行われる全体としての統一性をもった継続的な形成的国家活動である」と，立法・司法とは異なる行政府の特色を明らかにしつつ，行政の定義を試みた。行政は，法の支配を受けつつ，司法による事後一時的な対応ではなく，「消極的に，外に外敵を防ぎ，内に社会の治安を維持するだけに止まらず，広く，社会公共の福祉の実現をめざし，国民生活の向上発展を目的として，積極的な活動を多方面にわたって……相互に関連をもちながら，縦に一貫して継続性をもった，そして全体として統一性をもった形成的作用であるところに……特色が認められる」国家活動である，と田中二郎教授は解説する。⁵⁾田中二郎教授の行政についての定義は，夜警国家論から福祉国家へと変化するなかでうまれたものである。社会の変化とともに，市民の国家に対する期待や具体的なプログラムの請求は変化するものであるから，「行政とは」の定義を，時代を超えて定義することはむずかしいのかもしれない。かような観点から，原田尚彦教授は，「普遍的な行政の定義からではなく，日本国憲法の解釈を通じて，現行法のもとでの行政にふさわしい理念を探求し，これをもって日本国憲法下における行政法解釈の指導理念としていくのが正当である」と述べている。⁶⁾

（**3**）　**法律による行政**　　法にはどのようなものがあるかは，4章の法源において説明した。憲法は，国家権力の不当な干渉抑圧から市民を解放し保護して市民社会の形成および実現することを目的とする。この観点から，法律による行政の意味は，「法の支配」に基づく法律による行政である。⁷⁾行政機関が行政目的を実現するため，国民に一定の作為・不作為を要求する時には，法律や条例によって規定される一般的基準に基づいて行政行為を決定し，実現のため国民に義務を命じるとする過程が，法律による行政の原理である。その法源

★コラム 13 - 1　　通達による行政の問題点

　法律の解釈や裁量判断の具体的指針を示すものが通達であり，通達は，行政機関と国民との間の権利義務に直接係る法源ではないので，「法規としての性質をもつものではない[9]」。ゆえに，国民は，その通達の違法性を争って，通達そのものに対して直接訴訟を提起することはできず，自己に不利益な行政処分が実際に行われる段階になって，行政訴訟を提起し，その行政処分の違法性を争うことにならざるを得ないことになるが，かような道が国民に開かれていれば救済として十分であると解されてきた[10]。

　通達が内部から外部へと浸透し，国民の社会生活および経済取引に大きな影響を与える場合には，行政処分が実際に行われる段階で行政訴訟を提起するのでは，社会・経済生活に生じる弊害が甚大となり，十分な救済を行い得ないことも十分あり得る。通達を発令した段階で，国民による行政訴訟の提起が可能とされるべきであろう[11]。

は，4章の一般論で述べたところと異なるところはない。

2　行政行為

　（1）　行政行為の必要性と意義　　行政機関と国民との間で生じる法律関係は，民法の契約によって形成される。しかし，公共の利益となる事業のために要する土地の売買契約が成立しない場合には，土地収用法3条は，事業遂行を貫くため，土地売買契約の補完として土地の強制収容を可能とする特権を行政機関に認める。さらに，国民の意思がどこにあるかにかかわらず，一方的な判断によって国民に権利義務（憲法26条の教育を受ける権利および義務や憲法30条の納税義務など）を課す必要がある場合には，特権が行政機関に法律によって付与されている。行政行為とは，「行政庁が，行政目的を実現するために法律によって認められた権能に基づいて，その一方的な判断で国民の権利義務その他の法的地位を具体的に決定する行為[12]」と定義される。この定義によって明らかになった行政行為の要件に適合しない行為は，行政行為ではない。道路の修繕や清掃は，単に行政による事実行為とされる。通達や職務命令は，行政組織内部の上級機関および上級者から下級機関や下級者に対する命令・示達である。行政指導[13]は，国民に対する任意の協力要請である。これらは，国民の権利義務その他の法的地位に直接かかわり決定づけるものではないから，行政行為ではない[14]。また，行政行為は特定人の権利義務を具体的に決定する行為である

ので，法令や条例によって国民の権利義務を一般的抽象的に決定する行為は，行政行為ではなく，立法行為である。

　（**2**）　**行政行為の性質**　　行政行為には私法行為に認められない特殊な効力が認められる。そこで，特殊な効力として，公定力，自力執行力，不可変更力を順に説明する。

　　（**a**）　**公定力**　　決定された行政行為は，法律・条例に違反し違法と認められるべき場合であっても，違反が重大かつ明白で当然無効と認められるべき場合を除いて，権限ある行政機関が取り消さなければ，その行政行為は，一応有効とされ国民を拘束し，国民は，それに服すべきものとして扱われる。公定力とは，「違法であっても，法の世界で一応有効なものとして通用し関係人を拘束し義務を負わしめる力」をいう。現行法で，公定力の根拠を明らかにしている条文は，みあたらない。行政行為の取消手続としては，行政不服審査法による不服申し立て手続と行政事件訴訟法による取消訴訟が認められている。行政行為が公定力を予想している根拠は，この二つの法的手続があるからと解するほかはないであろう[15]。

　憲法に違反する法律，法律に違反する政令などのように上位法に違反する下位法およびそれらの下位法に基づく法律行為や，強行規定に反する法律行為は，無効であって，相手方を拘束しないし義務も生じない。これが，法令についての一般的効力である。行政行為には，法が当然有しているとされるかような一般的効力の例外が是非は別として認められるのである[16]。（制定法相互間，強行・一般規定間の効力の優劣については，第**4**章を参照。）

　　（**b**）　**自力執行力と不可変更力**　　「自力執行力とは，行政行為によって命ぜられた義務を国民が履行しない場合に，行政庁が，裁判判決を得ることなく，行政行為自体を債務名義として自らの判断で義務者に対し強制執行をし，義務の内容を実現できることをいう」と解されてきたが，「行政行為には当然に自力執行力があるとする命題は，現在では，もはや維持できないものとなっている[17]」。

　また，「不可変更力とは，自縛力ともいい，権限ある機関がいったん判断を下した以上は，自らその判断を覆し得ないことをいう[18]」が，行政行為には，この不可変更力は認められない。なぜなら，行政行為は，紛争解決のための行為

★コラム 13-2　　行政手続

　行政行為は，つぎのような手続過程を経て発動される。「行政庁は，事実認定→適用法規の発見と解釈→法の事実へのあてはめ→結論の導出，といった過程を経て行政行為の内容を定め，発動に踏み切る」[19]のである。つまり，行政行為は，原則として行政機関の職権で発動される。

ではなく，公共の利益を実現すべく役務を提供するための適法な状態をつくりだすことを目的とするからである。違法不当な行政行為をして公共の利益に適さない状態をつくりだす場合には，行政機関は，行政行為の存続効を自ら取り消すべきであることが期待されている。

　たとえば，中部地方の電力不足を回避するため，原子力発電所建設の候補地として，1963年に三重県南伊勢町と大紀町にまたがる芦浜が選ばれた。それ以来，町を二分した地元住民の賛成・反対闘争が続き，2000年に住民投票が行われた結果，当時の三重県知事は，原発建設計画そのものを「白紙に戻す」べきと表明し，中部電力は，原発建設計画を取り下げた。芦浜原発建設計画取下げは，行政行為に不可変更力が認められない例である。しかし，原発建設計画取下までには，長い年月を経過し，大勢の人々が涙を流し，多くの経費を費やさなければならなかった。その理由はなぜか，各自で考えてもらいたい。

　2011年3月11日・12日に発生した福島県第一原子力発電所の爆発（怠慢による人災か？）は，核物質を拡散させ深刻な環境悪化状況にある。2012年夏，無駄を省き節電や技術革新で電力不足を克服できる状況にあるにもかかわらず，産業界および政治・行政は，原子力発電所の再稼働を強行し社会問題となっている。発電所の立地（活断層上に建設）および構造の欠陥が指摘され，再稼働への反対意思表明が，国民活動へと広がっている。

（3）　行政行為の分類　　行政手続を経て発動実施される行政行為は，その内容によって分類されるので，憲法，私法，知的財産法，および独占禁止法の分野と関係する範囲で説明しておこう（図表13-1を参照）。

　(a)　法律行為的行政行為と準法律行為的行政行為　　「法律行為的行政行為」とは，行政機関が意思表示——一定の法律効果の発生を意欲する意思を外部に表示——することによって成立する行政行為をいう。行政機関の効果意思に応

図表 13 - 1　行政行為の分類

```
                                         ┌ 命令的行為 ┬ 下命・禁止
                      ┌ 法律的行為         │            ├ 許可
                      │   行政行為    ─────┤            └ 免除
                      │                   │
行政行為 ────────────┤                   └ 形成的行為 ┬ 特許（変更・剥奪）
                      │                                └ 認可・代理
                      │
                      └ 準法律的     ┬ 確　認
                         行政行為    ├ 公　証
                                     ├ 通　知
                                     └ 受　理
```

じて法律効果が発生するので，法律によって行政行為の内容や効果を変更したり制限する裁量が行政機関に認められる。下命，禁止，許可，特許，認可などが，これに属する。

「準法律的行政行為」とは，判断，認識，観念などの精神作用の表示が，法律によって一定の法的効果を生ずる行政行為として認められるものをいう。確認，公証，通知，受理などが，これに属する。[20] 行政行為は，以上のように分類される。

　(b)　許可と認可　　ここでは，専門課程の学習に最低限必要と思われる許可，認可について説明する。

　(i)　許可について　　許可とは，法令または行政行為によって課されている一般的禁止を，特定の場合に解除する行為をいう。たとえば，風俗営業の許可，公衆浴場の許可，公安条例による集団示威行動に関する許可が該当する。許可制は，申請があれば許可するのが原則で，不許可は例外とされる。しかし，この許可制度は，営業の自由あるいは言論・表現の自由を制限する憲法問題としてとりあげられてきている。[21]

　(ii)　認可について　　認可とは，行政機関以外の当事者間の法律行為（契約など）を補充して，法律上の効果を完成させる行為をいう。農地法3条1項

において農地の所有権移転などの要件とされる「都道府県知事の許可」は，認可の性格を有するとされるが，この認可を受けないで行われた私法上の契約の効力は，効力を生じず無効とされる（農地法3条4項）。これが認可制度の特徴である。[22)]

　（**4**）　**行政行為の瑕疵（無効・取消し）および撤回**　　決定された行政行為は，公定力を維持し得ないほどに法律・条例の重要な要件に違反することが，通常人の目からみても一見して容易に判断し得るような重大かつ明白な場合には，当然無効と認められるべきであろう。行政行為は，紛争解決のための行為ではなく，公共の利益を実現するための役務を提供すべく適法な状態をつくりだすことを目的とするから，成立した行政行為が違法不当である場合には，行政庁は，これを自ら取り消すことが期待されている。また，瑕疵なく有効に成立した行政行為であっても，もはや，それが事情の変化によって公共の利益に適さない状態をつくりだすであろう場合には，行政庁は，その行政行為の存続効を自ら撤回することが期待されている。撤回は，遡及効を有せず将来に向かってのみ効力を生ずる。

　この行政行為およびその瑕疵については，行政法と憲法の二つの領域にまたがる重要な論点であるので，専門の憲法および行政法において十分学んでもらいたい。

3　行政指導——非権力的な行為形式

　（**1**）　**行政指導**　　現実社会においては，新しい事態が生じて行政行為による対応が必要であるにもかかわらず，政治屋（おっと失礼！政治家）の政争に明け暮れることによる怠慢や，われわれの予想を超えるような事態も生じて，対応すべき法令規定がなかったり，根拠規定があっても期待される適切な措置がとられない場合もある。かような場合に，行政機関は，法律の欠如やそれの不備を補って，行政に対する期待あるいは要求に対応するために非権力的な行政指導と呼ばれる行政手段を用いてきた。

　行政指導とは，「行政庁が行政目的を達成するために，助言・指導といった非権力的な手段で国民に働きかけてその協力を求め，国民を誘導して，行政庁

> **CASE 13 - 1　行政指導の性格——強制は許されない**
> 　「環境保全，日照保護その他無秩序な宅地造成を規制するために，武蔵野市が建設事業者に対して一定の条件の履践を要求」する……指導要綱は，「条例や規則のように正規の法規ではなく，また法律上の根拠に基づいて制定されたものでもないことから，関係業者等に対し指導方針を明示したものにすぎず，行政上の法律関係において直接的な強制力をもつものではないと解するのが相当である」[23]。

の欲する行為をなさしめようとする作用」の総称をいうと定義される[24]。行政手続法2条6号は，「……一定の作為又は不作為を求める指導，勧告，助言その他の行為であって処分に該当しないものをいう」と規定するところから，行政指導を，非権力的な行為と解しているようである。

　判例は，行政指導の法的性格について，第二次世界大戦（太平洋戦争）前後において，一貫して非権力的な行為と解している。

　（2）　行政指導の問題点と将来像　　行政指導は，法定，法定外という枠組みからいくつにも分類可能であるが，ここでは，行政指導のもつメリットとデメリットを明らかにして，行政指導はどうあるべきかという将来像について私見を述べて，専門課程で学ぶ際のポイントを指摘しておきたい。

　（a）　行政指導のメリットとデメリット　　高度経済成長下にあった日本社会においては，大気・海洋および河川が化学物質によって汚染され，その結果，動植物に生体異常という状態が発生し，その中で居住し飲食した人々は，それまでには発症例のなかった病害を発病（以下では「公害という」）し死傷する事件が各地で起こった。さらに，1990年代からはじまった経済不況の下で，秒進分歩で進む技術革新は，現実社会において，われわれの予想を超えるような新しい事態を生ぜしめている。前例のない新しい事態が生じると，それに対応し対処することが必要となる。対応しなければならないにもかかわらず，対応すべき法令規定がなく，あるいは，根拠規定はあっても期待される適切な措置がとられない場合もある。かような場合に，法律の欠如やそれの不備を補って，国民の行政に対する期待あるいは要求に対応するために行政指導と呼ばれる非権力的行政手段が，行政機関によって臨機応変に用いられ，事実上，不法行為の阻止，危機の回避，弊害の除去に役立ってきたことは否定できない。

　根拠規定がある場合には，行政機関は，行政指導によって対応措置に応じる
よう要請し，指導を受ける国民（個人・企業・産業界）の協力によって有効なき
め細かい対応措置をとってきた。たとえば，1970年代にオイル・ショックを引[25]
き金として生じた石油（生産調整）カルテル事件は，通商産業省が石油業法に
基づいて，原油の処理精製量の配分および制限を行政指導によって石油業者に
対して行った例である。権力的な命令によって一方的に義務を押しつけるより[26]
も，このように，指導によって業界に協力を求める方が心理的な抵抗感は少な
い。しかし，かようなことが慣行化し常態化することは，産官癒着の談合体質
を生むのである。この体質は，やがて，業界からの要請に基づく経済規制を形
成し，許認可行政を強化する方向へと進み業界を護送船団化した。他方，行政
機関は，その見返りとして退職後の再就職ポスト（天下り先）の確保を要求す
るという構図を繰り返すこととなり，経済の外部性という弊害をつくりだした
のである。

　法定外の行政指導は，行政側の任意の判断で一方的にかつ行政機関の責任の
所在が不明なまま行われることがある。このような場合には，指導を受ける側
にとっては，まったく納得のいかないままに措置されることがあり，形式上は
任意の要請であっても，実質的には権力的な作用として機能する。「悪いこと
には，違法な行政指導であっても，国民がいったんそれに従ってしまうと，法
律上は自発的に従ったとされ，後日，法的手段で指導の違法を争うことがむず
かしい。これらの事情が行政の無責任性を助長し違法な行政指導を横行させる
原因となった。……行政指導をめぐっては，いわゆる業界と行政の癒着，行政
腐敗がとりざたされ，官僚支配の打破・規制緩和の風潮とあいまって行政指導
に対する批判は強まっているのが現状である」。[27]

　（b）　行政指導の将来像　　経済に関して行われる行政指導に対する批判に
は，正しいものがある。規制という名の行政指導から経済取引を解放（規制緩
和）することは，この批判に対応し，本来は市場において自由に行われるべき
経済取引を，狭い規制の枠組みの中から広い市場機構に返還する過程として意
味がある。問題は，経済における規制緩和を奇貨として，社会生活や社会環境
の秩序を無視し，財産権の自由を暴力的に実現し，当事者以外の住民や環境に
損害を生ぜしめる傾向が顕著になってきている点である。

設例13-1　住民と地域行政

【例題】　たとえば，既存の住宅地の真ん中に周辺との調和を無視した巨大な高層ビルの建設に際し，近隣住民との間に住商環境について深刻な破壊の生じる事態に対して，住民と地域行政は，どのように対応することが可能なのか。

【解決指針】　(i) 法律の全国規準に適合しない一定項目に関して，判例がいうように，「行政指導は，正規の法規ではなく，また法律上の根拠に基づいて制定されたものでもないことから，関係業者等に対し指導方針を明示したものにすぎず，行政上の法律関係において直接的な強制力をもつものではない」とするならば，例題のような事態に対応する手段は，まったく無きに等しいものとなろう。本件のような事態について，日本の司法裁判所による差し止めの可能性，被害が生じた場合の救済の程度は，極めて低い。

　(ii) かような事態には，地方分権制を進める中で，地域社会の公共性・社会秩序を維持し確保するために，地域の各分野の構成員が，行政機関の指導の作成および決定に直接参加する過程を形成すべきであろう。この過程を形成するためには，「公共性」とか「公共の利益」といった概念から，国家観を除いて，「一般社会における社会性」という意味の「公共」を認識することが必要であろう。財産権は，私的側面だけでなく，一般社会を形成する社会公共的側面をも有しているのである。こうした過程で形成された指導方針は，行政機関の指導によって個人・企業・業界の有する財産権の社会公共的側面において形成される外郭秩序に働きかけることになる。今後生じるだろう事態の両当事者間に，外郭秩序に関する要項を提示し，合意に達することを要件に事業を進める手続が，行政指導と市民社会の新しい将来像である。これを「契約関係的指導」という。

1)　原田尚彦『行政法要論（全訂第三判）』（学陽書房，1997年）3頁。
2)　「小さな政府」とは，アメリカ合衆国第40代大統領 R. レーガン（共和党）が政府の方針として掲げた行政府組織の縮小と財政支出の削減をさしていうスローガンであった。その後，規制緩和，行政府組織および財政支出に関する構造改革を達成し得た政府の理想のありかたを，「小さな政府」と呼ぶようになっている。
3)　フランスの『人および市民の権利宣言』16条は，「権利の保障が確保されず，権力の分立が規定されないすべての社会は，憲法をもつものではない。」と述べるのは，このことを意味するのであろう。
4)　田中二郎『行政法総論』法律学全集6（有斐閣，1974年）15頁。ハッチェックの控除説による定義は，行政とは国家作用のうち立法と司法を除いたものと定義される。
5)　田中二郎，前掲注4）22-24頁参照。
6)　原田尚彦，前掲注1）7頁参照。
7)　フランスの『人および市民の権利宣言』15条の「社会は，その行政のすべての公の職員に報告を求める権利を有する」という条文は，法の支配による行政のあり方を意味すると解してよいであろう。

8)　原田尚彦，前掲注1）37頁。通達の意味内容をもつものは，多種多様で，書面による もののみを通達といい，上級機関が権限の行使を指図すべく発する命令一般を訓令とい う。

9)　田中二郎，前掲注4）373頁。昭和9年7月12日行判録575頁，昭和11年6月23日行判 録292頁。

10)　最判昭和43年12月24日民集22巻13号3147頁。

11)　東京地判昭和46年11月8日行集22巻11号12号1785頁。

12)　原田尚彦，前掲注1）113頁。

13)　「行政指導」とは，行政機関が国民や企業に指導・助言という形式で協力を要請する 非権力的行為である。本章行政指導を参照。

14)　原田尚彦，前掲注1）113-115頁。

15)　原田尚彦，前掲注1）117-120頁。行政行為に公定力を認める実質的根拠として，原田 教授は，「お役所には権威があるから，その行為は適法なものと推定せよといった説明 では，現在あまり説得力が認められそうもない」，「公定力とは，実定法により行政行為 に与えられた仮の効力のことであり，行政行為に適法性の推定を認める趣旨ではない か」と解説する。

16)　田中二郎，前掲注4）103-104頁，原田尚彦・前掲注1）116頁。

17)　原田尚彦，前掲注1）121頁。

18)　原田尚彦，前掲注1）121-122頁。

19)　原田尚彦，前掲注1）131頁。

20)　田中二郎，前掲注4）295頁，原田尚彦・前掲注1）142-143頁。

21)　公衆浴場の許可に関しては，最大判昭和30年1月26日刑集9巻1号89頁〔適正配置距 離制限についての公衆浴場法違反事件〕，公安条例による集団示威行動の許可について は，最大判昭和35年7月20日判時229号6頁〔集団行進及び集団示威運動に関する東京 都公安条令違反被告事件〕，最大判昭和50年9月10日判時787号22頁〔同徳島市公安条例 違反被告事件〕を参照。そのほか，最大判昭和50年4月30日判時777号8頁〔薬局開設 の距離制限規定についての薬事法違反行政処分取消請求事件〕や最大判昭和47年11月22 日判時687号23頁〔小売市場の許可規制についての小売商業調整特別措置法違反事件〕 などが憲法問題化した。

22)　田中二郎，前掲注4）308頁。原田尚彦・前掲注1）147頁。

23)　東京地裁八王子支部決定昭和50年12月8日判時803号18頁。

24)　原田尚彦，前掲注1）171頁。

25)　1973年中東の原油産油国が産油量を制限し輸出制限を行ったことを原因として，日本 の経済物価は狂乱した。これをオイル・ショックという。

26)　東高裁判昭和55年9月26日判時983号22頁。高裁は，通商産業省の当該指導を通商産 業省が当初から指示し要請したものではなく，慣行化した石油連盟の毎年度半期毎に行 なわれていた需給調整を原油の処理配分の調整行政に利用したと認定した。

27)　原田尚彦，前掲注1）173-174頁。

28)　吉田克己『現代市民社会と民法学』（日本評論社，2001年）271頁。高橋明弘『知的財 産の研究開発過程における競争法理の意義─知的財産権概念の私的側面と社会的側面 ─』（国際書院，2003年）34頁注（47），36頁注（49）を参照。

第14章　社会法の基礎

　ここでは，まず，社会法が制定された経緯と法的根拠をまず明らかにして，つぎに，労働法，経済法そして社会保障法の目的を明らかにし，これらの法律の相互関係を確認しておくことにしよう。

1　社会法の法的根拠

　（1）　社会法が制定された経緯　　近代私法原理の所有権の絶対性と契約[1]自由の原則は，人々および財産を絶対（封建領主の）権力から解放した。その結果，人々は，商品交換の担い手（抽象的法主体）として形式的な自由，平等，独立を獲得し，個人意思の発現として財産を自由かつ対等に取引（経済活動）することができるようになった。アダム・スミスの夜警国家論を基礎とす[2]る自由市場経済は，財産権の保障および契約の自由によって発展し，人々は，「もつ者」と「もたざる者」──「使用者」と「労働者」,「生産者」と「消費者」──という階層に属する具体的な法主体として存在するようになった。形式性・抽象性を本質とした市民法の原理は，資本主義経済においては，実質的な自由・平等・対等性の実現を軽視あるいは無視し，企業資本の論理に転化する性格を潜在的に有していたのである。[3]19世紀末には，雇用契約および労働条件について労使の交渉は，労働者が使用者（企業）に一方的に従属するという力の格差として現れ，独占資本主義市場では，市場機構の調整機能が働かないほど[4]競争による弱肉強食の弊害を生ぜしめた。労使間の対等性を実質的に確保し労働者の権利と利益を保護するためには，労働者の権利を具体的に団結権・団体交渉権・争議権として保障することが急務となった。民法1条や90条といった規定は，抽象性が生命である。個人の自由から社会に影響を与える社会紛争に，これらの条文を適用して，個人的な思いによって事件を判断することになれば，紛争解決についての統一性を欠くことになりかねない。[5]そこで，国家

は，統一的な紛争の解決を実現するため労働法を定めて労使間の対抗関係に介入する必要があった。市場独占とか実質的な競争制限といった弊害を除去し，公正かつ自由な競争秩序を回復するため，私法原理による市場取引の領域に，国家が独占禁止法を定めて介入する必要があった。労働法・経済法・社会保障法といった社会法は，この公法と私法の交錯する領域に成立した法をいう。

（**2**）　**社会法の現代的法的根拠**　　社会法に共通する普遍的な要素は，自由な人格が有する人の尊厳や生存権である。これらは，具体的な社会的活動の領域においてそれぞれの場面に対応した社会権として保障される[6]。社会法は，労使関係[7]，経済取引関係そして社会福祉関係に実際に生じた問題に，人間の尊厳を確保しつつ人格の自由を社会の発展に結びつけるという理念に基づいて適用されるのである。この理念の根底に共通して存在するのは，財産権の保障である。人権を支えるために財産権が保障されるのは，財産権が個人に何かを働きかけるからである（これを「財産権の諸機能性」という）。

人権としての財産権の諸機能性という観点から財産権の保障の意義を述べると，つぎのようにいえるであろう[8]。まず，人権には，生命，健康，安全といった人間の生物的生存にかかわる根本的で重要な価値を有するものがある。この内容をもつ人権自体は，最も憲法的価値があり，つぎで分類する自律的人格を支える「人権としての財産権」より優先する。

財産権を保障する意義とその対象は，第一，自律的人格を支えるための物理的前提を提供する「人権としての財産権」であり，第二，資本主義制度を維持するための「制度的保障の反射的利益としての財産権」である。第一の「人権としての財産権」は，第二の「制度的保障の反射的利益としての財産権」に優位する。棟居快行教授は，財産および財産権を，自律的人格を支える「道具」として機能化し，保障の第一の意義をつぎのように明らかにしようとしたと解される。

財産概念に含まれる道具的機能は，自律性の要素に対応したつぎの六つの機能である。

(**a**)　**自由を保障する機能**　　精神的自由を中核とする人格の自由に対して物理的な外壁を形成し，財産法に基づく妨害排除機能によって保護機能を果たす。

図表14-1　財産権の諸機能性の体系

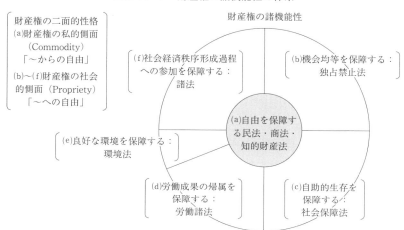

（b）　機会平等を保障する機能　　平等な人格的自由を各人が思い思いに展開させるという人格の自由な発展に，機会資源を提供する機能と機会資源の平等なアクセスを保障する機能を含む。

（c）　自助的生存を保障する機能　　経済的生存を自力で果たすための営みや蓄えを保護する。

（d）　労働成果の帰属を保障する機能　　人格的自由の行使一般という労働の成果の帰属を保障する。

（e）　秩序形成過程への参加を保障する機能　　財産権について指摘される社会的関連性から，政治・経済・社会的過程への利害関係人としての具体的参加の糸口を保障する。

（f）　良好な環境を保障する機能　　取引によって，ペットボトル入り飲料水（財産）を購入した契約当事者が，飲料後にペットボトルを不当に海に投棄したことにより海水が汚染され，その結果として海産物の種類や漁獲量が減ったことで，契約の当事者以外の人々に海産物選択の自由の範囲が削減されたといったマイナスの経済効果が昨今では，大きな問題となっている。このように，財産の利用は，環境に大きな影響を与えるのであり，時代を超えた人類の永遠のテーマであろう。

財産権が人権として保障される根拠は，「憲法上の『財産権』概念」が自律的人格を支えるこれら六つの諸機能をすべて含むと考えられるからである。[9]

2　労働法

自律的人格を支える財産権の六つの諸機能性という観点から，ここでは，労働法，経済法そして社会保障法が実現した内容の例と現代的課題を述べて，これらの法の相互関係を解説することにしよう。

（1）　**労働法の基礎**　市民法（民法）の法主体は，形式的・抽象的な自由・平等・対等性をもつ存在としての「人」である。これに対して，社会法の法主体は，階層分化の進んだ市民社会や経済社会において具体化された特殊部分社会（集団）に属する「人」である。労働法の保護対象は，資本主義的生産構造の労働雇用関係において登場する「使用者」と「労働者」という二つの社会的階層のうち後者に重きを置く。[10]「使用者」と「労働者」の関係は，財産資本を「もつ者」と「もたざる者」という関係として，実質的な不平等，不自由および地位の格差を基礎として成り立つ雇用および労働過程における具体的（経済的・人格的・組織的）な支配・従属関係（労働の従属性）であると説明されてきた。[11]雇用労働に従属性が存在する点は，経済不況に遭遇している時代にあっては顕著になるように思われる。

（2）　**労働法の意義**　労働基準法は，労働者が人たるに値する生活を営むために必要な各種の労働条件を規定している（労働基準法1条）。均等待遇（労働基準法3条），男女同一賃金の原則（労働基準法4条），強制労働の禁止（労働基準法5条），中間搾取の禁止（労働基準法6条）そして公民権行使の保障（労働基準法7条）などをあげることができよう。とくに賃金の支払いは，「通貨で，直接労働者にその全額を支払わなければならない」のが原則とされ（労働基準法24条），さらに労働時間は，「1週間について40時間を超えて……はならない」（労働基準法32条）と具体的に規定されている。これらの条文は，「女工哀史」とか「蟹工船」といった悲惨な職場の実態から労働者を解放し人権尊重を実現するために規定された例である。労働基準法2条は，労働条件は，「労働者と使用者が，対等の立場において決定すべきものである」としているが，

現実はそうではない。憲法28条が労働者の団結権・団体交渉権・争議権を保障することで，労働者の団体（組合）活動を通して，実質的な対等による自由な契約と労働経済環境の維持改善が確保されてきたのである。

　その反面，日本の終身・年功序列型雇用システム，企業内発明に対する低評価（企業による発明のフリー・ライド），許認可行政を利用した護送船団方式による経済構造などは，労使の人格の尊厳や実質的人格の自由な発展という理想を阻害してきた部分があることも否定できない。さらに，1990年代にはじまった労使協調路線は，企業内組合を解体あるいは，まったく機能しない親睦団体化する事態となっている。その結果，労働環境についての労働者の請求窓口はなくなり，使用者側による過剰な効率性の追求から，職場では，事由のないリストラ解雇，過剰労働（代替休日なき休日出勤・賃金なきサービス残業・就業時間延長）の強制，職場内いじめ，過労死，労働条件の不利益変更，就業規則の作成変更のための手続違反・周知義務違反（労働基準法89条・90条・106条）など，人格を基礎とする発展とはほど遠い事態が生じ続けている。組合の一部は，使用者側の不当労働行為を幇助し共同実行し，事業者に代わって実行するまでになっているという[13]。

　（**3**）　**労働法の理念と現代的課題**　　労働者には，自らの人格能力と創意工夫を発揮することにより，当事者としてあるいは利害関係人として労働社会秩序過程に参加し貢献し（自律性および道具的機能のうち(f)の機能），そして，人格的自由の行使として労働成果の帰属が保障される（(d)の機能）。これらは，労働者の自由人権主体としての個人の尊厳，人格能力の自由な発展という内容をもつ権利として言い換えることが可能であろう。財産や財産権には，労働者のこれらの権利を実現する機能が含まれているのである。しかし，組合が有名無実となった状況下では，労働者個人の諸権利は，実現が困難といわざるを得ないであろう[14]。それでは，労働法は，どのような観点から何を再構築し適用されるべきなのか。

　労働者の文化的な生存の権利を具体的かつ実質的に実現し維持し確保するためには，「人権としての財産権」の視点から，労働法を再検討し法解釈し個別の事案に適用する具体的な作業が必要となろう。労働力の流動化を図るためのいわゆる「働き方改革」は，労働政策として同一労働同一賃金を前面に押し出

して推進している。しかし，その実態は，正規労働者を削減し，非正規（正規
であっても期限付き・非常勤・パートあるいは派遣）労働者を主力とした産業構造
に改編して経費の削減を図り削減した費用を企業資産に組み入れること（内部
留保の拡大）を目的としたものとなりつつある。個人の労働者の本来あるべき
「働き方」の多様性に基づく改革は，労働条件の向上や労働環境の多様性をく
み取った「労働者の，労働者による，労働者のための」内容でなければならな
い。現在の働き方改革は，名ばかりであり，「使用者の，使用者による，使用
者のための」働かせ改革といってもよいであろう。つぎに，制度破綻してし
まった労働組合の存在理念や組織構造を，「人権としての財産権」を実現し監
督するための組織・制度として再構築する必要があろう。これは，労働法分野
において，重要な現代的課題に位置づけ得るものと思われる。[15]

3　経　済　法

（1）**経済法の基礎**　　第2次世界大戦後に，日本国憲法は，基本的人権
の尊重を宣言し，主権在民による民主主義国家の建設を目指した。経済法（独
占禁止法）は，民主主義国家の建設を，経済活動の大企業による独占体制から
自由かつ平等を基調としたものへと転換（経済を民主化）するために制定され
た法律である。

（2）**経済法の意義**　　経済法は，商品・サービスが取引される市場にお
いて，経済活動を行う事業者の一群（特殊な部分社会に属する中小・大規模事業
者・事業者団体など）と一般消費者に適用される法律である。経済法の中でも独
占禁止法は，事業者の活動（行為・構造）を規制の対象とする。独禁法1条
は，私的独占，不当な取引制限および不公正な取引方法を禁止し，事業支配力
の過度な集中の防止を規制項目とする（独占禁止法3条・19条ほか）。

　独禁法の存在意義は，これらを規制して，市場における事業者の公正かつ自
由な競争秩序を維持することで，事業者の創意工夫を発揮させて，消費者の利
益を確保し，経済の民主的な発展を促進することにある。

（3）**経済法の理念と現代的課題**　　独禁法の理念は，中小事業者や個人
事業者を含めて事業者の研究開発と消費者の『人格の自由な発展』を実現する

ため，『公正かつ自由な経済活動』を行う権利が市場の支配者（独占・寡占事業者）から不当に奪われない自由を強調」することにある（独占禁止法1条）[16)]。ゆえに，独禁法をはじめ経済法は，人権としての財産権の道具的機能を社会権的経済基本権（(b)と(f)の機能）として具体化しているといわれるのである。しかし，これまでの独禁法の解釈適用は，事業者間の事業活動に対する規制や利益の確保に向けられる傾向にあり，事業者によるイノベーションが消費者の『人格の自由な発展』の実現に直結する課題に向けられていなかったのではないかと思われる。独禁法の今後の課題は，「一般消費者の利益を確保するとともに，国民経済の民主的で健全な発展を促進すること」（独占禁止法1条）を，知財イノベーションを進め環境改善および維持の観点から，どのような内容として理解し具体化するのかにあろう。

4　社会保障法

（1）**社会保障法の基礎**　　日本において，国家が社会法体系の一環として近代社会保障制度に取り組みはじめたのは，第2次世界大戦後の日本国憲法のもとで民主主義，基本的人権の尊重が宣言された後のことである[17)]。日本の社会保障制度は，1950年に，はじめて整備された。社会保障制度は，現在，社会保障の主体および内容の拡大そして国家財政の逼迫を原因として，国家制度としての維持が困難になりつつあるとされ，規制緩和？政策によって，社会保障制度の民間への移行や民間委託が行われつつある。このことは，社会保障法および制度の理念に影響を与え，理念も様々な角度から検討され再構築（改善，改悪あるいは丸投げ）されてきている。

（2）**社会保障法（制度）の意義**　　社会保障制度が構築された当初，国家と国民との関係は，給付の主体と給付される主体という当事者関係として捉えられた。それは，日本国憲法25条の生存権を法的根拠とする無差別平等に最低生活の保障と自立を助長するための直接的社会給付制度である（生活保護法1・2・3条）[18)]。給付制度には，生活・教育・住宅・医療・出産・生業および葬祭の扶助があり，金銭および現物給付が行われた。最近では，介護扶助が加わりサービスの提供を給付内容に含めるようになった（生活保護法11条ないし18

条・30条ないし37条）。

　1990年代の経済不況は，社会保障法の理念および制度を根本から問い直す
きっかけとなった。給付対象となる人間像は，国家による給付によって保護さ
れる「弱者」だけでなく，むしろ経済社会に積極的に参加する自律的人格の個
人像を前提としたものとして捉えられるようになった。再構築後の社会保障の
当事者は，国家と国民，さらに国民相互，国民と地域・職域へと拡大し，後者
の二つの場合には，国家は，社会保障を実行する責任主体としてではなく，
「口だけ出す」管理責任者としての地位に後退した。

　（3）　再構築される社会保障法の理念と課題　　社会保障の給付対象者お
よび内容の拡大と多様化は，現在では，高齢者を対象とした住宅の保障領域の
確保およびその環境水準の確保も含むべきとの考えが表明されるに至ってい
る。再構築される社会保障は，日本国憲法25条の最低限度の生活を営む権利
（生存権）の範囲にとどまらず，憲法25条2項の社会福祉・社会保障あるいは29
条2項の公共の福祉を規範的根拠とした個人レベルの自由な連帯によっても確
立すべきと考えられるようになった。

　物的資源を重視した重化学工業生産から情報科学技術の時代へと移行し，少
子化・高齢化へと進む社会は，経済法，労働法および社会保障法の歴史上で，
人的能力の維持，確保そして再生をいかに図るかとする点ではじめて一致した
のである。最近では，社会保障法における生存権の理念を人間の尊厳から捉え
直そうとするものや，社会保障法の目的を，自律した個人の生活の中に個人の
人格を実現する基礎および条件を整えることにあるとする考えが出てきてい
る。この考えは，日本国憲法13条の個人の生命・自由及び幸福追求に対する国
民の権利を根拠とし，社会保障の根本的な規範を再考しようとするものであ
る。社会保障法の理念は，人格のある生物的生存権としての人権そして「人権
としての財産権」の諸機能性（自律性および道具的機能の(c)(f)）によって実現さ
れる文化的生存権でなければならないといえよう。

5　労働法と経済法と社会保障法の関係

　経済法，労働法そして社会保障法の各々は，「人権としての財産権」の諸機

能性のどれをもつかによって，その社会的権利として保障される実質的なあり方（主体・客体・目的など）や具体的な保護領域およびその方法（どのような形式か）において異なるのである[23]。この三つの法律の相互の関係について，人の尊厳・生存権の原理を根底にもつ自律的人格の実現および発展という観点に立って，詳細に論じられたことはほとんどなかった[24]。

　丹宗昭信教授は，「本来生存権思想は『自由人権主体としての個人』の尊厳や『人格の自由な発展』の権利を原理として内包しているべきもので」……「生存権は，社会法の規定となる原理であ〔り〕」……「財産権の絶対化を修正し，資本の弊害を矯正するための権利である」[25]とする。

　労働法は，労使の雇用関係において生じる「もつ者」と「もたざる者」との間の均衡（平等と自由）の実質的確保を，労働団体によって実現しようとした。個人主義の徹底しない日本の労働界では，労働法の効果が企業内組合，終身雇用，年功序列などの日本的な労働慣行（労働の談合的体質）を作り上げることになった側面もあろう。しかし，資本主義経済の成熟と平成不況は，経済産業構造を情報科学技術およびサービスといった情報通信の競争力を重視する構造へと変化させた。これによって，談合体質をもつ産業構造，契約そして労働慣行は徐々に解体せざるをえなくなっている。談合・団体的体質から解放され，労働者個人の意思を実現するため，経済法と労働法は，公正かつ自由な競争原理による労働市場秩序維持により，労働者の創意工夫を発揮させることによって労働者の「人格発展の自由」と利益保護（労働およびその成果の充実）を，消費者利益確保と連動させる法理論の構築が課題となる[26]。

　資本主義的自由市場経済の運用維持は，経済法と社会保障法との間の相互補完関係なくしては行い得ない。なぜなら，人類は，不況，恐慌あるいは市場の外部性といった資本主義市場経済によって生じる困難な問題を市場原理だけでは，十分解決することに成功していないからである。「世界の先進資本主義国は……社会保障制度という手段を用いながら，資本主義市場経済のもたらす反社会的側面を補完してきているのである」[27]。「社会保障法上の主体は，生活上の困窮者とかハンディキャップを負った特殊部分社会集団人で，一般的には『市場』の外にいる部分社会集団人である」[28]。社会保障制度（所得保障・生活障害保障）および各種の保険制度は，失業者，生活保護者，高齢者や児童など，本来

市場経済に乗ることの困難な者や市場経済から脱落せざるを得なかった者を，生存権をもつ生活者として自由市場経済に乗せると同時に，経済および労働市場から脱落せざるを得なかった者を再び経済社会の中に戻していくという二つの機能を有する社会制度として存在すべきである。このような制度が確立されて，資本主義自由市場経済も（有効）競争原理も，健全なシステムを有し十分な機能を発揮し得るものとして，はじめて認知され得るのであるが，いまの日本の社会は，このようになっているだろうか。高齢化・少子化の進む社会および時代において，経済および労働市場が健全な社会制度たり得るには，経済法と社会保障法が相互に補完する関係であることが，より求められるであろう[30]。

　それでは，労働市場秩序維持をはかるための労働法と連動し，資本主義的自由市場経済の運用維持を支える社会保障法と相互補完関係にある経済法は，自由市場経済において，どのような法理論をもって産業政策を展開すべきか—効率性か公正か—が私たちに示されている課題といえよう。

　　1）　「私法の原理」とは，市場において当事者間で成立する契約によって実現される望ましい資源配分とか費用と利益の均衡をいう。
　　2）　アダム・スミスは，国家の役割を外交と警察権の行使による治安の維持の二つであるとした。これを「夜警国家論」という。
　　3）　伊藤元重『ミクロ経済学』（日本評論社，1992年）280頁。市場における自由な取引だけでは望ましい資源配分が実現できず費用と利益の均衡を保ち得ない状況を，「市場の失敗（market failure）」という。
　　4）　調整機能とは，生産され取引される製品・サービスの価格や量が，市場における需要と供給（「神の見えざる手」）によって調和する過程（予定調和論）の作用をいう。
　　5）　我妻栄『新訂民法総則（民法講義Ｉ）』（岩波書店，1974年）271-272頁。
　　6）　丹宗暁信・伊従寛『経済法総論』現代法律学全集50（青林書院，1999年）217-224頁。本書は，民法，商法，労働法および社会保障法と経済法との関係を，歴史的観点から，あるいは法理念および法理論の観点から論じており，市民法と社会法の関係を理解するうえで参考になる。
　　7）　「労働者」あるいは「労働組合」と「使用者」との関係を，「労使関係」と略称することがある。
　　8）　棟居快行『人権論の再構成』（信山社，1992年）251-269頁。
　　9）　高橋明弘『知的財産の研究開発過程における競争法理に意義—知的財産権概念の私的側面と社会的側面—』（国際書院，2003年）298-299頁。
　　10）　経済法あるいは社会福祉法の法的保護の主体や法の内容については，後に述べるところを参照。
　　11）　林迪廣「労働法の基礎概念—労働の従属性をめぐる問題—菊地勇夫編『社会法総説—

労働法・社会保障法・経済法―（上）』九州大学社会法講座三十周年記念77-97頁は，労働の従属性を経済的・人格的・組織的の３つの従属性に分類して詳しく説明している。

12)　「護送船団方式」とは，ある産業に新規参入するには，行政庁の許認可を必要とする場合に，既存企業は，当該産業に新規参入が行われないために許認可のハードルを高くするよう行政庁に働きかけて，許認可の段階で新規参入が行われないようにする方法をいう。

13)　「娘・息子の悲惨な職場」，週間エコノミスト2005年３月22日号，20頁。2012年になっても実態は改善されずに深刻になっている。新卒者の３年以内の離職率が高いのも，その表れといえよう。

14)　丹宗暁信・伊従寛，前掲注6）222頁。

15)　毎日新聞経済部記者中村秀明「発信箱：労組に競争力はあるのか」（毎日新聞，2004年３月18日（木）朝刊)。「『春闘〔と〕は……働く者が待遇改善を求め」〔る活動である）が，労働組合って誰の代表なのだろう。利益１兆円でも『賃上げ』を口にしない労組だってある。組織の存在自体が目的になっている……印象が，企業内組合には強い」。「評論家吉本隆明さんは，講演会で『自ら役目を失っちまったんです』と労組批判を展開した。『身内の待遇を問う〔ので〕なく，生産の現場を足場にする〔ので〕なく，なぜ消費の現場，市民社会に足場を築こうとしなかった〔の〕でしょうか』」。「最大の理由は，『競争』を考えなかったせいだと思う。だから，ライバルと必死に競い合う経営者にはなめられるし，市民社会には飛び込めない……もし労組が競争原理をある程度肯定的に捉えていたら，春闘もちがう風景だったろう（略)。」

16)　丹宗暁信・伊従寛，前掲注6）222頁。

17)　日本の現行社会保障制度は，第２次世界大戦以後に，民主主義国家による基本的人権の尊重の理念の下で，新たに社会法体系の一環として社会保障法によって制度化されたものである。それは，戦前の救恤（あわれみ）思想を基礎とした「人民相互の情宜」による救貧・救護制度とは，全く切断された別個の異なる法的性格をもつ制度である。

18)　荒木誠之『社会保障法読本〔第３版〕』（有斐閣，2002年）249頁。

19)　総理府社会保障制度審議会事務局「社会保障将来像委員会第一次報告―社会保障の理念等の見直しについて―」1993年２月14日。

20)　総理府社会保障制度審議会事務局「社会保障体制の再構築（勧告）～安心して暮らせる21世紀の社会をめざして～」1995年７月４日。

21)　加藤智章・菊地馨実・倉田聡・前田雅子『社会保障法第２版』有斐閣アルマ（有斐閣，2003年）56頁。

22)　加藤智章・菊地馨実・倉田聡・前田雅子，前掲注21，56-57頁。

23)　石川利夫『大学と民法とゼミの周辺』（評論社，1984年）35-38頁。石川教授は，夜警的国家観から文化的国家観に移行すると，経済取引においては，「市民法の原理も……旧来の民商法ルールにまかしきれず……法の理念的転化として社会経済的弊害を除去し修補しようとする……経済法の領域を意識しなければならず……ここに，債権法的対応の実質的展開の第二の局面があらわれてくる」という。

24)　菊地勇夫編『社会法総説―労働法・社会保障法・経済法―（上)』九州大学社会法講座三十周年記念（有斐閣，1966年)。本書は，社会法に共通する理念問題をとりあげて，各論者が詳細に論じている。

25)　丹宗暁信・伊従寛，前掲注6) 222,230頁。

26)　丹宗暁信・伊従寛，前掲注6) 224頁。

27)　丹宗暁信・伊従寛，前掲注6) 226頁。

28)　丹宗暁信・伊従寛，前掲注6) 230頁。

29)　1970年代末に規制撤廃の一環としてアメリカで行なわれた介護福祉制度方式が日本でも導入され，国家は管理監督者の地位に後退し，民間事業者が責任主体，介護事業者が執行主体となる。これは，2005年末に建築工事の許可申請手続において，民間確認事業者が許可責任主体となり，国家が管理監督者の地位に後退したことによって審査が杜撰となり大量の欠陥住宅が供給され大きな社会問題となった例と同様な構図となり注意を要する。

30)　丹宗暁信・伊従寛，前掲注6) 229頁。

第**15**章　民事裁判手続

　民事紛争の確実かつ満足な解決を得るため，裁判手続の開始から終了まで
を，保全手続，訴訟手続そして執行手続（図表15‐1民事裁判手続の段階的系統図
を参照）のうち最も重要な手続について概略する。

1　民事保全手続[1]

　（1）　民事保全手続の目的と機能　　日本の裁判制度は，三審制度が採用
されている。したがって，訴訟の原告（訴訟の申立人・債権者をいう）が紛争に
勝訴して債権を満足するためには，相当長期間の日時を要する場合が少なくな
い。この期間内に，被告（訴訟の相手方・債務者をいう）は，様々な方法を用い
て，債務の履行から逃れ，あるいは履行を不可能にしようと画策する場合があ
る。かような危険を防止し回避し最終的に強制執行を可能とするために，簡易
迅速に，権利・地位そして権利執行の係争物を確保し保護するための処置ある
いは処分を講ずる制度が，民事保全手続である（民事保全法1条）。民事保全手
続は，手続の迅速な進行（迅速性あるいは緊急性という）が要請され，債務者に
は，内密に手続を進める必要がある（密行性）。権利が終局的に確定して実現す
るまで仮に措置を講ずる司法手続である（暫定性）。民事保全手続は，本案訴訟
の存在あるいは一定期間内にそれが提起されることを前提とする手続である
（付随性）。

　（2）　民事保全命令
　（a）　仮差押命令　　仮差押命令は，金銭の支払いを目的とする債権（売買
代金支払請求権など）について，強制執行することができなくなるおそれがある
とき，または，著しい困難を生ずるおそれがあるときに（民事保全法20条），特
定の物（土地，建物，航空機など）に対して（民事保全法21条本文），動産の場合
（桐の箪笥，毛皮のコート，宝石など）には目的物を特定しないで発する（民事保全

図表 15-1　　民事裁判手続の段階的系統図

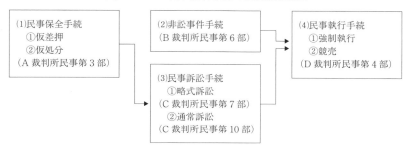

法21条ただし書）。銀行預金の支払い請求権に対する仮差押処分は，差し押さえ処分の対象となる銀行名，預金者の名称，所在あるいは所属そして差し押さえる預金範囲（金額）を明示し，第三債務者（たとえば銀行）に，債務者（預金者）への弁済の停止命令を，裁判所が発する方法により行う（民事保全法50条1項・5項）。

　（b）　仮処分命令　　仮処分命令は，作為・不作為を問わず権利の実行が不可能になるおそれや困難になるおそれがある場合に係争物（金銭以外の土地引き渡し，建物の明け渡し，セメント資材10tの引き渡しなど）に対して（民事保全法23条1項），また権利関係について争いがあり著しい損害や急迫の危険を避けるため仮の地位を定める必要（A会社の職員であることを請求する権利，劇場への出演を請求する権利など）がある場合（民事保全法23条2項）に発することができる。命令の内容は，作為あるいは不作為（たとえば，当該土地の譲渡・処分禁止，当該セメント10tの処分禁止など）の形式で命じられる（民事保全法24条）。

2　民事訴訟手続

　民事訴訟とは，民事に関する訴訟をいう。つまり，民商法などの私法によって規律される対等な私人間の身分上または経済上の生活関係に生じた事件について，対立する当事者さらに利害関係人を参加させて，法を適用し裁判を行う手続である。民事訴訟は，多種多様な訴訟事件を厳格に画一的に処理できる通常訴訟手続と，とくに専門性が要求される場合や簡易迅速な利便性などの点か

ら設けられた特別な訴訟手続がある。

（**1**）　**略式訴訟手続**　　略式訴訟手続とは，通常訴訟手続と比較すると，より簡易で利便性に富み，迅速な事件処理を目的として設けられた特別訴訟手続をいい，簡易訴訟ともいう。これには，実質的な審理を経ないで督促をする督促手続（民事訴訟法382条以下），三審制の手続を短縮した少額訴訟（民事訴訟法368条以下），攻撃防御方法を制限する手形・小切手訴訟（民事訴訟法350条ないし367条）などがある。

（**2**）　**通常訴訟手続**　　民事訴訟手続は，通常訴訟と特別訴訟とに区分されると述べた。民事訴訟は，適法・公正・迅速・経済性が求められるが，これらをすべての手続に実現することは困難である。そこで，訴訟目的を絞り，これらの一定の特性に一定程度の重点を置くことによって設けた手続が，特別訴訟手続である。多種多様な紛争を，できるかぎり厳格画一的に処理し得る幅をもたせた基本的な裁判手続が，通常訴訟手続であって，これが訴訟の基本となる。通常訴訟手続における裁判の進行過程については，第**8**章の司法制度で説明したので，ここでは，民事通常訴訟手続の特性について，概略することで止めておきたい。通常訴訟は，原告（訴えを提起する者）が被告（訴えを提起される者）を特定して，請求の趣旨および請求の原因を記載した訴状（民事訴訟規則53条）を裁判所に提出することによって開始する。これを訴えの提起という（民事訴訟法133条）。通常訴訟による裁判は，二当事者（原告・被告）対立構造として，公開の場で口頭弁論を中心に展開される（民事訴訟法148条）。当事者には，攻撃・防御する機会が適切に十分に与えられなければならず（民事訴訟法156条），証明は厳格であることが要求される[2]。終局判決は，裁判をするのに熟したときに（民事訴訟法243条），当事者が申し立てた事項について（民事訴訟法246条，処分権主義），口頭弁論の全趣旨および証拠調べの結果を斟酌して，裁判官の自由な心証により，事実についての主張を真実と認めるべきか否かを判断し（民事訴訟法247条），判決書の原本に基づいて（民事訴訟法252条）行い，言い渡しによって効力を生ずる（民事訴訟法250条）。第一審の判決に対して不服のある当事者は，さらに上級審に対して，審理を求めることができる。これを控訴という（民事訴訟法281条）。控訴判決に不服がある場合で，民事訴訟法312条に該当する場合に限り，当事者は，上告することができる（民事訴訟法311・312条）。

図表 15 - 2　民事執行一覧表

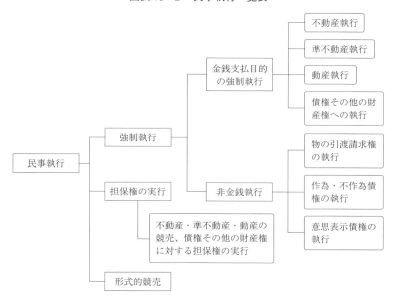

財産権上の請求に関する判決については，裁判所は，申立てによりまたは職権で仮執行宣言を付す（民事訴訟法259条1項）。第 **16** 章は，民事訴訟（通常の本案訴訟）の進行過程について，モデルを設定して解説を試みる。

3　民事執行手続

　民事執行手続は，国家の執行機関によって，私人の権利（請求権）を終局的に実現することを目的とする過程をいう。**図表 15 - 2** の民事裁判手続の段階的系統図をみると，民事保全を担当する機関，民事訴訟の判決を担当する機関そして執行手続を担当する機関は，それぞれ別の機関（裁判所）あるいは担当部とされていることが理解されるであろう。執行を担当する機関・担当部は，かように判決機関・担当部とは分離されているので，執行機関は，執行すべき請求権の存在を債務名義やその他の文書（執行証書）の存在を前提として（民事執行法22条），二当事者（執行を求める一方当事者を債権者といい，執行される他方当事

者を債務者という）の対立構造をとりつつ，形式的な審査を行い，請求権の実行
を図る。強制執行は，執行文が付与された債務名義の正本，少額訴訟の確定判
決，仮執行宣言付き少額訴訟の判決，支払督促の正本，執行文が付与された執
行証書ほかによって行われ（民事執行法22・25・26条），①金銭的な満足を目的
とする執行（民事執行法43条以下）②非金銭的な満足を目的とする執行（民事執
行法168条以下）がある。

1) 保全命令は，保全債権の存在が前提となる。その民事保全命令手続に対応し，保全債
権を明らかにする民事訴訟（手続）を，「本案訴訟」あるいは「本案の訴え」という
（民事保全法37条1項）。
2) 「終局判決」とは，その訴訟の全部または一部を，その審級において完全に終了させ
る効力もつ判決をいう。
　これに対して，「中間判決」（民事訴訟法245条）とは，その審級における訴訟を終了
せずに，攻撃防御の方法・請求原因そして訴訟資料の一部（当事者間で争いとなった事
項，証拠や訴訟上の先決事項）について裁判所の判断を行って，終局判決を容易にする
目的で行われる判決をいう。
3) 執行を求める債権者は，「執行債権者」とも呼ばれ，差押えの段階では，「差押債権
者」と呼ばれる（民事執行法55.128.155条など）。
4) 「執行文」とは，債務名義の執行力の存在と執行力の内容を公証するために，債務名
義の末尾に付記する公証文句をいう（民事執行法26条）。
5) 「債務名義」とは，私法上の請求権の存在および範囲を確定した公証力のある一定の
文書であり，執行文が付与されて執行力を有する文書をいう。「執行力」とは，民事訴
訟上，強制執行をなし得る効力をいう。執行力を伴う判決は，給付の確定判決に限られ
る。裁判上の和解調書，調停調書なども債務名義とされる（民事執行法22条，民事訴訟
法267条，民事調停法16条）。
6) 「執行証書」とは，公証人が法律に基づいて作成する文書（公正証書）のうち，民事
執行法22条5号の要件（強制執行に服する旨の陳述の記載）が備わっている公正証書を
いう。この執行証書は，債権者に一方的に有利な内容が作成される傾向にあり，作成過
程が問題とされ紛争となっている。

第**16**章　民事訴訟法（手続法）と民法（実体法）の関係

　契約が成立したにもかかわらず，相手方が契約による権利および法律関係の発生・変更・消滅を認めないとき，あるいは契約を完全に履行しないときには，当事者の一方は，民事裁判で契約を履行して法律効果の実現を求めるか，あるいは代替効果を図ることになる。同様に，交通事故等において損害が発生したときには，被害者らは，不法行為（民法709条以下）責任として損害賠償を加害者に請求することができる。

1　民事裁判

　民事裁判は，私法によって規律される人々の身分関係や経済上の生活関係に生じた紛争について，裁判を提起する者（原告）が，相手方（被告）との間で法律要件に基づいて法律効果の発生（請求原因）を主張して，紛争解決の請求内容および範囲を判決主文に対応する形式（請求の趣旨）で示して，審理そして判決を裁判所に求める手続をいう。これを民事訴訟という。

　（**1**）　**民事訴訟手続過程**　　民事訴訟においては，訴えが提起されることによって，原告が被告に対して，どのような請求内容にいかような判決を裁判所に求めているのか（これを「訴訟物」という）が明らかにされて，裁判が開始される（「第一審手続」という）。判決をするために必要な証拠や資料を収集する過程（「審理」という）では，原告被告の双方に平等に意見（「攻撃・防御」という）を尽くさせなければならない。口頭弁論は，その機会を確保する場である。被告が争わない場合には，原告の請求する内容にそった判決が下される。被告が争う場合には，口頭弁論で，何について争い，どのような証拠があるのかが明らかにされ，判決をするのに熟したときに，判決が下されることになる（第**15**章-**2**-（**2**）の通常訴訟手続を参照）。

　（**2**）　**民事訴訟法と民法との対応関係**　　訴訟法と実体法とは別個の法体

系を構成している。ここでは，民事訴訟法と民法との間で，紛争解決を目指す
規範として共通する点をあげておきたい。

　民事訴訟では，原告によって訴訟物として主張された法律関係が存在するか
否かが裁判所によって判断される。すなわち，その法的判断の論理構造は，以
下である。民法によって規定された法律関係の発生や消滅に関する法律要件
（成立要件あるいは消滅要件という）に該当する事実（要件事実という）が訴訟上で
充足された場合には，法律関係が発生あるいは消滅すると判決される。その発
生や消滅を妨げる法律要件（有効要件をはじめとする障害要件という）に該当する
事実（要件事実）が訴訟上で充足された場合には，法律関係は発生あるいは消
滅しなかったものとして判決されるというものである。

　法律関係の発生・変更・消滅という法律効果を判断するために必要な事実
を，民事訴訟法上では主要事実といい，民法上の要件事実とほぼ一致する。被
告や原告による相手方の請求を斥けるための主張を否認とか抗弁という。否認
は，相手方が証明責任を負う事実の否定をいい，抗弁は，自分が証明責任を負
う事実の積極的な主張をいう。たとえば，売買契約（民法555条）の成立要件事
実の不足を主張するのが否認であり，契約上の請求に対して，公序良俗違反
（民法90条）や通謀虚偽表示（民法94条）による無効，期限等（民法135条）の効力
要件あるいは同時履行の抗弁権（民法533条）による履行拒否を主張するなどが
抗弁である。

2　民事訴訟第一審手続書面の作成

　不動産の売買契約（民法555条）を例題として，訴状を作成する際に必要な民
事訴訟法（手続法）[1]と民法（実体法）との対応関係を，民事訴訟法の請求の趣旨
と民法の法律効果，民事訴訟法の請求原因と民法の法律要件に該当する事実
（要件事実）[3]との間で生じることを確認しよう。

【例題（事実関係）】

　東京都文京区で建設業を営む上野英樹は，事業資金を捻出するため自ら所有
する東京都文京区本郷３丁目１番地所在の甲土地30坪を金7500万円で処分しよ
うとしていた。㈱川島不動産から情報を得た鈴木孝夫は，令和２年５月10日に

（株）川島不動産本店事務所において，上野英樹と金7500万円で甲土地を買い取る契約を締結し，三東銀行から全額の融資を受けて，代金の7500万円の支払いと甲土地の引渡し（以下では「本件債務」という）を，6月20日正午に，甲不動産所在地敷地内において完了することになった。ところが，上野英樹は，同期日に現地に現れなかった。同日，そしてその後，鈴木孝夫は，本件債務の履行を上野英樹に直接あるいは㈱川島不動産を通じて間接に申し入れたが，上野英樹は，令和2年7月20日を過ぎても本件債務を履行しようとしない。

（1）　訴訟の提起　　訴えの提起は，訴状を裁判所に提出してしなければならない（民事訴訟法133条1項）。訴えとは，原告が裁判所に，被告との関係における特定の権利の主張（訴訟上の請求）を提示し，その是非についての審理および判決を求める訴訟行為（申立て）をいう。訴状とは，訴えを提起する際に，原告が裁判所に提出する書面をいう。第一審は，誰が誰を相手方として，どのような権利主張（請求）について，どういう判決を求めるのかが明らかになる判決手続をいう。

（a）　訴状の必要的記載事項　　第一審の訴状に記載する必要的記載事項は，つぎの内容である（民事訴訟法133条2項）。

（ⅰ）　当事者および法定代理人（1号）

（ⅱ）　請求の趣旨（2号前段）　　請求の趣旨とは，原告が，請求の内容・範囲を示して，判決に求める内容を簡潔に表示する部分で，判決の主文に対応する形式で記載される。

（ⅲ）　請求の原因（2号後段）　　請求の原因とは，原告の請求を，特定の権利の主張として構成するために必要な事実（権利の内容や権利の発生原因など）をいう。

　なお，必要的記載事項に不備があり訴状が補正されないときは，本件訴えは，不適式なものとして却下され得る（民事訴訟法137条2項）。

（b）　本事案へのあてはめ

（ⅰ）　当事者（原告・被告）は，買手（鈴木孝夫）・売手（上野英樹）である。

　当事者の法定代理人は，本件においては弁護士〇〇〇〇である。

（ⅱ）　請求の趣旨〔訴訟法〕（民事訴訟規則53条）には，法律効果〔実体法〕発生の判断を求める内容（民法412条1項）が記載される。

図16-1　訴状モデル

訴　　　状

収入
印紙

令和2年9月1日

東京地方裁判所御中

原告訴訟代理人弁護士○○○○　印
〒113-0001　東京都文京区湯島1丁目1番1号
原　告　鈴　木　孝　夫
〒113-0012　東京都文京区小石川2丁目3番4号
ハイツ森202（送達場所）
上記訴訟代理人弁護士○　○　○　○
電　話　03-○○○○-○○○○
ＦＡＸ　03-○○○○-○○○○
〒113-0016　東京都文京区本郷6丁目5番1号
被　告　上　野　英　樹

土地引渡請求事件
　訴訟物の価額7500万円
　貼用印紙額　　　　　円
第1　請求の趣旨
　1　被告は，原告に対し，甲土地を引渡せ
　2　訴訟費用は被告の負担とする
　との判決を求める。
第2　請求の原因
　1　原告は，㈱川島不動産を仲介して，被告所有の東京都文京区本郷3丁目1番地所在の甲土地30坪を，令和2年5月10日に㈱川島不動産本店事務所において7500万円で買い取る契約を被告との間で締結し，三東銀行から全額の融資を受けて，売買代金7500万円の支払いと甲土地の引渡しを，令和2年6月20日正午に，甲土地内において完了することになった。
　2　被告は，東京都文京区で建設業を営んでいる。
　3　被告は，令和2年6月20日を過ぎて現在まで甲土地の引渡しを完了していない。
　4　本件訴訟に至る経過
　　令和2年6月20日正午過ぎ，そしてその後も，原告は，本件債務の履行を直接あるいは㈱川島不動産を通じて間接に被告に申し入れたが，令和2年8月20日を過ぎても，被告は，現在まで甲土地の引き渡しを履行しない。
　5　よって，原告は，被告に対して，甲土地の引渡しを求めて，本訴に及んだ次第である。

証　拠　方　法

1　甲第1号証　　不動産売買契約書
2　甲第2号証　　内容証明

付　属　書　類

1　訴状副本　　　　　　　　　　　　1通
2　甲第1号証および第2号証の写し　各2通
3　訴訟委任状　　　　　　　　　　　1通

「被告上野英樹（売手）は，原告鈴木孝夫（買手）に東京都文京区本郷３丁目１番地に所在する甲土地を引き渡せ。」となる。（訴状参照）

　（ⅲ）　請求の原因（要証事実[4]）には，法律（成立）要件に該当する事実（要件事実＝主要事実）が記載される。

「原告鈴木孝夫は，被告上野英樹との間で東京都文京区本郷３丁目１番地に所在する甲土地の売買契約を締結し購入した。」となる。

　また，訴状には，間接事実や補助事実が記載されることも多い。

　主要事実とは，実体法の権利の発生・変更・消滅という法律効果を直接基礎づける事実であり，法律要件に該当する事実（要件事実）をいう。間接事実とは，主要事実を証拠によって認定することが困難または不可能なときに，経験則によって主要事実を推認させる事実をいう。補助事実とは，証拠能力や証拠価値を明確にする事実をいう（訴状参照）。

（２）　被告の反論　訴状が受理された場合，訴状は被告に送達される（民事訴訟法138条１項・98条）。このとき，訴状と同時に第１回口頭弁論期日の呼出状も被告に送達される（民事訴訟法139条・87条・93条・94条）。被告は，原告に対する反論がある場合，答弁書を提出することができる（民事訴訟法161条１・２項，民事訴訟規則80条１項）。答弁書とは，訴状を送達された被告が，訴状記載の請求についての反対申立てや事実について認否した内容を記載し，最初に裁判所に提出する準備書面をいう。反対申立てとは，裁判で被告が争う場合に，請求の趣旨に対して「『訴えを却下する。』あるいは『原告の請求を棄却する。』との判決を求める」との意見をいう。

　(a)　答弁書の記載事項（反対申立て）（民事訴訟規則80条）

　答弁書の記載事項（被告の意見）は，訴状に記載された「請求の趣旨」「請求の原因」の順序に対応した形式によって，記載されることを要する。

　（ⅰ）　請求の趣旨に対する答弁　原告の請求の趣旨に対応する被告の答弁は，訴えの却下を求めるとか，請求の棄却を求めるとか，請求の認諾をすることである。

　（ⅱ）　請求の原因に対する認否

　（イ）　**【認否】**　認否とは，訴状記載の請求原因事実に対しての被告の意見をいう。ここでは，成立要件事実の全部あるいは一部についての存在・不存在を

図16-2　答弁書のモデル

```
令和2年（　）第○○○号
不動産引渡請求事件
原　告　鈴木孝夫
被　告　上野英樹

　　　　　　　答　弁　書　　　　　受付印
　　　　　　　　　　　　　　　　令和2年9月10日

東京地方裁判所民事第○部御中

　　　　　　〒100-0022　東京都千代田区春日1丁目6番15号
　　　　　　　　　　　　神戸ビル505（送達場所）
　　　　　　　　　　　被告訴訟代理人弁護士○　○　○　○
　　　　　　　　　　　電　話　03-○○○○-○○○○
　　　　　　　　　　　ＦＡＸ　03-○○○○-○○○○
第1　請求の趣旨に対する答弁
　1　原告の請求を棄却する
　2　訴訟費用は原告の負担とする
　との判決を求める。
第2　請求原因に対する認否
　1　請求原因1の事実のうち，当該土地の売買契約を締結したことは認めるが，売買代
金受け渡しおよび当該土地引渡し期日を令和2年6月20日と取り決めた点は争う。
　2　同2の事実は認める。
　3　同3の事実は争う。
　4　同4の事実については一部認めるがその他は争う。
　　申し入れがあったことは認めるが，甲第2号証の売買代金受け渡しおよび土地引渡し
に関する特約によって，売買代金受け渡しおよび当該土地引渡し期日は，建設資材の搬出
の関係から原告と被告が交渉して，令和2年10月20日までのうち合意を得られる日という
ことであった。
　5　同5は争う。
　　　　　　　　　　　　　　　　　　　　　　　　　　　　　　以上
```

主張する。争う（積極的否認），（単なる）否認・不知，認める（自白），沈黙があ
る。

　㋺【抗弁事実の主張】　抗弁事実の主張とは，民事訴訟上，相手方の申立
てや主張を排斥するために積極的に別個の事実を主張することをいう。成立要
件を満足する事実はあっても，効力要件を欠く事実（効力阻害要件）や，その
他の理由が存在し，当該法律行為が無効もしくは取消し得る場合があるから，

★コラム16−1　準備書面

　準備書面（民事訴訟法161条2項）とは，当事者が口頭弁論において提出しようとする攻撃防御方法や相手方当事者の攻撃防御方法に対する応答を記載して裁判所へ提出する書面をいう。
①　原告による準備書面
　㈀　請求原因事実（成立要件事実）が存在することの証明
　　（民事訴訟法161条，民事訴訟規則79条）。
　　攻撃方法…法律要件に該当する事実を証明し得る証拠〔売買契約書，内容証明〕
　㈁　抗弁事実を否定するための証明
　　（民事訴訟法161条，民事訴訟規則79条）。
　　証拠…適宜
②　被告による準備書面
　㈀　請求原因（要件事実）の全部あるいは一部が存在しないことの証明
　　（民事訴訟法161条，民事訴訟規則79条）
　　防御方法…主張と証明〔被告の事業状況を記した書面（陳述書），売買代金受け渡し及び土地引き渡し交渉の経過を記載した書面（陳述書）〕
　㈁　抗弁事実（効力阻害要件）が存在することの証明
　　（民事訴訟法161条，民事訴訟規則79条）
　　攻撃方法…主張と証拠
　令和2年5月10日に当該土地の売買契約を締結したことは認めるが，同日に売買代金受け渡しおよび当該土地引渡し期日を取り決めたことはない。なぜなら，当該土地には，被告経営の建設業の下請け業者が，同年10月末まで建設資材の搬入置き場として使用しているからである。6月20日以後，原告から申し入れがあったことは認めるが，乙第1号証の売買代金受け渡しおよび土地引渡しに関する特約によって，売買代金受け渡しおよび当該土地引渡し期日は，建設資材の搬出の関係から原告と被告が交渉して，令和2年10月20日までのうち合意を得られる日ということであった。
〔乙1号証　売買代金受け渡しおよび土地引渡しに関する特約　1通〕

法律効果は発生しない旨の主張あるいは解除などの主張をする。
　⒝　本件事案へのあてはめ
　⒤　請求の趣旨に対する答弁
「『原告の請求を棄却する』との判決を求める。」（答弁書参照）
　⒤⒤　請求原因事実に対する認否
「被告は原告と当該土地の売買契約を締結した事実はない。」あるいは「被告は原告との当該土地の売買契約を締結したことは認めるが，売買代金の受け渡しおよび当該土地引渡期日を令和2年6月20日と取り決めた点は争う。」とな

る。

　(ⅲ)　抗弁事実の主張

「仮に訴状記載の当該土地の契約が成立するとしても，売買代金の受け渡し
および当該土地引渡期日は，当事者間で交渉して，令和2年10月20日までのう
ち合意を得られる日ということであった。」となる。

　(3)　判　決

　(a)　総　説　　自由心証主義（民事訴訟法247条）の下で，当事者主義（弁
論主義）による口頭弁論・証拠調べ・証人尋問・本人尋問を経て判決に至る。

　自由心証主義とは，裁判における事実の認定を，審理に現れたすべての資料
や状況に基づいて，自由に裁判官の内心に形成される判断にゆだねる建前をい
う。当事者主義とは，裁判の進行について，当事者に多くの権能を与える主義
をいう。弁論主義とは，判決の基礎となる事実の確定に必要な証拠の収集と提
出を，当事者の権限と責任とする建前をいう。

　(b)　判決書記載事項（民事訴訟法253条1項・2項）

　(ⅰ)　主　文　　主文とは，判決の結論を表示する部分をいう。終局判決で
は，訴状の「請求の趣旨」に対応する部分である。訴えが不適法なときには，
「原告の訴えを却下する。」と書き，原告の請求が認められれば，たとえば，
「被告は原告に対して，甲土地を引き渡せ。」となる。請求理由のないときに
は，「原告の訴えを棄却する。」と記載される。

　(ⅱ)　事実及び理由

　第1　「請求」　　請求とは，訴状記載の請求あるいは申立ての趣旨を記載し
た部分をいう。

　第2　「事案の概要」　　事案の概要とは，口頭弁論での当事者の主張および
申立てを要約して，事件の類型と中心的な争点を明らかにした要証事実の部分
＝主要事実＋間接事実＋補助事実をいう……例題では省略し，判例で学習す
る。

　第3　「争点に対する裁判所の判断」　　争点に対する裁判所の判断とは，明
らかにされた要件事実（主要事実）および証拠資料に基づき「主文」に至った
裁判所の判断経過を示した判決理由に相当する部分をいう。

図表 16-3　民事訴訟法と民法の対応関係

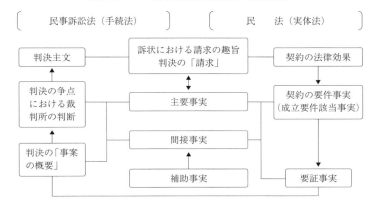

図表 16-4　民事訴訟法記載事項と民法の要件・効果

		〔民事訴訟法〕	〔民　　法〕
1 訴状	(1)原告	①請求の趣旨	①法律効果
		②請求の原因	②法律要件
2 答弁書	(2)被告	③請求の趣旨に対しての答弁	
		④請求の原因に対	④-ⅰ成立要件事実
		しての認否	の不存在を主張
			④-ⅱ効力阻害要件事
			実（抗弁事実）の主張
3 準備書面	(1)原告	⑤原告主張の証明	⑤法律要件事実の存在
		⑥被告主張の否認	⑥抗弁事実の不存在
	(2)被告	⑦被告主張の証明	⑦④-ⅰ
		⑧被告主張の証明	⑧④-ⅱ
4 判決	(1)主　文	⑨請求の趣旨について	⑨法律効果
	(2)事実及び理由	⑩請求の原因について	⑩法律要件・抗弁事実
5 公式	（原告①＋②＋⑤＋⑥）－被告③－④－⑦－⑧＝判決主文
	X　　　　　　－　　　　　　Y　　　＝判決主文

図表16-5 民事訴訟過程と重要記載事項の整理

```
【原    告】
 〔訴    状〕   請 求 の 趣 旨          請 求 原 因
 〔準 備 書 面〕                    原告主張の証明
                             被告主張の否認
 〔民    法〕     法律効果の発生         法律成立要件
 〔公    式〕        X            ①＋②＋⑤＋⑥
【被    告】
 〔答 弁 書〕   請求の趣旨についての答弁      請求原因の認否
 〔準 備 書 面〕                    被告主張の証明
                             原告主張の否認
 〔民    法〕   法律行為（契約）成立せず      成立要件不存在
              法律効果発生せず        効力阻害要件
 〔公    式〕        Y           －③－④－⑦－⑧
【裁判所判決】       主      文       事実及び理由
 〔公    式〕     ①        ③
                ②        ④
                ⑤        ⑦
             X＝⑥        ⑧＝Y
        原告の請求を認容  X≫Y
                 X≪Y  原告の請求を棄却
```

(ｲ) 法律要件（成立要件）の該当性について

【主文：被告は，原告に，甲土地を引き渡せ。】

〔原告の主張を認容した理由は，本件売買契約が有効に成立したと判断されたからである（売買契約の成立要件事実は存在する）〕。

【主文：原告の請求を棄却する[9]】

〔原告の主張を否認した理由は，本件の売買契約は成立したが，売買代金受け渡しおよび当該土地引渡し期日が特定されていないと判断されたからである（民法555条の契約成立要件事実は存在するが，契約自由の原則を現実化した特約による売買代金受け渡しおよび当該土地引渡し期日が特定されない）〕。

　(ロ)　被告の抗弁事実について

【主文：被告は，原告に，甲土地を引き渡せ】

〔被告の主張を否認した理由は，売買代金受け渡しおよび当該土地引渡し期
日が特定され，被告の抗弁事由が否認されたからである（効力阻害要件事実の
存在が否認された）〕。

【主文：原告の請求を棄却する】

　〔被告の主張を認容した理由は，乙1号証の売買代金受け渡しおよび土地
引渡しに関する特約が存在し，事実関係からは売買代金受け渡しおよび土地
引渡し期日が特定されていないという被告の抗弁事由が認定されたからであ
る（効力阻害要件事実の存在が認定された）〕。

3　ま と め

　(1)　民法と民事訴訟法との関係　　実体法の民法と手続法の民事訴訟法
の記載事項（横の関係）および民事訴訟の進行過程（縦の流れ）を，具体例を通
して概観してみた。**図表16-3**は，民法上の請求を提起する場合に必要な実体
法上の重要項目と，手続法の民事訴訟法上の重要項目が対応する関係を図式化
したものである。学習上で参考にしてもらいたい。

　(2)　本案訴訟過程　　本案訴訟過程の民事訴訟法記載事項にあわせて民
法の要件・効果を整理し図式化すると**図表16-4**のようになる。

　なお，民法の法律要件と民事訴訟法の訴状における請求の趣旨，請求の原
因，準備書面，判決の主文，事実及び理由との関係を【原告】・【被告】・【裁判
の判決】別に整理し図式化すると，**図表16-5**のような関係となる。

　1)　手続法とは，実体法によって規定された内容が実現されるための手続について設けら
　　れた法をいう。民事訴訟法（民訴法）とは，民事事件の形式的な手続を規定する現行法
　　典をいう。

　2)　実体法とは，事件の内容を構成する生活関係（権利・義務の発生・変更・消滅・効果
　　など）を規律する法律（民法・商法など）をいう。訴訟において対象を把握する際の指
　　標となり判決の規準ともなる。

　3)　要件事実とは，法律効果を発生させる要件に該当する具体的事実をいう。

　4)　要証事実とは，当事者が訴訟で争った場合に，認定を要する事実をいう。

5) 攻撃方法とは，本案（権利または法律関係の存否に関する事項）の申立てを基礎づける一切の裁判資料（主張・立証・証拠・抗弁）をいう。

6) 証拠とは，事実認定の過程において，判決の基礎となる資料を裁判所に提出することを可能にするものの総称をいう。

7) 防御方法とは，反対申立てを基礎づける一切の裁判資料をいう。

8) 証明とは，要証事実の存否を判断する際に，裁判官に確信を生ぜしめる状態，または，そのために当事者が証拠を提出する行為をいう。

9) 適法な申立てであれば，その内容が実体法ないし訴訟法に照らし，是認されるか否かにより，理由ある場合には「認容」，理由なき場合には「棄却」の判断がなされる。

事項索引

264

◆著者紹介

髙橋　明弘 （たかはし　あきひろ）

1954年　東京生まれ
1978年　日本大学法学部法律学科卒業
　　　　民間企業・事業所で勤務
1992年　日本大学大学院法学研究科博士前期課程修了（民法専攻）
1998年　大東文化大学大学院法学研究科博士後期課程単位取得（経済法専攻）
現　在　東京都市大学，神田外語大学，山梨学院大学で講師兼任，国税庁税務大学校民法
　　　　（親族・相続編）講義担当教官
専　攻　経済法（知的財産権含む），民法，産業組織論
〔著　書〕
　　　　『知的財産の研究開発過程における競争法理の意義―知的財産権概念の私的側面と
　　　　社会的側面』（国際書院，2003年）〔単著〕
　　　　『現代経済法』（法律文化社，2010年）〔単著〕
　　　　『財産法入門』（学陽書房，2010年）〔共著〕
　　　　『下請の法律実務』（三協法規出版，2011年）〔共著〕
　　　　『知財イノベーションと市場戦略イノベーション』（国際書院，2012年）〔単著〕
　　　　『下請の法律実務』（三協法規出版改訂版，2012年）〔共著〕
　　　　『法学への招待―社会生活と法』（法律文化社，2013年）〔単著〕
　　　　『景品・表示の法実務』（三協法規出版，2014年）〔共著〕
〔論　文〕
　　　　「日本の独占禁止法政策およびその理論の選択」（横浜商大論集41巻第1号，2007
　　　　年）
　　　　「革新を起動させる競争メカニズム因子およびその独占禁止法適用過程― SCP パラ
　　　　ダイム・シカゴパラダイム・MAC パラダイム」（横浜商大論集45巻第2号，2012
　　　　年）
　　　　「知財利用事業に適用する独占禁止法の一定の取引分野要件の展望― Capability か
　　　　ら Dynamic Capability へ」（日本大学知財ジャーナル Vol. 8，2015年）

Horitsu Bunka Sha

法学への招待〔第2版〕
—— 社会生活と法

2013年 4 月30日　初　版第 1 刷発行
2020年 2 月15日　第 2 版第 1 刷発行

著　者　　髙　橋　明　弘

発行者　　田　靡　純　子

発行所　　株式会社 法律文化社

〒603-8053
京都市北区上賀茂岩ヶ垣内町71
電話 075(791)7131　FAX 075(721)8400
https://www.hou-bun.com/

印刷：中村印刷㈱／製本：㈱藤沢製本
装幀：仁井谷伴子

ISBN 978-4-589-04058-9

Ⓒ2020　Akihiro Takahashi　Printed in Japan

平野　武・平野鷹子・平野　潤著
私 た ち と 法〔3訂版〕
A5判・162頁・1900円

日常生活に深く関わる領域を中心に法学全般の基礎知識や考え方を生活者の視点から解説した初学者向け定番テキスト。相続や性犯罪、「働き方改革」関連法案など最近の動向に対応。巻末に関連資料や条文を付す。

西南法学基礎教育研究会著
法学部ゼミガイドブック〔改訂版〕
—ディベートで鍛える論理的思考力—
A5判・184頁・1900円

演習，レポート，レジュメ，ディベート，情報収集，学外見学の6パートにつき，概要と目的，技術的な解説と上達のコツを指南した好評の手引書。特にその質の向上をめざし，議会式ディベートにスピーチ概略／批判／反論シートを導入，論理の立体性の体得を狙う。

吉永一行編
法 学 部 入 門〔第2版〕
—はじめて法律を学ぶ人のための道案内—
A5判・192頁・2100円

法学部はどんなところ？「学生のつまずきの石」を出発点に，法学部新入生の学習をサポート。「何を学ぶか」「どう学ぶか」の二部構成で，学習を案内。法学部らしい考え方が身につく一冊。より親しみやすい教科書にバージョンアップ。

君塚正臣編
高校から大学への法学〔第2版〕
A5判・220頁・2100円

高校までの学習を大学での講義に橋渡しすることをねらったユニークな法学入門書。本文では高校で学んだ用語を明示するとともに大学での基本用語も強調し，学習を助ける工夫をした。高校の新指導要領を踏まえ全面的に改訂した最新版。

長沼建一郎著
大学生のための法学
—キャンパスライフで学ぶ法律入門—
A5判・232頁・2700円

法学部以外で初めて法学を学ぶ人を対象にした入門テキスト。総論では法の考え方・しくみについて概説し，各論では民法を中心に行政法，憲法等を素材に身近な事象を示しながら具体的に解説。各小項目レベルで関連するキャンパスライフの事例も取り上げた。

髙橋明弘著
現 代 経 済 法
A5判・274頁・2800円

経済法を学習する際に必要とされる法学と経済学の基礎をおさえた上で，独占禁止法の行動規制を中心に概説。豊富な事例をもとに事実認定，条文解釈，事実への法規の適用プロセスを提示。

—— 法律文化社 ——
表示価格は定価（税込価格）です